DE LA PROPRIÉTÉ

EN

DROIT ROMAIN ET EN DROIT FRANÇAIS.

TRIBUT ACADÉMIQUE

OFFERT A LA FACULTÉ DE DROIT DE POITIERS

Pour obtenir le grade de docteur,

PAR HIPPOLYTE HASTRON,

Avocat.

AOUT 1866.

POITIERS,

IMPRIMERIE DE N. BERNARD,

Rue de la Mairie.

—

1866.

DE LA PROPRIÉTÉ

EN DROIT ROMAIN ET EN DROIT FRANÇAIS.

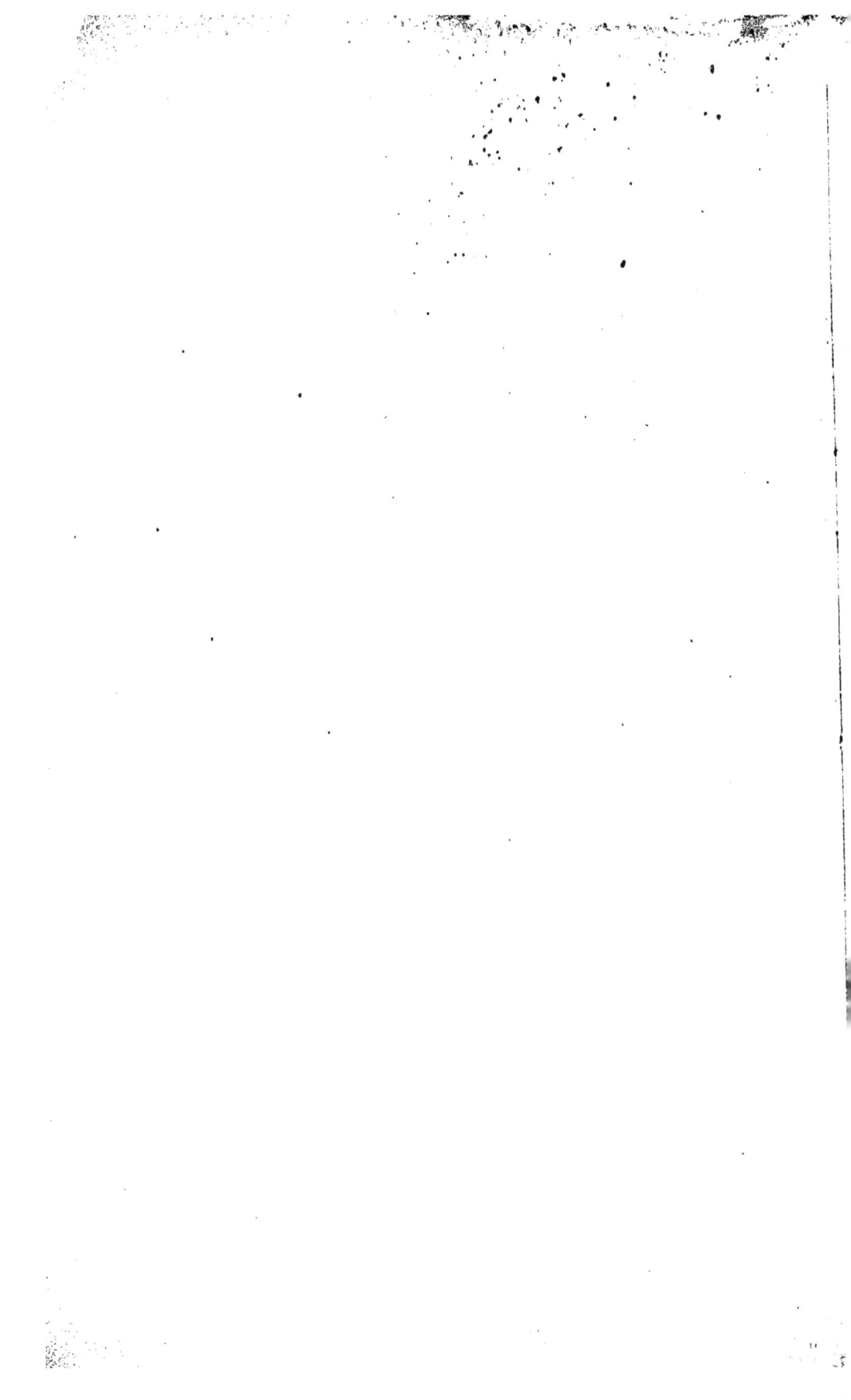

DE LA PROPRIÉTÉ

EN

DROIT ROMAIN ET EN DROIT FRANÇAIS.

—⧉◁◇◁⧉—

TRIBUT ACADÉMIQUE

OFFERT A LA FACULTÉ DE DROIT DE POITIERS

Pour obtenir le grade de docteur,

PAR HIPPOLYTE HASTRON,

Avocat.

AOUT 1866.

POITIERS,

IMPRIMERIE DE N. BERNARD,

Rue de la Mairie.

1866.

COMMISSION :

PRÉSIDENT,   M. RAGON.

SUFFRAGANTS,
{
   M. BOURBEAU ✳, doyen,
   M. Abel PERVINQUIÈRE ✳, } Professeurs.
   M. Martial PERVINQUIÈRE,
   M. BAUDRY LACANTINERIE,   Agrégé.

La Thèse sera soutenue le mardi 14 août 1866, à 2 heures du soir.

Vu par le Président de l'acte public,

     RAGON.   *Vu : le Doyen par intérim,*

                       O. BOURBEAU ✳.

            Vu par le Recteur,

            MAGIN, O. ✳.

« Les *visas* exigés par les règlements sont une garantie des principes
» et des opinions relatives à la religion, à l'ordre public et aux bonnes
» mœurs (*Statut du 9 avril 1825, art. 44*), mais non des opinions
» purement juridiques, dont la responsabilité est laissée aux can-
» didats.

  » Le candidat répondra, en outre, aux questions qui lui seront
» faites sur les autres matières de l'enseignement. »

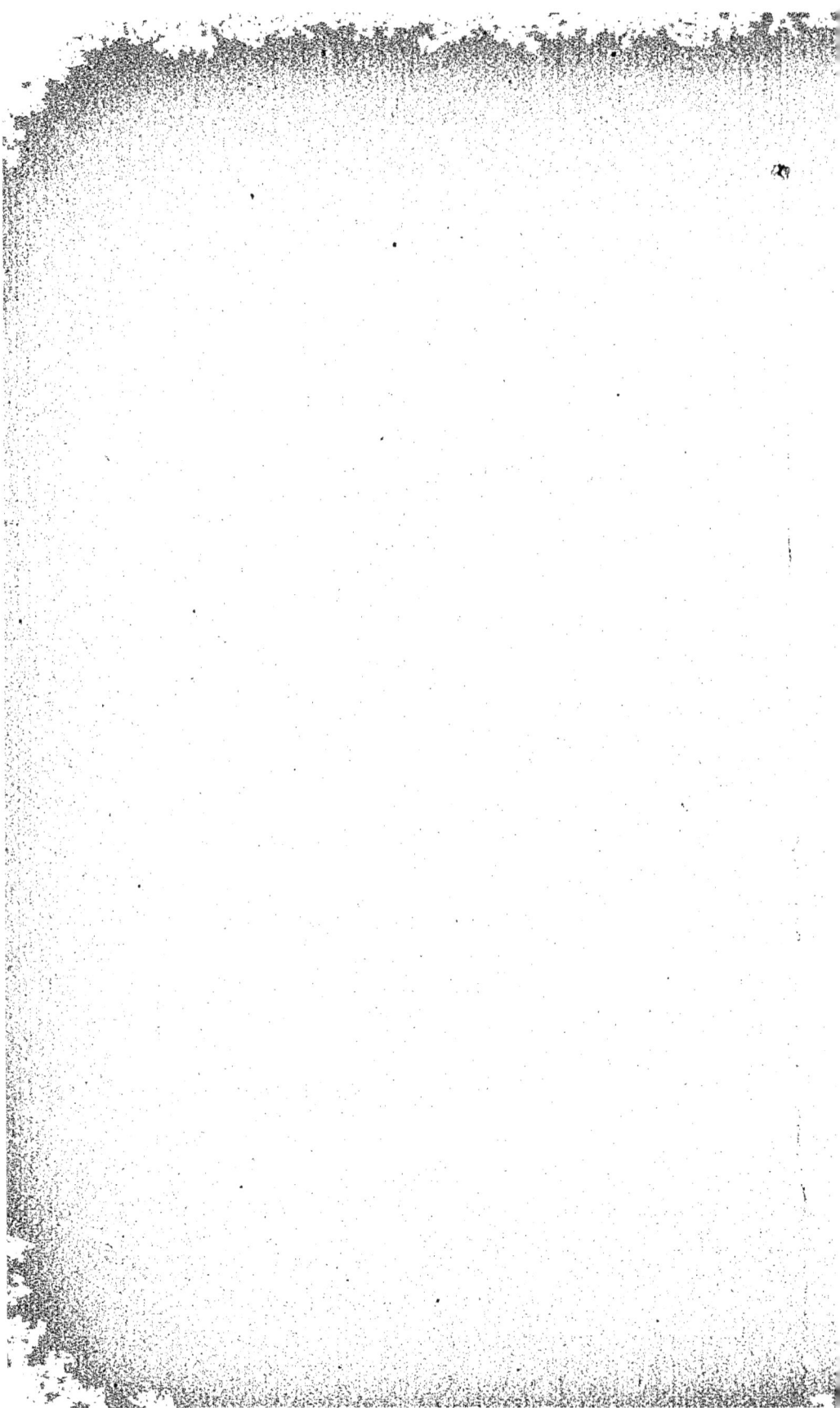

A L'AVENIR DE MON FILS

CHARLES-HIPPOLYTE-ALPHONSE

Né à Poitiers le 11 juillet 1853.

INTRODUCTION.

—

Le Droit naturel peut se diviser en deux branches:
l'une comprenant les droits *innés*, c'est-à-dire ceux
que je tiens directement de ma nature et de ma
dignité d'homme, indépendamment de tout acte
extérieur de ma liberté; l'autre comprenant les
droits *acquis*, c'est-à-dire ceux que je ne possède
qu'au moyen d'un fait extérieur qui me les confère
ultérieurement. Ainsi, par cela seul que je suis
homme, j'ai le droit de me gouverner moi-même
librement, pourvu que l'exercice de ma liberté ne
nuise pas à celle d'autrui; ce droit est comme un
titre que je trouve en moi-même, et que je n'ai pas
besoin d'acquérir. Au contraire, pour avoir un droit
de propriété ou un droit de créance, il faut que
j'accomplisse certains actes; ce ne sont pas en effet

1

des droits que j'apporte en naissant, mais que j'acquiers en vertu d'un acte de ma liberté individuelle ou d'un concours de volontés. Je ne nais pas propriétaire, créancier ou débiteur, mais je puis le devenir.

Les droits innés peuvent tous se ramener à un seul, la *liberté*. Qu'est-ce en effet que le droit de se gouverner à sa guise, sinon le droit inné que donne à l'homme sa qualité d'être libre ? Et la liberté de penser en général, et la liberté de conscience en matière religieuse, qu'est-ce autre chose ? Et la liberté d'enseignement, et la liberté de la presse ? L'expression même l'indique assez, encore et toujours la liberté. Il n'y a donc qu'un seul et même droit inné, la liberté inhérente à la personnalité humaine, qu'on peut bien spécifier suivant ses diverses applications, mais qui au fond est unique. La liberté est un droit par elle-même, et la condition nécessaire de l'exercice de tous les autres.

Les droits acquis, au contraire, sont divers par leur objet. Si une chose quelconque, meuble ou immeuble, m'est livrée, ou si j'en prends possession comme premier occupant, j'acquiers un droit. Si je stipule d'un autre homme qu'il donnera, fera ou ne fera pas quelque chose, j'acquiers un autre droit, mais un droit qui diffère du premier par son objet. Nous placerons là le principe d'une sous-distinction, et nous dirons : tous les droits sans exception sont innés ou acquis, et tous les droits acquis seront *réels* ou *personnels*.

I.

Droit de propriété. — Occupation, travail.

Un droit réel ou droit de propriété peut avoir été transmis par un précédent détenteur, et il y a dès lors une acquisition dérivée. Mais si de degré en degré on remonte jusqu'à l'origine du droit, on trouvera un fait primordial, un acte matériel, le fait de l'appropriation, dont la légitimité peut seule fonder une propriété légitime. Que faut-il donc penser de ce fait de l'appropriation ?

L'homme est obligé de pourvoir à son existence, il est tenu de se conserver, et cette obligation entraîne pour lui le droit de s'approprier les objets extérieurs. Sur cette terre nue, où il a été jeté nu, *nudus in terrâ nudâ*, selon l'énergique expression de Pline l'Ancien, ne faut-il pas qu'il trouve le vêtement de sa nudité, l'aliment de son indigence, le point d'appui de sa faiblesse ? Pourrait-il se garantir de l'inclémence des saisons sans un abri protecteur ; échapperait-il à la famine sans les provisions qui doivent le nourrir ? C'est la nécessité même, c'est-à-dire la plus impérieuse des lois, qui lui commande l'usage des biens de ce monde, sans lesquels il lui serait impossible de subsister. L'homme, en un mot, n'est-il pas appelé, par une destination évidente du Créateur, à la propriété des choses, animées ou inanimées, qui l'environnent ? — Du devoir qui lui est

imposé de subvenir aux besoins de la vie naît pour lui
le droit d'acquérir, et l'appropriation des objets matériels est une application naturelle de sa liberté. Le
devoir et la *liberté*, telle est la double source d'où
dérive le Droit tout entier.

Relevé à ses propres yeux par le sentiment de sa
personnalité, l'homme se juge supérieur aux choses
physiques ; il estime qu'elles n'ont d'autre prix que
celui qu'il leur donne, parce qu'elles ne s'appartiennent point à elles-mêmes. Tout ce qui n'est pas
une personne, c'est-à-dire tout ce qui n'est pas doué
d'une activité intelligente et libre, c'est-à-dire encore tout ce qui n'est pas doué de conscience, est une
chose. Le droit est dans la personne et non dans les
choses quelles qu'elles soient. Les personnes ne peuvent posséder d'autres personnes et en user à leur
gré ; les choses, au contraire, étant sans droit, les
personnes peuvent en user et même en abuser. J'ai
donc le droit de m'approprier les choses, de changer
leur forme, d'altérer leur arrangement naturel, d'en
faire, en un mot, ce qu'il me plaît. Tout ce qu'on
peut exiger de moi dans l'exercice de ma liberté,
c'est que je ne porte pas atteinte à la liberté extérieure de mes semblables. La question est donc de
savoir si, en m'appropriant une chose quelconque
ou une portion du sol, j'use de ma liberté d'une façon
contraire à la loi de l'accord de la liberté de chacun
avec celle de tous.

A l'origine, c'est-à-dire antérieurement à tout acte

juridique de la liberté humaine, les choses sont
comme des biens *vacants* dont chacun est libre de
s'emparer. En occupant le premier un terrain ou
tout autre objet et en le déclarant mien à ce titre, je
ne fais qu'user à mon profit d'un droit que quiconque aurait pu exercer comme moi : c'est le droit que
me donne la priorité. Quand je m'empare ainsi d'une
chose sans maître, en quoi, je vous prie, cet usage
de ma liberté peut-il être contraire à la liberté d'autrui, et partant injuste ? L'injustice ne consisterait-
elle pas bien plutôt à m'interdire la faculté de faire
mienne cette chose qui n'est encore celle de personne?
Me défendre de m'approprier les objets matériels,
serait contraire à la liberté même et à la loi qui la
règle, par conséquent au droit. — D'après cette idée,
je puis légitimement acquérir par la première possession un fonds déterminé, et résister justement
à quiconque voudrait me troubler dans cette possession. C'est là mon droit incontestable. Sinon, il
faudrait admettre que des choses pouvant servir à
chacun auraient été faites pour rester sans maître,
ce qui est contradictoire. Mais je ne puis m'emparer
d'une chose qu'à la condition qu'elle n'appartienne
encore à personne, ou que j'en sois le premier possesseur. Autrement, ma prise de possession cesserait
de s'accorder avec la loi de la liberté générale. Cette
prise de possession d'une chose qui est originairement à la disposition de tous, mais qui n'est encore
privativement à personne, est ce qu'on appelle *occu-*
pation ou droit du premier occupant. — La première

occupation est donc à la fois la condition et le titre d'acquisition du sol et de toutes les choses extérieures.

En résumé, l'on ne saurait sans contradiction dénier à quelqu'un le droit d'acquérir une chose dont personne n'a encore fait sa propriété privée et qui reste un bien ouvert à tout le monde, puisque ce droit n'est que le légitime usage de la liberté. Dès que je suis le premier à occuper un fonds de terre, j'ai le droit de le faire mien ; et dès que je l'ai fait mien, tous les autres hommes sont tenus de respecter ma propriété, sous peine de violer dans ma liberté personnelle la loi de la liberté générale, et par conséquent de porter atteinte à mon droit. — On voit comme ce principe de la liberté illumine à lui seul tout l'édifice juridique. Bien plus, on peut dire que le *droit* et la *liberté* sont la même chose sous deux noms; car la liberté ne peut être que la faculté de faire ce que l'on doit vouloir, et le droit n'est que cela.

La première condition du droit de propriété, en fait d'acquisition originaire, c'est donc l'occupation. Mais cette condition suffit-elle toujours pour fonder et assurer ce droit d'une manière absolue et définitive? Non, il faut encore que par mon travail j'aie continué et achevé de rendre mien le sol dont j'ai pris possession, et que j'aie acquis ainsi un droit définitif à m'en déclarer propriétaire. Il y a, sans doute, des choses que nous pouvons acquérir sans aucun travail ultérieur: tels sont, par exemple, les fruits que je cueille sur une terre qui n'appartient encore à personne, le gibier dont je m'empare, le poisson que je prends dans mes filets. Mais il n'en va pas ainsi du sol lui-même : si ce sol peut devenir justement la propriété exclusive de certains individus ou de certains peuples, c'est qu'il est le théâtre et la matière du travail de l'homme, dont il ne saurait se passer. *Tu mangeras ton pain à la sueur de ton front,* tel est le cri de la loi divine répété de génération en génération par l'écho douloureux de l'expérience humaine! Cette terre que j'ai défrichée, labourée, semée, plantée, arrosée, en un mot fécondée et transformée, ne l'ai-je pas faite véritablement mienne, et ne suis-je pas désormais fondé à dire : elle m'appartient légitimement, car elle est comme ma création? C'est ainsi que j'acquiers le droit de me regarder comme propriétaire de telle ou telle portion de la terre jusqu'alors sans maître, et c'est ainsi seulement que je l'acquiers définitivement, car il ne faut pas moins qu'un tel titre pour me donner une telle prérogative. Le travail est donc le fondement véritable du droit de propriété, au moins en ce qui concerne l'acquisition originaire du sol ; la qualité de premier occupant n'en est guère que la condition préalable. « Le principe du droit de propriété, dit M. Cousin, est la volonté efficace et persévérante, le travail, sous la condition de l'occupation première. »

Fille du besoin, l'occupation se montre la première à l'origine du monde, et le travail marche à sa suite comme son corollaire pour la consolider et l'affermir. *Occupation, travail,* voilà bien les deux bases, les deux véritables assises de la propriété. L'homme, en choisissant un morceau de terre, en se l'appropriant pour lui faire produire des fruits, remplit donc les vues de la Providence; et ce droit primordial qu'il exerce sur la matière prendra plus de consistance et de force, à mesure que par son labeur, ses soins, son intelligence, il fertilisera le sol et augmentera ses produits. OEuvre persévérante de l'homme, le travail communique le caractère de la personnalité et de l'inviolabilité humaine à la terre à laquelle il s'applique; il la fait véritablement nôtre, et dès lors on ne peut pas plus y attenter sans injustice qu'à notre existence même.

II.

La propriété du sol est aussi légitime que celle des choses mobilières.

La propriété mobilière, c'est-à-dire l'appropriation des choses immédiatement nécessaires à la vie, n'a jamais été sérieusement contestée. L'appropriation du sol, au contraire, a été taxée d'usurpation. — On conçoit bien que la mer résiste à l'appropriation, à peu près comme l'air. C'est qu'ici l'occupation ne peut être qu'actuelle et ne laisse aucune trace. Le navire vogue et fend l'onde, comme dit M. Troplong; mais l'onde reste toujours la même ; elle ne s'assimile pas, et le vaisseau, après avoir fui, ignore pour ainsi dire par où il est passé. La vague vient effacer aussitôt cette légère marque de servitude, avait dit Madame de Staël, et la mer reparaît telle qu'elle fut au jour de sa création. Les actes de l'homme, quelque répétés qu'ils soient, ne gravent pas son effigie sur les eaux mobiles comme le sillon la grave sur le sol fertilisé. — Les régions aériennes se jouent également de nos efforts pour les asservir ; elles donnent passage à l'homme, elles ne lui donnent pas l'hospitalité. L'aéronaute les traverse, il ne s'y fixe pas. — L'air et la mer échappent donc à l'appropriation, parce que tout l'art de l'homme ne peut arriver à dompter ces deux éléments. — Mais la terre, elle, est-elle inaccessible à la domination permanente du génie humain ? N'est-elle pas, au contraire, l'esclave docile de toutes les formes qu'il veut lui donner ? Pourquoi dès lors ne serait-elle pas soumise, comme les choses mobilières, au domaine privé de l'homme ?

On a dit, pour combattre l'appropriation du sol, qu'il n'est pas l'ouvrage de l'homme, qu'il appartient en usufruit à l'espèce, et que par conséquent chacun a un droit inné à une quote-part de la propriété commune du genre humain. C'est Rousseau qui s'est fait, au siècle dernier, le promoteur de cette théorie, dans cette phrase célèbre : « Les fruits sont à tous, la terre n'est à personne (1). » —

(1) *Discours sur l'origine et les fondements de l'inégalité parmi les hommes*, 2ᵉ partie.

Mais la terre est matière comme les fruits qu'elle
produit, et à ce titre elle est également susceptible
d'appropriation. Si la terre, rigoureusement, n'est pas
l'ouvrage de l'homme, la matière des objets mobiliers qu'il a transformés pour son usage ne l'est pas
davantage, et si l'homme ne pouvait devenir propriétaire que de ce qu'il a réellement produit, la propriété n'existerait pas, ce serait un mot vide de
sens, car il n'a jamais créé un atôme de matière.
Il travaille, il transforme, il améliore, il utilise,
mais à vrai dire, il ne crée pas. Puisque le pouvoir
de l'homme se borne uniquement à façonner la ma-
tiè   qui forme les objets mobiliers, pourquoi n'en
tire-t-on pas cette conséquence que tout droit qu'il
s'arroge sur elle est aussi une usurpation? On ne
l'ose pas. Et cependant, quelle différence y a-t-il
entre la terre en friche dont l'homme fait un champ
cultivé, et le morceau de bois dont il fait un meuble?
— Ainsi, l'appropriation est légitime, aussi bien
lorsqu'elle s'applique au sol qu'à toute autre chose;
car, si elle ne l'était pas, la propriété, quel qu'en fût
l'objet, manquerait de fondement. Et la terre, comme
les autres choses, n'a pu devenir l'objet d'un droit
de propriété que parce que le fait de l'appropriation avait été légitime dans le principe.

« Que le travailleur fasse les fruits siens, dit un
sophiste moderne (1), je l'accorde ; mais je ne comprends pas que la propriété des produits emporte

_____

(1) P.-J. Proudhon. -- *Qu'est-ce que la propriété?*

celle de la matière. Le pêcheur qui, sur la même côte, sait prendre plus de poissons que ses confrères, devient-il, par cette habileté, propriétaire des parages où il pêche? L'adresse d'un chasseur fut-elle jamais regardée comme un titre de propriété sur le gibier d'un canton ? La parité est parfaite : le cultivateur diligent trouve dans une récolte abondante et de meilleure qualité la récompense de son industrie; s'il a fait sur le sol des améliorations, il a droit à une préférence comme possesseur ; jamais, en aucune façon, il ne peut être admis à présenter son habileté de cultivateur comme un titre à la propriété du sol qu'il cultive. »

Ces rapprochements sont puérils. Le pêcheur ne rend pas la côte productive par son industrie, elle l'était primitivement et par sa propre nature. Il se borne à un rôle purement passif : il jette ses filets, et il attend. Au contraire, celui qui défriche un sol inculte rend productif ce qui ne l'était pas, il met la vie à la place du néant. Le pêcheur n'a pas même la pensée de s'approprier la côte. Aujourd'hui il explore un point de la rive, demain il en explore un autre. Le travailleur, au contraire, s'attache à la terre qu'il féconde, il obéit à une pensée de stabilité et de conservation. Peut-être eût-il laissé le sol inculte, si la durée de son droit avait dû recevoir d'arbitraires limites. Disons donc que toute propriété, immobilière ou mobilière, repose sur un fait primitif et légitime d'appropriation. Le fait primitif a pu s'effacer, mais le droit est immortel.

III

La possession n'est pas antérieure à la propriété.

L'occupation ou prise de possession étant le signe matériel, patent, visible, par lequel se révèle le droit de propriété, la plupart des jurisconsultes en ont conclu que la possession seule est ancienne; que la propriété ne s'est établie que plus tard, par une convention; qu'elle n'est qu'une invention politique, une création arbitraire du législateur. D'après eux, la possession seule est de droit naturel; la propriété, elle, est de droit positif, elle n'est qu'une extension civile de la possession. Cette doctrine porte le cachet d'une philosophie peu avancée; elle est étroite et humiliante pour notre nature, en ce qu'elle nous montre l'homme passant sur la terre comme les animaux, sans s'attacher au sol, sans idée d'avenir, et perdant tout droit sur les choses en cessant de les détenir. Tout le monde connaît la fameuse comparaison que Cicéron avait lui-même empruntée aux Grecs, et qui a servi de fondement à ce système : « *Quemadmodùm, theatrum cùm commune sit, rectè tamen dici potest, ejus esse eum locum, quem quisque occupârit : sic in urbe mundove communi non adversatur jus, quominùs suum quidque cujusque sit* (1). » — L'Univers serait comme un grand théâtre appartenant à tous les hommes; chaque place deviendrait

---

(1) *De finibus*, lib. 3, cap. 20.

la propriété du premier occupant, tant qu'il jugerait
à propos d'y rester, mais sans qu'il pût empêcher
un autre de l'occuper après lui. C'est la doctrine de
l'épicuréisme comparant le Monde à un festin où
chaque convive, après s'être enivré, passait la coupe
à son voisin. Cette métaphore brillante, mais trop
vantée, manque de justesse. Le spectateur, en effet,
entend quitter sa place après la représentation,
tandis que celui qui a occupé un terrain et lui a
fait produire des fruits veut naturellement en conserver la possession l'année d'après et les suivantes.
L'occupation suivie du travail crée entre la terre
vacante et celui qui s'en est emparé un lien de droit
intime, exclusif et *permanent*. Lorsque j'exerce la
faculté d'aller, de venir, d'enseigner, tout finit avec
l'exercice de ce droit naturel ; il n'en est pas ainsi
quand j'use du droit d'appropriation, car le droit
de m'approprier les objets entraîne pour moi le droit
de les conserver. L'objet acquis est désormais soumis
à ma domination d'une manière absolue, et ce droit
nouveau d'en disposer après l'appropriation, c'est
justement le droit de propriété.

La raison nous dit que chacun a le droit de jouir
du fruit de son travail, et qu'il serait souverainement
injuste, souverainement immoral, souverainement
impie, que, pareil au frelon, un usurpateur récoltât
là où il n'a pas semé :

Impius hæc tàm culta novalia miles habebit !
Barbarus has sejetes ! En quò discordia cives
Produxit miseros ! En quis consevimus agros !

« Les sages qui connaissent les temps anciens,
dit Manou, ont décidé que le champ cultivé est la
propriété de celui qui le premier en a coupé le bois
pour le défricher, et la gazelle celle du chasseur
qui l'a blessée mortellement. » — L'homme qui
emploie son intelligence et ses forces pour assujettir
la matière n'a pas seulement en vue le présent. Non,
une pensée d'avenir l'encourage et le soutient ; il
sait que ce qu'il s'est approprié une fois lui appartient pour toujours, et que son droit survit au fait
de la possession actuelle ; il le sait, parce que c'est
là un sentiment inné dans son cœur. Il porte en
lui conscience que, dès l'instant qu'il a mis le sceau
de son industrie sur une chose qui n'appartient à
personne, cette chose devient sienne, non pas pour
un moment, mais à perpétuité. La trace de la prévoyance de l'homme, imprimée sur sa chose, établit entre elle et lui cette relation sacrée dont la
violation serait un crime, relation durable qui subsiste même en son absence et quand la détention
matérielle a cessé. — L'idée de propriété n'est donc
point une idée factice et d'institution civile ; elle
est, au contraire, toute spontanée et la première à
se développer dans l'esprit humain. Il est donc faux
de dire que la propriété est née de la possession, et
que celle-ci est antérieure à celle-là. La possession,
au contraire, n'est que la manifestation, la promul-
gation aux yeux de tous, du droit de propriété ; elle
met ce droit en mouvement, elle le rend utile ; mais
elle n'est que le fait par lequel le droit se déclare.

Je vais plus loin et je dis : non-seulement la possession n'est pas antérieure à la propriété, mais elle n'a été organisée juridiquement que longtemps après, comme une dépendance et un appendice de l'idée de propriété. — Le plus ordinairement, et dans l'état normal, la possession et la propriété sont réunies dans la même main. Mais il peut arriver que la propriété soit un droit mal établi, obscur et contesté. Il faut dès lors, pour juger la question, examiner les prétentions rivales et se livrer à de longues et minutieuses investigations. En attendant, que va devenir la possession ? Va-t-elle demeurer vacante ? Mais il est de l'intérêt public que les choses ne restent pas improductives. La laissera-t-on en suspens ? Mais les parties alors pourront, dans l'intervalle, user de violence pour se l'arracher. De là l'interposition de la loi civile pour faire un sort à la possession, en attendant que le sort de la propriété soit décidé. Et c'est ici qu'on peut dire avec Ulpien : *Nihil commune habet proprietas cum possessione* (1). Encore la loi veut-elle que, jusqu'à nouvel ordre, le possesseur soit considéré comme le vrai propriétaire ; elle pose une présomption pour lier la possession à la propriété, qui est sa cause ; en un mot, la possession n'est rien aux yeux de la loi, si elle ne se légitime pas en quelque sorte par son union avec un droit supérieur.

Bien plus, la possession qui se prolonge finit par

_____

(1) L. 12, § 1, D. *de Acquir. vel amitt. possess.*

se convertir en une véritable propriété. La loi présume ici qu'il y a eu abandon de la propriété par
l'ancien propriétaire ; et cette présomption n'est pas,
comme dans le cas précédent, une simple présomption *juris*, susceptible d'être détruite par la preuve
contraire ; c'est une présomption appelée par les
docteurs *juris et de jure*, qui doit résister à toutes
les preuves qu'on pourra lui opposer. — On voit
qu'en cette matière le législateur se laisse constamment dominer par cette idée, que la possession est
l'attribut de la propriété. Dans un cas, la possession
n'est protégée que parce qu'elle est la propriété présumée jusqu'à nouvel ordre ; dans l'autre, elle ne devient inaltérable et invincible que parce qu'elle est
assimilée à la propriété même. La possession enfin
ne produit pas un seul effet qu'elle ne l'emprunte à
la propriété, dont elle revêt provisoirement le manteau
quand elle est annale, et qu'elle remplace définitivement quand elle est décennale ou trentenaire.

Ne dites donc pas que la possession a précédé la
propriété. Elle peut tout au plus être sa contempo-
raine ; et quand elle en a été séparée, c'est beaucoup
plus tard, par une création savante des jurisconsultes. Ce n'est, en effet, que chez des peuples très-
avancés dans la science, qu'on a pu songer ainsi à
donner à la possession une existence juridique. —
Quant à la propriété, elle n'est point de création humaine, elle est antérieure et supérieure au droit positif ; et dire que la propriété est uniquement l'œuvre
des lois, c'est prétendre que l'homme n'avait pas le

droit de vivre avant qu'un législateur lui en eût octroyé la permission.

IV

La propriété n'est pas le résultat d'une convention.

Suivant les conjectures de certains philosophes qui ont écrit sur le Droit naturel, Puffendorf entre autres, les hommes vivaient originairement dans un état qu'ils ont appelé communauté négative. Dans cet état, qu'on oppose à la communauté positive, résultant de la mise en commun d'une chose par des associés pour être possédée indivisément, tous les objets propres à satisfaire aux besoins de l'homme étaient à l'usage de tous, et n'appartenaient à personne en particulier. Chacun pouvait prendre ce qu'il jugeait à sa convenance, sans qu'aucun pût s'y opposer; mais, ajoute-t-on, le droit dans cet état cessait avec le fait de la possession, et pour qu'il acquît le caractère de stabilité et de durée qu'on lui reconnaît dans toutes les sociétés, il a fallu une législation positive, des magistrats pour appliquer les lois, une force armée pour en assurer le respect; il a fallu en un mot, l'établissement de l'état civil dans les conditions où on le voit partout.

Montesquieu et Mirabeau ont adopté cette doctrine. « Comme les hommes, dit Montesquieu dans l'*Esprit des lois*, ont renoncé à leur indépendance naturelle pour vivre sous des lois politiques, ils ont

renoncé à la *communauté naturelle des biens* pour
vivre sous des lois civiles. Ces premières lois leur
acquirent la liberté; les secondes, la propriété. »
— Et Mirabeau exprimait la même idée quand il
disait : « Une propriété particulière est un bien
acquis en vertu des lois. *La loi seule constitue la
propriété,* parce qu'il n'y a que la volonté politique
qui puisse opérer la renonciation de tous et donnei
un titre commun, un garant à la jouissance d'un
seul. »

Dans la pensée de Puffendorf, de Montesquieu,
de Mirabeau, la propriété est donc une création du
Droit civil et n'existe que par l'effet d'une convention. — Cette doctrine est inexacte comme toutes
celles qui font dériver le droit d'un contrat exprès
ou présumé; elle confond le droit avec la garantie
du droit, deux choses que généralement on ne distingue pas assez. — Que la propriété ne fût pas
respectée hors de l'état civil, c'est possible; il est
au moins certain qu'elle y serait fréquemment méconnue; mais conclure du défaut de garantie à la
non existence du droit, c'est mêler des idées d'un
ordre tout différent. C'est particulièrement l'erreur
de Hobbes et de Bentham. « La propriété et la loi
sont nées ensemble et mourront ensemble, dit
Bentham. Avant la loi, point de propriété; ôtez la
loi, toute propriété cesse. » — Il eût fallu dire :
toute sécurité pour la propriété disparaît. Il faut bien
se garder de confondre ainsi le droit avec le fait;
alors même que le second ne pourrait se produire,

le premier n'en serait pas moins légitime. — La loi fait respecter le droit, c'est là son rôle, *illd se jactet in auld;* mais elle ne crée pas les avantages que le droit confère. Ils sont, parce que tel est le droit. Si la propriété était une création civile, elle aurait une base bien fragile, car la loi qui l'a créée pourrait être abrogée. — Estimer que la propriété ne vient pas du Droit naturel, c'est ouvrir la porte au despotisme monarchique ou révolutionnaire, c'est justifier tous les abus de la force, c'est admettre que l'État pourra, quand il le voudra, dépouiller impunément un citoyen de ses biens; car, ce qu'une loi a fait, une autre loi peut le défaire.

La doctrine que nous combattons est d'ailleurs viciée dans son principe même. C'est une vérité triviale qu'on ne peut conférer que les droits qu'on a soi-même : or, on n'expliquera jamais comment les hommes, qui, avant l'établissement de l'état civil, n'étaient pas propriétaires du sol et pouvaient s'en approprier seulement les fruits, ont pu créer la propriété par l'effet d'un contrat. Au temps de cette communauté négative, qui sert de point de départ à tout le système, ils pouvaient se partager les produits; mais pour se partager la terre elle-même, il fallait qu'ils fussent déjà propriétaires au moins indivisément, et autrement que d'une manière négative : comment le sont-ils devenus ? — Il y a ici, comme on voit, une pétition de principe : dire que les hommes ont pu diviser la terre, c'est supposer qu'ils étaient propriétaires au moins

rollectivement ; c'est donc rejeter cette conjecture
d'une communauté négative d'où l'on part pour expliquer la convention du partage ; c'est placer un
droit de propriété avant toute propriété ; c'est donc
supposer prouvé ce qui est précisément en question ;
c'est se contredire soi-même. — Quand bien même
cette supposition d'un partage serait vraie, la difficulté ne serait que reculée, car il faudrait dire
comment les hommes ont pu se rendre propriétaires
autrement que par le fait de l'occupation. Et si vous
êtes forcé d'admettre l'occupation, il faut en démon-
trer la légitimité, remonter au droit qui en est la
source, c'est-à-dire faire le chemin que nous avons
fait nous-même, et finir par reconnaître que la propriété n'a point d'autre origine que la nature humaine, et que par conséquent elle est antérieure à
toute législation.

Les jurisconsultes praticiens, les commentateurs
des lois civiles, n'ont pas mieux connu que les
autres la nature de la propriété. Un écrivain de
notre époque (1), qui s'est placé par ses ouvrages
au rang des premiers jurisconsultes, a tenté d'expliquer l'origine et les progrès de la propriété ; mais
il n'est pas allé beaucoup plus loin que Puffendorf.
Admettant comme un fait démontré le système de
Rousseau sur l'état naturel de l'homme, il a pensé
qu'avant l'établissement de l'état civil, la terre n'é-
tait à personne, et que les fruits étaient au premier

---

(1) M. Toullier. — *Le Droit civil français suivant l'ordre du Code.*

occupant. Il a cru que les hommes, répandus sur le globe, vivaient dans un état de communauté négative où les choses n'appartenaient pas plus à chacun en particulier qu'aux autres, et où tous pouvaient prendre ce qu'ils jugeaient à propos selon leurs besoins. L'auteur partage, au reste, l'opinion de Bentham et de Montesquieu, et confond la propriété avec les garanties qu'elle obtient des lois civiles et politiques.

V.

Définition de la propriété par la puissance législative.

Cette doctrine a été rejetée par les peuples, qui après avoir conquis leur indépendance, ont été appelés à donner à la puissance législative une organisation et des limites. Loin de reconnaître à cette puissance la faculté de donner naissance à la propriété, ils lui ont imposé le devoir de la respecter et de la protéger. — On trouve notamment, dans les diverses constitutions auxquelles la France a été soumise depuis 1789, l'énumération de certains droits primordiaux, qui sont en quelque sorte placés au-dessus de tous les pouvoirs publics. Et de ce nombre est la propriété. — Nous lisons, en effet, dans les Constitutions des 3 septembre 1791, 24 juin 1793, 22 août 1795, que le gouvernement est institué pour garantir à l'homme la jouissance de ses droits naturels, qui sont la liberté, l'égalité, la sûreté, la *propriété.* — Elles définissent la propriété, le droit de jouir et de disposer à son gré de ses biens, do ses revenus, du fruit de son travail et de son industrie. Enfin, elles garantissent l'inviolabilité de toutes les propriétés, ou la juste et préalable indemnité de celles dont la nécessité publique, légalement constatée, exigerait le sacrifice. — Nous y lisons, de plus, que le pouvoir législatif ne pourra faire aucune loi qui porte atteinte et mette obstacle à l'exercice des droits naturels qu'elles garantissent.

Ces diverses constitutions, comme on voit, ont voulu mettre toutes les propriétés hors des atteintes qui pourraient y être portées, non-seulement par les particuliers, mais par les divers pouvoirs de l'État. Car une constitution n'est pas moins obligatoire pour les pouvoirs qui font les lois, que pour ceux qui les exécutent. — L'autorité publique doit donc protéger les propriétés comme les personnes; mais elle ne donne pas l'existence aux unes plus qu'elle ne la donne aux autres.

La propriété n'a pas changé de nature depuis 1789; et cependant on ne l'a pas toujours définie de la même manière. Le Code Napoléon définit la propriété, le droit de jouir et de disposer des choses de la manière la plus absolue, *pourvu qu'on n'en fasse pas un usage prohibé par les lois ou par les règlements.* — Si cette définition était exacte, il s'en suivrait que la puissance législative, et même les simples agents du gouvernement, pourraient disposer des proprié-

tés de la manière la plus absolue, sans crainte d'être
accusés d'y porter atteinte. Une loi qui défendrait à
une personne de semer dans sa terre aucune espèce
de grains, d'y planter des vignes et des arbres, d'y
élever aucune construction, ou qui lui interdirait
de la vendre, de l'échanger, de la donner, ne serait
pas une atteinte à la propriété. Ne pourrait-on pas
dire, en effet, après qu'elle aurait été rendue comme
auparavant, que le propriétaire a le droit de jouir
et de disposer de sa chose de la manière la plus absolue, pourvu qu'il n'en fasse pas un usage prohibé
par les lois? Une personne pourrait donc être dé-
pouillée de presque tous les avantages de la propriété,
sans que la définition du Code Napoléon cessât d'être
exacte, et qu'on eût besoin de la modifier. Ce n'est
pas seulement par des lois que les propriétés pourraient être réduites à rien, mais aussi par des *règlements*. — Cette définition est donc vicieuse ; elle
ne limite pas le pouvoir, qui est abandonné au législateur et même à l'administration, de réglementer
l'usage de la propriété. Par cela même la propriété
manque de garanties ; elle n'est pas défendue contre
l'arbitraire. En un mot, le monopole égyptien y trouverait place aussi bien que la liberté française. Par
bonheur, la pratique législative et les mœurs corri-
gent les témérités du texte légal.

Les définitions données par la puissance législative peuvent être utiles, quand elles renferment un
commandement ou une défense, ou qu'elles ont pour
objet de déterminer des actes qu'on est tenu d'exé-

cuter ou de s'interdire ; mais quand elles n'ont pas
d'autre objet que de faire connaître la nature des
choses, elles sont inutiles et dangereuses ; il faut
les laisser à la science. En fait de doctrine, un législateur n'a pas plus d'autorité qu'un simple particulier, à moins qu'on ne commence par admettre
en principe qu'il est infaillible.

VI.

Limites apportées au droit de propriété par la loi civile.

Toutefois, si l'on peut reprocher au législateur
français de n'avoir pas mis la propriété à l'abri des
atteintes du pouvoir public, si la définition qu'il en a
donnée prête à la critique, comme presque toutes les
définitions de droit, *omnis definitio in jure periculosa* (1),
il faut bien reconnaître que la loi peut et doit même,
dans un intérêt social bien entendu, apporter au
droit de propriété certaines restrictions. — La liberté
du culte, la liberté de l'enseignement, la liberté de la
presse, la propriété, en un mot tous les droits naturels, pris en eux-mêmes, sont absolus; le législateur
ne saurait les détruire, par la raison qu'il ne les a
pas créés; mais c'est à lui d'en régler l'exercice,
c'est à lui de déterminer les abus qu'ils traînent à
leur suite, à lui de prévenir ces abus et de les réprimer. — S'il est vrai qu'il y a des droits et des devoirs

(1) L. 202, D. *De divers. reg. jur. antiq.*

antérieurs à l'état civil, que ce dernier a précisément
pour but de les garantir, et que par conséquent il
doit avant tout les respecter, il n'est pas moins certain que l'état civil en modifie nécessairement les
conditions, et une théorie exacte des principes du
Droit doit tenir compte de ces modifications.

Un propriétaire, par exemple, peut jouir et disposer de sa chose, il peut même la détruire par caprice ; mais ce pouvoir arbitraire ne saurait aller
jusqu'à nuire à la société. Il est d'ailleurs de l'intérêt
public que la chose donne à son propriétaire les
avantages ou les services qu'elle comporte. Le Droit
romain dit dans ce sens : *Expedit enim reipublicæ
ne suâ re quis malè utatur* (1). — Leibnitz étend encore
ce principe du Droit romain, en disant : « *Cùm nos
nostraque Deo debeamus, ut reipublicæ, itâ multò magis
universi interest ne quis re suâ malè utatur* (2). » —
Aussi les législations ont-elles toujours spécifié un
certain nombre de cas d'abus de la propriété. Napoléon, lors de la discussion de l'article 544, qui définit
la propriété, avait énergiquement exprimé la nécessité de réprimer les abus. « L'abus de la propriété,
dit-il, doit être réprimé toutes les fois qu'il nuit à la
société. C'est ainsi qu'on empêche de scier les blés
verts, d'arracher les vignes renommées. Je ne souf-
frirais pas qu'un particulier frappât de stérilité vingt
lieues de terrain dans un département fromenteux,

(1) Instit., 1, 8, *De his qui sui vel alien. jur. sunt*, § 2.
(2) *De notionibus juris.*

pour s'en former un parc. Le droit d'abuser ne va pas jusqu'à priver le peuple de sa subsistance. » Ce principe, formulé si nettement, autoriserait évidemment l'État à défendre certains modes d'exploitation des propriétés, qui seraient contraires au bien public.

Autre exemple. Une route est jugée utile dans l'intérêt de l'État; son tracé rencontre mon héritage: peut-on me déposséder dans l'intérêt de tous? Le Droit naturel peut-être répondrait négativement; je demande à jouir paisiblement de ce qui m'appartient, mais je refuse de me dessaisir pour rendre service à autrui. Rigoureusement, je suis dans mon droit. S'abstenir, comme disent les Stoïciens, voilà l'âpreté du droit. Le Droit civil, au contraire, permettra de m'exproprier pour cause d'utilité publique en m'indemnisant, parce qu'autrement le mauvais vouloir d'un seul paralyserait le mouvement du commerce et de la prospérité générale. Mais l'État ne peut agir justement qu'en me donnant l'équivalent de ce qu'il m'ôte, afin de concilier le bien de tous avec la moindre contrainte de chacun. — Ce principe d'expropriation pour cause d'utilité publique est aujourd'hui reconnu dans presque toutes les législations modernes, et en réalité il a été toujours pratiqué, quoique souvent on n'ait pas respecté le droit individuel, en n'accordant pas une juste et préalable indemnité à ceux dont la propriété était sacrifiée au bien social. — Il faut que le législateur reconnaisse toujours dans la propriété la liberté humaine elle-même, et qu'à ce titre il l'aime et la protège, la développe et la perfectionne. Mais si la loi civile ne saurait aller jusqu'à détruire le droit de propriété, elle peut et doit même jusqu'à un certain point modifier ce droit qui en soi est absolu. Ces modifications ont moins pour objet de limiter la propriété que de la confirmer dans son principe, car elles empêchent que l'exercice du droit des uns ne fasse obstacle à l'exercice du droit des autres. L'ordre se produit ainsi par l'équilibre.

Qu'on ne s'y trompe pas d'ailleurs : entre les membres d'une société civile, la justice ne saurait être un devoir purement négatif. Sans doute, le lien qui les unit n'établit pas entre eux cette solidarité absolue qu'ont rêvée certains esprits ou que prêchent certaines écoles, et qui, en sacrifiant à la communauté la personne entière et toute propriété, serait aussi contraire à l'intérêt de la société qu'à la justice; mais il entraîne cependant une certaine solidarité, d'où sortent des obligations dont on ne saurait s'affranchir sans injustice. Ceux qui jouissent des avantages de l'état civil doivent en supporter les charges.

Dans tous les cas, si l'utilité publique doit être prise en considération, elle n'en doit pas moins être toujours subordonnée à la justice, qui n'est elle-même que le respect du droit. Toute restriction apportée au droit de propriété ne sera légitime qu'à cette condition. Aussi, à la définition de la propriété qui se trouve dans notre Code, préférons-nous de beaucoup celle qu'en ont donnée les interprètes du Droit romain : *Dominium est jus utendi, fruendi et abutendi re, quatenùs juris ratio patitur.* — Ici ce ne sont plus des lois, ce ne sont plus de simples règlements d'administration, qui viennent arbitrairement entraver l'exercice du droit de propriété; c'est le bon sens, c'est la raison, c'est la justice elle-même qui préside à l'organisation sociale de la propriété. Toute loi qui ne rentre pas dans la *juris ratio* est une loi mauvaise, et doit être écartée. La propriété dès lors ne se trouve plus livrée à la discrétion et à la merci des législateurs, elle n'est plus soumise aux volontés changeantes de la puissance, elle ne relève que du Droit éternel.

On retrouve ici cette différence qu'il faut toujours établir entre le *droit*, chose absolue, et la *loi*, chose essentiellement relative et contingente. Le droit véritable, c'est-à-dire cette *juris ratio* de la définition latine, l'idée du juste, en un mot, est un principe indéfectible, une pure lumière qui brille au fond de la conscience humaine, et qui jamais ne s'éteint. La loi n'est qu'un simple fait : elle peut être l'expression infidèle du droit, elle peut même être contraire au droit; c'est alors une loi injuste, *lex contrà jus.* La loi n'est que la formule sociale du droit, mais elle ne le constitue pas; et la loi sera d'autant plus parfaite qu'elle se rapprochera davantage de ce type immuable. Le Droit positif, en un mot, puise toute son autorité dans le Droit naturel, dont il n'est que le développement et la sanction. La loi civile est pour le droit ce qu'est le droit pour le devoir, sa garantie indispensable.

VII.

De la transmission de la propriété.

Puisque le droit de propriété est absolu, il s'ensuit qu'on peut échanger ou vendre, suivant sa volonté, la chose qu'on s'est appropriée. Autrement il n'y aurait ni commerce ni industrie. Si l'on peut vendre sa chose, on peut aussi la louer; car qui peut le plus peut le moins. Comme le droit de vendre et de louer est attaché au droit de propriété, le droit de donner gratuitement est aussi l'un de ses plus beaux et de ses plus doux priviléges. De là la donation, la succession et le testament, par lesquels la propriété se communique et se déplace à titre de libéralité. Tout cela est une suite naturelle et nécessaire de la fixité du droit de propriété. Voilà comme tout se coordonne dans l'ordre essentiel du Droit naturel sur la propriété. Le devoir et la liberté fondent le droit; le droit engendre la fixité; la fixité, par un nouvel accord avec la liberté, engendre l'échange, la vente, le louage, la donation, la succession, le testament. On ne peut briser un anneau de cette chaîne sans ébranler le droit de propriété, fondement de la société, et source de l'activité humaine.

On a souvent contesté au propriétaire le droit de transmettre par testament, quoique cet attribut caractérise particulièrement la propriété. Des publicistes ont vu dans l'hérédité une cause d'inégalité que la législation positive ne pouvait consacrer. Mais la restriction qu'ils voudraient mettre en ce point au droit de disposer, ne serait qu'une inconséquence. Quand l'homme, en quittant la place qu'il s'est faite sur la terre, dispose de sa propriété envers l'objet de son affection, il ne fait qu'user du même droit dont il a joui dans tout le cours de sa vie. — Analysez tous les actes d'aliénation, quels qu'ils soient, vente, échange, donation, tous ont pour principe la volonté d'abdiquer sa propriété chez celui qui possède, et la volonté d'acquérir chez celui qui le remplace ; c'est de ce concours de volontés que résulte la transmission du droit de propriété. Or, c'est un fait semblable qui a lieu lors de la transmission par testament.

Sans doute il n'y a pas, comme cela arrive ordinairement dans les contrats, concours immédiat des deux volontés, en ce sens que la volonté de l'héritier ne vient s'ajouter à celle du testateur que par l'acceptation qu'il fait plus tard de la succession. Mais il n'en est pas moins vrai que la volonté du défunt a été valablement exprimée, et l'acceptation de l'institué, à quelque époque qu'elle se produise, vient en quelque sorte donner la perfection à cet acte que j'appellerai presque un contrat.— La transmission par testament ne diffère de la donation entre-vifs que par l'époque où elle doit s'accomplir, c'est-à-dire qu'au point de vue du droit il n'y a aucune différence.

Le droit de disposer, a-t-on dit, s'éteint avec la vie du propriétaire, il disparaît avec lui dans l'abîme qui l'engloutit. C'était l'argument de l'école Saint-Simonienne; il est emprunté textuellement à Mirabeau. Mais la mort est impuissante à détruire ainsi une volonté valablement exprimée. Cette volonté se perpétue après que le testateur a cessé de vivre, et sa présence effective n'est pas nécessaire pour la faire respecter. Quand il y a un acte de dernière volonté, l'héritier succède en vertu de la volonté expresse du propriétaire qui a cessé d'exister; quand il n'y en a pas, il succède en vertu de sa volonté présumée. La loi, sur la prévoyance de laquelle le mourant a compté, défère alors l'hérédité selon l'affection qu'elle lui suppose. On ne succède donc jamais qu'en vertu d'un testament, *exprès* ou *tacite*. Une loi sur les successions n'est, comme le disait M. Treilhard, que le testament présumé de toute personne qui décéderait sans avoir valablement exprimé une volonté différente.

D'autres publicistes, ayant reconnu l'hérédité comme un fait constant et universel, n'ont pas entrepris de la justifier. La transmission par succession est selon eux légitime, par la raison qu'on ne pourrait l'empêcher. Si l'hérédité, disent-ils, n'était pas admise par la loi, le père frauderait la loi au profit de ses enfants, en se dépouillant de son vivant. Ce n'est pas là, il faut le dire, une raison de droit. La loi aurait-elle donc cette lâche condescendance, ne pouvant réprimer un fait condamnable, de le déclarer juste; et dans l'impossibilité d'empêcher une spoliation, se ferait-elle complice de ceux qui la commettent? — Si la transmission des biens par un testament exprès ou présumé n'était qu'un vol fait à la société, elle ne serait pas légitime par cela seul qu'on ne pourrait l'empêcher. Il n'y a rien de commun entre le fait et le droit, et la fraude ne sera pas permise parce qu'on pourra la pratiquer impunément.

Le droit de disposer par testament, nous le répétons, est une suite naturelle et juridique du droit de propriété, et l'un de ses attributs les plus précieux. On ne saurait sans inconséquence reconnaître au propriétaire la faculté de disposer pendant le cours de sa vie, et lui dénier cette faculté au moment de sa mort. Nous pouvons donc sans crainte poser cette alternative: ou bien le droit de disposer n'existe pas, ou bien il emporte avec lui le droit de transmettre par testament.

VIII.

Du Communisme.

Les adversaires de la propriété se partagent en sectes qui la nient d'une manière absolue, et en sectes qui, sans afficher la prétention de la détruire, veulent en transformer la nature ou en corriger les effets. Les premières ont joui seules, dans les temps de commotions politiques ou sociales, d'une sorte de popularité. Cela se conçoit. Le peuple est logicien avant tout; il n'a qu'un petit nombre d'idées, et il lui faut des idées simples. Vous pouvez surprendre et abuser des esprits cultivés, mais incertains, avec les rêveries de Saint-Simon ou de Fourier; mais si vous dites aux masses que nul n'a le droit d'occuper le sol et que la propriété individuelle est une usurpation, elles ne s'arrêteront pas à moitié chemin. Elles ne se contenteront pas d'abolir l'hérédité ou de rechercher les moyens de rendre le travail attrayant; elles iront droit à la conclusion légitime qu'entraîne la négation de la propriété, à savoir la *communauté des biens*. Dans la crise révolutionnaire que nous avons traversée, les ouvriers et les paysans, que les prédications du socialisme avaient égarés, ne suivaient ni le drapeau de M. Considérant ni celui de M. Proudhon, ils étaient simplement *communistes*.

Tous les exemples de communisme dont l'histoire dépose n'ont abouti qu'à des essais incomplets, informes et éphémères. Ils prouvent, en face des sociétés fondées sur la propriété et qui prospèrent, qu'aucun ordre social n'a pu s'établir sur la base contre nature de la communauté des biens.

Le Communisme, qui nie la propriété, est en même temps la négation du Droit tout entier, car il supprime la liberté. Pour éviter à l'homme les mauvaises chances, de peur qu'en courant après la for-

3

tune il ne rencontre la pauvreté, on l'oblige à travailler pour la communauté, qui lui fournit un abri,
les vêtements, la nourriture; mais c'est à condition
d'humilier sa volonté devant la volonté commune,
de faire abnégation de son jugement et de ses pen-
chants, de suivre littéralement l'ordre qui lui est
donné, d'être mathématicien quand il voudrait cultiver la poésie ou l'histoire, d'être tisserand ou for-
geron quand il voudrait labourer les champs; enfin
de se laisser opprimer en tout temps par une gros-
sière égalité. On traite ainsi l'espèce humaine comme
une ruche d'abeilles ou comme un rassemblement
de castors. On oublie que l'homme suit naturellement, non pas un instinct irrésistible et fatal, mais
une loi morale à laquelle il conforme librement ses
actes; que la liberté consiste à pouvoir se tromper
et à pouvoir souffrir; que c'est là ce qui élève notre
nature au-dessus de celle des animaux; et que,
pour supprimer la liberté individuelle, il faudrait
pouvoir annuler la responsabilité.

L'erreur fondamentale du Communisme, comme
on voit, est de sacrifier la liberté à l'égalité. Mais
par cela seul qu'il préfère l'égalité, il la manque.
L'égalité suppose quelque chose qui lui est antérieur,
un fait sur lequel elle porte. Or, sur quoi porte l'é-
galité ? Est-ce sur l'intelligence ? Prenez deux
hommes au hasard : vous les verrez différer et dans
le degré et dans la nature même de leurs aptitudes.
Voulez-vous trouver le type, le fond, la règle de
l'égalité? Adressez-vous à la liberté, et à elle seule.

La liberté de chacun reconnue et garantie, telle est l'égalité véritable. En dehors de l'égalité dans la liberté, il n'y a que chimère et déception. — Ne sachant pas voir l'égalité où elle se trouve, le Communisme est conduit à la mettre où elle n'est pas. Car l'idée de l'égalité est une idée inhérente à l'esprit de l'homme, un besoin impérieux de son cœur, une loi nécessaire de son développement. L'ayant méconnue dans la liberté, qui seule en est capable, il veut l'imposer aux passions, aux idées, aux besoins, aux choses, en un mot, à tout ce qui ne la comporte pas. Anéantissement de la liberté, fausse idée de l'égalité, voilà le point de départ du Communisme : tout le reste en découle.

Méconnaissant et mutilant la liberté et l'égalité, il sacrifiera par là même les vrais droits pour inventer des droits chimériques. — Être libre, j'ai le droit de disposer de mes facultés et de mon activité, j'ai le droit de travailler; un tel droit n'est pas autre chose que la reconnaissance de la liberté générale, et en conséquence il est évident qu'il n'opprime personne. Mais, suivant le Communisme, c'est bien autre chose : j'ai le *droit au travail*, c'est-à-dire que je puis exiger du travail. Voilà donc une portion de l'humanité obligée, non plus moralement et au nom de la sympathie, mais physiquement et par autorité de justice, à fournir à l'autre du travail. Il ne faut pas confondre le droit au travail avec le droit de travailler, cette propriété de tout homme, dont Turgot a dit avec raison « qu'elle était la première, la plus sacrée et la plus imprescriptible de toutes. » Les apôtres de cette doctrine entendent par là, non pas la liberté qui appartient à chacun de faire de son intelligence et de ses bras l'emploi qu'il juge convenable, mais une action donnée à l'individu contre la société. Quand on donne un droit, une action aux individus contre la société, on ne fait que relever le drapeau de Spartacus ; on prépare et même on justifie la révolte.

L'État doit, dans la mesure de ses ressources et dans les limites que la sagesse autorise, secourir les membres qui le composent ; mais gardons-nous de convertir le devoir de la société en un droit pour l'individu. Le lien social unit les hommes entre eux par une dépendance mutuelle ; mais en rendant cette dépendance trop étroite, en tendant la chaîne outre mesure, on risquerait fort de la briser. Il ne faut pas immoler l'individu à la société ni, à plus forte raison, la société à l'individu. Écartons avec une égale vigilance le communisme et l'égoïsme. Que la charité ne cesse pas d'être un devoir moral, mais n'en faisons pas une obligation légale ; qu'elle soit le fait des mœurs plutôt que des lois. Laissons au riche son mérite, qui consiste à soulager la souffrance, et au pauvre sa dignité, qui est de supporter le malheur : tout système de gouvernement est mauvais, qui tend à supprimer la vertu dans le monde.

On peut s'étonner que le Communisme trouve des adeptes. Cependant il invoque en sa faveur une longue tradition perpétuée à travers les siècles et

les révolutions. L'explication de ce phénomène serait instructive à plus d'un titre, et l'on aurait l'é-
tonnement de voir que le Communisme n'a été
souvent que le développement des principes adoptés
par la société qui le flétrissait. Rien n'est plus vrai
pour la société antique; et quant aux sociétés qui se
sont succédé depuis, le principe de la propriété n'a-
t-il pas été tellement altéré en fait par la conquête.
et par les lois civiles, tellement méconnu en droit
par l'omnipotence de l'État, qu'il devenait possible
d'expliquer le Communisme, sinon de le justifier ?

Est-il besoin maintenant de réfuter les systèmes
socialistes, qui ne sont que des variétés du Communisme? Le Socialisme, en effet, n'est qu'un communisme inconséquent. Les diverses utopies sociales
que notre temps embrasse sous la dénomination plus
générale et plus vague de *Socialisme*, vont toutes se
perdre dans le sein du Communisme. Et l'on peut
dire de lui ce que Royer-Collard disait du scepti-
cisme : On ne lui fait pas sa part; dès qu'il a pénétré
dans un système, il faut qu'il l'envahisse tout
entier.

Depuis les temps anciens, tous les rêveurs socialistes ont exploité la même idée, la béatification de
l'espèce humaine par la destruction de la propriété.
Lisez la *République* de Platon, l'*Utopie* de Thomas
Morus, la *Cité du Soleil* de Campanella, le *Code de la
Nature* de Morelly : c'est toujours le même thème,
à peine varié dans ses détails. De nos jours, après
des révolutions qui ont déplacé les fortunes, il était

naturel peut-être que ces systèmes se renouvelassent, et qu'ils rencontrassent momentanément plus d'adhésion. Quelques-uns, après avoir commencé par être des rêves, ont fini par être des crimes. Au lieu de remuer des idées, de prétendus réformateurs ont secoué sur le monde la torche incendiaire qui échauffe les passions et allume la guerre civile. On a réussi ainsi à troubler les esprits ; mais on n'a pas ébranlé, quoi qu'on ait pu dire et entreprendre au milieu de la tourmente sociale, les fondements inébranlables de la propriété.

DROIT ROMAIN.

Coup d'œil historique sur le droit de propriété chez les Romains.

Les Romains ont toujours connu la propriété privée (*mancipium*). — Quelques historiens ont émis l'opinion qu'à Rome la propriété avait d'abord été publique, et n'était devenue privée que sous le roi Numa. Cette erreur vient d'une fausse interprétation de trois textes de Plutarque, de Cicéron et de Denys d'Halicarnasse. Ces trois auteurs disent, en effet, que Numa distribua des terres aux citoyens ; mais ils indiquent très-clairement qu'il n'eut à faire ce partage qu'à l'égard des terres conquises par son prédécesseur, *agri quos bello Romulus ceperat* (1). Quant au sol romain lui-même, *ager romanus*, il était propriété privée depuis l'origine de la ville.— Aucun peuple n'a professé pour le droit de propriété

(1) De Re publicâ, lib. II, 11.

un plus grand respect que les Romains. La propriété privée fut sans doute chez eux l'objet de nombreuses atteintes ; mais ces atteintes même semblent, à cause de leurs caractères particuliers, avoir communiqué au principe une force nouvelle.

Les Romains de cette époque primitive élevèrent la propriété à la hauteur d'une institution religieuse et politique. L'*agrimensor* est au nombre des augures ; l'orientation et la limitation des terres n'est pas un simple bornage destiné à prévenir des contestations entre voisins : c'est une consécration religieuse de la propriété. Aussi, la pierre qui doit fixer les limites de deux héritages sera divinisée. Les citoyens viendront offrir des sacrifices au dieu *Terme*, et celui qui osera porter une main impie sur la limite établie, sera dévoué aux Dieux, lui et ses bœufs : *Termino sacra faciebant, quòd in ejus tuteld fines agrorum esse putabant ; denique Numa Pompilius statuit eum qui terminum exarasset, et ipsum et boves sacros esse* (1). — L'atteinte au droit de propriété ne constituait donc pas une simple lésion du droit d'autrui, donnant lieu à des réparations civiles, mais un véritable sacrilége puni de peines capitales.

L'importance politique de la propriété se révéla surtout sous le règne de Servius Tullius, qui distribua le peuple romain en six classes organisées d'après le cens, et subdivisa ces classes en centuries,

---

(1) Festus, v° *Terminus.* — M. Giraud, *Recherches sur le droit de propriété chez les Romains.*

de telle sorte que les suffrages fussent au pouvoir non de la multitude, mais de ceux qui possédaient; appliquant, dit Cicéron, un principe dont il ne faut jamais s'écarter en politique, celui de ne pas donner la puissance au nombre : *curavitque, quod semper in re publicâ tenendum est, ne plurimùm valeant plurimi;* — ou bien encore, comme le dit le même écrivain, n'excluant personne du droit de suffrage, mais voulant que la prépondérance appartînt à ceux qui étaient les plus intéressés à la prospérité de l'État : *itâ nec prohibebatur quisquam jure suffragii, sed is valebat in suffragio plurimùm, cujus plurimùm intererat esse rem publicam in optimo statu.*

Le caractère politique apparaît encore dans la transmission de la propriété des choses que les anciens Romains appréciaient le plus, des *res mancipi.* C'est la cité elle-même qui préside à cette transmission : elle intervient dans la *mancipatio* par le concours de cinq témoins (1); dans la *cessio in jure,* par le ministère du magistrat (2); dans les testaments, par les comices (3). — Les formules sacramentelles de la *mancipatio,* de la *cessio in jure,* de la *rei vindicatio* sous le système des *Actions de la loi,* marquent la distinction profonde qui existe entre le tien et le mien : *Aïo hanc rem* ESSE MEAM *ex jure Quiritium* (4).

---

(1) Gaïus, 1, 119.

(2) Gaïus, II, 24. — La *mancipatio* et la *cessio in jure* fonctionnaient antérieurement à la loi des Douze-Tables, *Vatican. Fragment.,* 50.

(3) Gaïus, II, 101.

(4) Gaïus, 1, 119; -- II, 24; -- IV, 16.

— De ces caractères de la propriété, il suit naturellement que les citoyens pouvaient seuls participer à ses avantages ; les étrangers en furent formellement exclus par cette formule célèbre : *Adversùs hostem æterna auctoritas esto* (1). — Dans chaque famille il n'y a qu'un seul propriétaire, c'est l'ascendant qui a droit de puissance ; c'est celui qui, selon l'expression des jurisconsultes classiques, *in domo dominium habet* (2). — Enfin la propriété romaine ou quiritaire est indivisible ; on la possède tout entière, ou bien l'on n'en possède rien : *aut enim ex jure Quiritium unusquisque dominus erat, aut non intelligebatur dominus ; sed posteà divisionem accepit dominium, ut alius possit esse ex jure Quiritium dominus, alius* in bonis *habere* (3).

La loi des Douze-Tables, qui date des premières années de la République, vint donner au droit de propriété privée une consécration nouvelle. On y trouve les traces des nombreuses garanties dont elle environnait le patrimoine de chaque père de famille. Ici, des textes consacrant le droit de disposition le plus absolu : *Uti legassit super pecunià tuteláve suæ rei, ità jus esto* (4) ; bientôt après, des règles encore plus explicites sur la propriété et sur la possession (5), sur la protection spéciale due aux produits

(1) Cicéron, *De Offic.*, I, 12.
(2) Ulpien, L. 195, D. § 2, *De verb. signific.*
(3) Gaius, II, 40.
(4) Ulpien, *Regul. lib. sing., tit. XI*, 14.
(5) Tabula VI, Restitution de Dirksen et Zellius.

de l'agriculture, aux moissons qui sont la récompense
légitime du laboureur, aux arbres qui font la richesse
ou l'ornement de son champ (1) : — partout l'inviolabilité des fortunes individuelles, partout le
principe de la propriété considéré comme le fondement de la société romaine. Et si quelquefois le
principe fléchit en présence de l'intérêt général,
comme cela doit être dans toute société bien ordon-
née, la loi des Douze-Tables stipulera une large
indemnité en faveur du propriétaire dépossédé (2),
et l'exception ne fera que confirmer la règle.

Mais la partie des dispositions décemvirales où
éclate avec le plus de force le génie conservateur
de la propriété, est celle relative au vol. — Le
vol, lorsqu'il est manifeste, est puni d'une peine
capitale ; l'homme libre, après avoir été battu de
verges, est attribué par l'addiction du magistrat à
celui qui a été volé (3); quant à l'esclave, il
est battu de verges et précipité de la roche Tar-
péienne (4). — Que personne n'espère usucaper la
chose volée : le délit lui a imprimé un vice qui
s'attache à elle et l'accompagne entre les mains de
tout détenteur; et la bonne foi du possesseur est
impuissante à purger ce vice.— L'atteinte à la propriété est plus rigoureusement punie que l'atteinte

(1) Tabula VIII.
(2) Ulpien, *princip*. D. De *ligno juncto*. — Institutes, *De divis. rer.*
et qual., 29.
(3) Galus, III, 189.
(4) Aulu-Gelle, *Noctes att.*, XI, 18.

à la personne; on semble partir de cette idée, que l'homme peut se protéger contre l'injure, tandis qu'il n'en est pas de même de ses biens.

La loi des Douze-Tables, c'est-à-dire le fond du Droit romain, est donc fortement imprégnée non-seulement d'un sentiment de respect, mais d'un véritable culte pour la propriété. — Le Droit prétorien vint à son tour fournir à la propriété, et surtout à la possession, le concours de ses actions utiles et de ses interdits; de telle sorte qu'on peut affirmer que chez aucun peuple le droit de propriété n'a été ni mieux protégé, ni mieux armé pour résister à toutes les attaques. Et cependant la propriété fut, sous la République et sous l'Empire, plus d'une fois violée, non pas par les *lois agraires*, comme on l'a cru longtemps sur la foi de presque tous les historiens, mais par les *novæ tabulæ*, c'est-à-dire l'abolition ou la réduction des dettes; — par les proscriptions et les confiscations de Marius et de Sylla; — par les distributions de terres que firent César, Antoine et Octave, aux vétérans de leurs légions; — par les exactions et les rapines des Tibère, des Caligula, des Claude, des Néron, des Vespasien (1) et des Domitien (2).

(1) C'est lui qui, élevant aux plus hautes dignités les agents les plus rapaces, disait s'en servir comme d'éponges; secs, il les trempait; humides, il les exprimait : *Pro spongiis dicebatur uti, quod quasi et siccos madefaceret, et exprimeret humentes.* — Suétone, *In Vespasian.*, XVI.

(2) Domitien les surpassa peut-être tous par le nombre et l'énormité de ses rapines. Quelle que fût l'accusation, quel que fût le prétendu

C'était autrefois une opinion accréditée que la propriété privée avait été souvent entamée ou boule-
versée chez les Romains par les *lois agraires*. Montesquieu, par ses idées inexactes sur de prétendus
partages des biens (1), avait lui-même contribué à
la propager. Mais depuis, la fausseté de cette opinion
a été reconnue et démontrée : il a été prouvé par des
textes nombreux, empruntés notamment à Tite-Live
et à Plutarque, que les lois agraires proprement dites
n'ont jamais eu pour objet le partage des terres faisant partie du domaine des particuliers, c'est-à-dire de
l'*ager privatus*. Ces lois n'ont jamais eu trait qu'au
partage de l'*ager publicus*, c'est-à-dire de cette partie
du domaine public qui se composait principalement
de terres conquises sur l'ennemi, que les patriciens
avaient pour la plupart usurpées, et dont les plébéiens demandèrent un partage égal entre tous les
citoyens. Le docte Niebuhr a, dans son *Histoire
Romaine,* donné de nouveaux développements à cette
thèse, et la critique moderne considère aujourd'hui
ce point historique comme définitivement établi.
Les lois agraires, loin de remettre en question le
droit de propriété privée, l'ont reconnu de la ma-

---

crime, il s'emparait aussitôt de la fortune des vivants et des morts :
*Bona vivorum ac mortuorum, quolibet accusatore et crimine,
corripiebantur.* — Suétone, *In Domitian.*, II.

(1) *Grandeur et décadence des Romains*, ch. 3 et *alibi.* — *Esprit
des lois,* liv. XXVII, chap. unique. — Montesquieu ne s'est pas douté
de l'*ager publicus,* au sujet des lois agraires ; il n'y a vu qu'une ex-
plosion de passions démagogiques, et un retour vers une égalité chimérique. C'est là une grande méprise.

nière la plus formelle, puisque deux d'entre elles,
celles des tribuns Icilius et Tiberius Gracchus, ac-
cordaient une indemnité en faveur des détenteurs de
l'ager publicus. Jamais aucune loi ne fut adoptée ni
même proposée dans le but de refaire le partage des
terres composant le patrimoine de chaque père de
famille; jamais une semblable idée ne vint à l'esprit
des plus fougueux tribuns que Rome ait entendus
dans ses comices. Les *leges agrariæ* eurent un caractère tout différent de celui que suppose parmi
nous la signification actuelle de *loi agraire*.

La première atteinte qui fut portée à la fortune
individuelle vint donc des *novæ tabulæ*, c'est-à-dire
de l'abolition des dettes, totale ou partielle. Les
Romains ne furent pas les inventeurs de ce mode
violent de libération; ils en avaient emprunté l'idée
aux peuples de la Grèce, qui l'avaient déjà plusieurs
fois mis en pratique (1). — Cette atteinte frappait,
il faut le remarquer, non pas la propriété proprement
dite, mais bien le droit de créance, le droit dérivant des obligations. — Pour apprécier d'une manière impartiale cet expédient des *novæ tabulæ*, il ne
faut l'isoler ni des excès de l'usure, ni des sévices
que les créanciers exerçaient sur la personne des
débiteurs; tout cela est intimement lié. — Le débiteur plébéien est d'autant plus digne d'intérêt, qu'il
a le plus souvent contracté ses dettes pour acquitter
les charges publiques qui pèsent sur lui, ou parce

(1) Les Grecs l'appelaient χρεῶν ἀποκοπή (Appien, *De Bellis civilibus*).

que son absence, nécessitée par le service militaire,
l'a forcé de déserter la culture de son champ : « *fœnore oppressa plebs*, dit Salluste, *cùm assiduis bellis
tributum simul et militiam toleraret.* » — Cette abolition des dettes s'explique donc, et se légitime dans
plus d'une circonstance ; elle n'engage pas une simple question de Droit civil, elle se rattache essentiellement à la tyrannie que les patriciens faisaient
peser sur les plébéiens. — Mais, équitable dans
certaines circonstances, à l'égard de certains débiteurs, c'est-à-dire à l'égard de ceux qui avaient été
ruinés par l'usure, *fœnore trucidati*, selon l'énergique expression de Tite-Live, cette intervention de
l'État dans les affaires privées était éminemment
odieuse dans d'autres rencontres, par exemple quand
on avait recours à ces *novæ tabulæ* dans l'unique but
de se créer des partisans, quand elles étaient *instru-
mentum regni*. — Quoi qu'il en soit, Cicéron s'élève
avec force, dans son traité *De Officiis*, contre l'abus
qu'on a fait de l'abolition des dettes ; et Sénèque,
dans son traité *De Beneficiis*, improuve les *novæ tabulæ* sans distinction.

Quant aux proscriptions de Marius et de Sylla,
tout le monde est d'accord pour les flétrir. Parlant
de ce qui se passa sous Marius, l'historien Florus
peint à grands traits, selon son usage, le farouche
représentant de la démocratie animé, à son retour
d'Afrique, d'une haine égale contre les Dieux et les
hommes, faisant sa proie des villes qui lui avaient
déplu, et exerçant ses premières fureurs sur Ostie,

la privilégiée et la nourrice de Rome : que serait-il
arrivé, s'écrie l'écrivain, si ce barbare eût achevé
son année consulaire ? — Les représailles dont usa
Sylla au nom de l'aristocratie furent plus horribles
encore ; elles n'eurent le plus souvent d'autre but
que la spoliation des victimes. Sous la dictature
de Sylla, c'étaient les biens qui faisaient tuer les
riches, dit Plutarque, et il rapporte l'exemple de ce
citoyen d'Albe qui, voyant son nom couché sur
la liste fatale, s'écria aussitôt : *Ah! malheureux, c'est
ma maison d'Albe qui m'a perdu!* Et à quelques pas
de là, il tombait sous le fer d'un assassin.

César fonda, pendant sa dictature, plusieurs
colonies militaires. Les assignations de terres qui
en furent la conséquence révolutionnèrent la propriété. Il n'établit pas moins de vingt mille légion-
naires. Antoine marcha sur ses traces; enfin Octave,
après avoir détruit à la bataille de Philippes le parti
de Brutus et de Cassius, donna pour récompense
à ses vétérans les biens de ceux qui avaient embrassé le parti contraire. Virgile a célébré dans ses
églogues, sous le nom allégorique de deux bergers,
les malheurs des propriétaires expulsés des lieux
qui les ont vus naître, et condamnés à toutes les ri-
gueurs de l'exil, après qu'un soldat brutal leur a
notifié la terrible sentence :

> .... *Hæc mea sunt; veteres migrate coloni* (1).

Mais ce qu'il faut constater, c'est que les Romains

(1) *Eclog.* IX.

flétrissaient eux-mêmes avec énergie ces infâmes spoliations. Pour ce qui est des biens confisqués par Sylla, il fut un moment où personne n'osait ni les donner ni les demander, malgré le bouleversement qui existait dans l'État. Et lorsque la cupidité se fut enhardie, la conscience publique poursuivit de sa réprobation tous ceux qui acceptèrent les libéralités du dictateur ou achetèrent des biens de cette nature. — Octave, devenu Auguste, s'efforça de faire oublier les atteintes qu'il avait portées lui-même au droit de propriété; il mit tous ses soins à cicatriser les plaies qu'avait faites la guerre civile, et il fit respecter avec fermeté, dans toute la suite de son règne, le patrimoine de chaque père de famille. Velleius Paterculus se plaît à raconter dans les termes suivants les bienfaits de son administration restauratrice : « *Rediit cultus agris, sacris honos, securitas hominibus, certa cuique rerum suarum possessio.* »

Sous le règne des empereurs païens, le mouvement scientifique se développa dans ses proportions les plus larges. Cette époque vit fleurir les plus grands jurisconsultes de Rome. Pour eux le Droit civil tout entier se réduisait à ces trois choses : *acquérir, conserver, perdre ou aliéner.* « *Totum autem jus*, dit Ulpien, *consistit in adquirendo, vel in conservando, vel in minuendo. Aut enim hoc agitur quemadmodùm quid cujusque fiat, aut quemadmodùm quis rem vel jus suum conservet, aut quomodo alienet vel amittat* (1). »

(1) L. 41, D., *De Legibus.*

4

Aussi, dans leurs travaux devenus classiques, ex-
posent-ils, avec un luxe de doctrine qui fait encore
notre admiration, les divers attributs inhérents à
la propriété, les diverses réparations, restitutions
et indemnités dues à celui dont le patrimoine serait
violé. Théories savantes sur les moyens accordés au
propriétaire pour faire reconnaître son droit, sur la manière de le ressaisir, sur les dommages-intérêts; —
système complet de condamnations à titre de peine,
au double, au triple, au quadruple; — énumération des actions multiples dont sont tenus les auteurs de certains délits privés, tout s'y trouve établi,
discuté, approfondi. — On reconnaît bien vite,
dans les écrits de ces jurisconsultes, que le principe
de la propriété est toujours l'âme de la société romaine; supprimez ce principe, et le Droit romain
tombe et s'éclipse tout entier.

C'était un contraste bien frappant, il faut en con-
venir, que ce soin avec lequel les jurisconsultes
proclamaient l'inviolabilité du droit de propriété,
et la facilité avec laquelle certains empereurs s'em-
pressaient de la méconnaître. Respectée de particulier à particulier, la propriété restait sans défense et
sans garantie du côté des entreprises et des invasions
du pouvoir. Dans un horizon donné, le droit était une
vérité; dans l'autre, il n'était plus qu'un mensonge.—
Hâtons-nous de dire pourtant que ce mépris des lois
sociales n'avait lieu que sous les mauvais empereurs. Les bons princes, comme Titus, Nerva, Tra-
jan, Antonin le Pieux, Marc-Aurèle, dont les règnes

viennent nous consoler des crimes qui souillèrent la pourpre impériale, eurent à cœur de réparer les iniquités de leurs prédécesseurs, de faire refleurir la justice, de ramener la sécurité publique. Ils comprenaient bien que le plus sûr moyen d'arriver à ce résultat, c'était de protéger le droit de propriété.

Depuis Constantin jusqu'à Justinien, le droit de propriété privée est aussi fortement garanti par l'ensemble des constitutions impériales, qu'il l'avait été dans les deux siècles précédents par les travaux scientifiques des grands jurisconsultes. Constantin formule la maxime élémentaire : *Suæ quisque rei moderator est et arbiter* (1). Par divers rescrits, insérés au code Théodosien, il garantit à chacun de ses sujets la possession paisible de sa fortune. — Théodose, Arcadius et Honorius statuent qu'en cas de travaux publics, la maison d'un particulier ne sera pas démolie sans que le propriétaire reçoive une juste indemnité (2). — Enfin, Justinien témoigna de sa sollicitude pour le droit de propriété par plusieurs de ses constitutions et notamment par celle où, révisant et fusionnant les règles de l'usucapion et de la prescription, il prolongea considérablement le délai accordé aux propriétaires pour exercer leur action en revendication (3).

(1) Constit. XXI, Cod., *Mandat., vel cont.*
(2) Constit. IX, Cod., *De Oper. public.*
(3) Constit. unic., Cod., *De l'sucap. transform.*

Au temps de Justinien, toutes les institutions artificielles et arbitraires ont disparu. Ce prince réformateur a passé le niveau sur les personnes et sur les choses. L'étranger (*hostis*) est devenu citoyen romain ; il n'y a plus, dans toute l'étendue de l'Empire, que des nationaux. De même qu'il n'y plus qu'une seule classe de *personnes*, il n'y a plus qu'une seule classe de *choses*. Justinien a supprimé, dans une loi célèbre (1), la différence qui existait entre les *res mancipi* et les *res nec mancipi ;* il a fait disparaître également la distinction entre les fonds *italiques* et les fonds *provinciaux.* — D'après la jurisprudence classique, il y avait à Rome un double domaine : une personne pouvait avoir la chose *in bonis*, et une autre personne pouvait conserver sur cette même chose le *nudum jus Quiritium.* Mais, d'une part, ce *nudum jus Quiritium* avait, depuis longtemps, perdu toute valeur dans la pratique ; et d'autre part, l'*in bonis*, protégé par l'action publicienne, avait acquis une importance qui permettait de le considérer comme l'égal de la propriété quiritaire. — Aussi, en consacrant l'abrogation formelle de ces distinctions, Justinien ne fit-il que déclarer un état de choses que l'usage avait déjà antérieurement établi. *Antiquæ subtilitatis ludibrium per hanc decisionem expellentes, nullam esse differentiam patimur inter dominos, apud quos, vel nudum* ex jure Quiritium *nomen, vel tantùm* in bonis *reperitur...... Sed sit plenissimus et*

---

(1) L. unic. Cod., *De l'sucap. transform.*

legitimus quisque dominus, sive servi, sive ALIARUM RERUM *ad se pertinentium* (1).—Tels sont les termes, fort irrévérencieux sans doute, dont se sert, à l'égard du vieux Droit, l'*uxorius legislator.*

L'acquisition de la propriété se trouva ainsi ramenée à un système simple et unique, comme dans les temps primitifs; mais l'unité fut en sens inverse. —Dans les premiers siècles, elle avait été le résultat de l'empire exclusif du *Droit civil;* au temps de Justinien, elle fut le résultat des envahissements du *Droit des gens.* De même que, dans les premiers temps de Rome, il n'y avait qu'une seule propriété, qu'on ne pouvait acquérir que par les solennités civiles; de même, sous Justinien, il n'y a plus qu'une seule propriété, en ce sens qu'on peut acquérir toutes les choses indistinctement par un mode du Droit naturel. — Dès lors la plupart des modes d'acquisition du Droit civil durent naturellement tomber en désuétude; il eût été fort extraordinaire, en effet, que l'on eût continué de se soumettre à la gêne qu'entraînaient tant de formalités, puisque la tradition suffisait pour obtenir, avec moins d'embarras, un résultat tout aussi complet.—Cette simplicité, produite par le triomphe du Droit des gens sur le Droit de la cité, se trouve avoir, comme on voit, un caractère entièrement différent de la simplicité antique, qui était basée sur l'empire exclusif du *Jus Quiritium.*

.(1) L. unic. Cod., *De Nud. jur. Quir. toll.*

Telle est, au surplus, la loi générale de formation
et de transformation qu'on peut observer dans presque toutes les parties du Droit romain. — Dans les
premiers siècles, unité de législation, règne absolu
du Droit civil, avec ses formes solennelles. — Plus
tard, l'unité de législation disparaît ; le Droit des
gens vient se mêler à l'*ipsum jus*, sans toutefois l'a-
broger, au moins en théorie : on trouve alors deux
législations différentes, qui s'avancent parallèle-
ment, sans se heurter ni se confondre. — Enfin,
à mesure que la société romaine perd ses caractères
primitifs, le Droit naturel, aidé par les préteurs,
par les grands jurisconsultes stoïciens, tels que
Labéon, Ulpien, Papinien, Salvius Julianus et
d'autres, par les empereurs chrétiens, tels que
Constantin, Théodose, Justinien, prend le dessus sur
le Droit civil, et finit par le supplanter presque
entièrement.

Bien avant Justinien, le principe de la propriété
avait puisé une force nouvelle dans l'alliance étroite
que le Droit civil avait faite avec la philosophie.
L'influence du stoïcisme sur la science juridique
fut immense ; elle fit en quelque sorte une révolution. La jurisprudence n'avait été, jusqu'à Cicéron,
que la science des lois positives de la cité ; la philosophie jeta dans cette étroite enceinte la grande
science des lois de la raison ; elle introduisit dans
le Droit le sentiment profond de la justice naturelle,
la théorie sublime de l'équité ; elle épura la législa-

tion par la morale humaine. Le Droit cessa d'être
à l'avenir un mystère municipal et patricien; et la
combinaison de l'élément politique et civil avec
l'élément purement rationnel produisit cette science
admirable que nous connaissons. — La conception
du stoïcisme fut grecque, mais sa pratique fut romaine; il fit de la justice le souverain bien et lui
sacrifia même l'utile; il maintint au Droit son caractère sévère, monumental; et quand les mœurs
s'amollissaient, il sembla réprimer la licence des habitudes par la rigueur antique de ses préceptes et
de ses maximes.

La morale chrétienne contribua puissamment
aussi à cette transformation, en s'introduisant dans le
Droit. L'influence du christianisme sur le Droit romain présente quelque analogie avec celle qu'avait
déjà exercée le stoïcisme; elle en est, sous plusieurs
rapports, la continuation, mais elle s'en distingue
sous beaucoup d'autres. Le stoïcisme avait réuni
deux sciences appelées à s'entr'aider mutuellement,
la philosophie et la jurisprudence. Le christianisme
eût pu produire le même effet s'il n'eût été qu'une
doctrine philosophique, mais il était quelque chose
de plus, il était avant tout une religion; et tandis
que le stoïcisme avait spécialement appelé ses adeptes à la science du Droit, le christianisme, au contraire, imprima aux esprits un mysticisme pieuse-
ment dédaigneux des sciences de la terre. Il fit
abandonner l'étude du Droit par les esprits d'élite,
qu'il séduisit en leur proposant une science divine,

et la théologie nouvelle absorba toutes les intelli-
gences. C'est ainsi que, s'il faut attribuer à la religion chrétienne beaucoup de modifications sages et
humaines, qui ont adouci la rigueur de l'ancien
Droit et qui en ont élargi l'enceinte, on peut la considérer, d'un autre côté, comme une des causes de
la décadence du Droit romain au quatrième siècle.
Le même phénomène se retrouve dans l'histoire de
la littérature.

Quoi qu'il en soit, grâce à l'influence du stoïcisme,
venu de la Grèce, aussi bien qu'à celle du christianisme, germe détaché de l'Orient, la propriété se
produisit sous un jour nouveau. Elle avait été, dans
le principe, une institution religieuse et nationale,
apanage exclusif des citoyens Romains; elle paraît désormais comme une institution du Droit des gens, ac-
cessible à tous les hommes, qui ont tous un droit
égal à ses bienfaits. — En d'autres termes, la propriété fut successivement, à Rome, une institution
de droit religieux, politique, civil, enfin de *droit naturel;* mais elle fut regardée constamment comme
la base fondamentale de l'ordre social.

Le Droit civil, avait déjà dit Cicéron, n'est autre
chose que l'équité constituée à l'effet de garantir
à chaque citoyen la possession de son patrimoine :
*Jus civile, æquitas constituta iis qui ejusdem civitatis
sunt, ad res suas obtinendas* (1). — Le même Cicéron

(1) *Topica*, II.

écrivait, dans les dernières années de sa vie, ces
remarquables paroles : « Que si les hommes étaient
conduits par la nature même à l'état de société, les
villes avaient été fondées et les gouvernements
constitués principalement pour garantir les propriétés
privées. *Hanc enim ob causam, maximè ut sua tene-*
rent, respublicæ civitatesque constitutæ ; nam et si duce
naturâ congregabantur homines, tamen spe custodiæ
rerum suarum urbium præsidia quærebant (1). » —
Un autre Italien, Vico, identifiant la propriété avec
l'homme, disait, au commencement du dix-huitième
siècle, que Dieu lui-même ne pourrait détruire le
droit de propriété privée sans détruire l'homme :
Proprieta d'umana natura, che non puo essere tolta
all' uomo, nemmen da Dio, senza distruggerlo (2).

(1) *De Offic.*, lib. II, 21.
(2) *Scienza Nuora*, lib. II.

Du droit de propriété considéré dans ses éléments juridiques.

Tout le Droit privé, d'après une division de Gaius qui a été adoptée par Justinien, se rapporte soit aux personnes, soit aux choses, soit aux actions : *Omne jus quo utimur vel ad personas pertinet, vel ad res, vel ad actiones.* — Cette proposition contient à elle seule l'idée d'un système complet de législation ; mais il faut préciser la valeur de ses termes. Il ne faut pas prendre trop à la lettre ce texte des Instutes, quand il nous parle du Droit privé comme se rapportant aux choses, *ad res.* Le Droit civil ou privé ne s'occupe pas des *choses* considérées en général ; il ne s'en occupe qu'autant qu'elles peuvent revêtir la qualité de *biens.*

Qu'est-ce donc qu'un bien ? *Bona dicuntur ex eo quod beant, hoc est beatos faciunt ; beare est prodesse* (1).

---

(1) L. 49, D., *De verb. signific.*

— Ulpien nous donne bien ici une étymologie, mais il ne nous donne pas une définition. On ne saurait, en effet, appeler *biens* toutes les choses susceptibles de procurer à l'homme une utilité ; car parmi ces choses, il en est beaucoup auxquelles le bon sens refuse cette qualification. — Que faut-il donc pour qu'une chose soit un bien ? Il faut que l'utilité qu'elle est susceptible de procurer soit exclusivement propre à celui qui en profite; il faut que cette chose soit *in nostro patrimonio*, c'est-à-dire qu'elle puisse devenir l'objet d'une propriété privée ; en un mot, il faut qu'elle rentre dans les *res singulorum* de Marcien, ou bien dans les *res privatæ* de Gaius. — « Ce qui rend les choses si importantes pour le Droit privé, dit un jurisconsulte allemand (1), c'est la propriété qu'elles ont de pouvoir être soumises à la domination exclusive, au domaine des hommes, de faire partie de leurs biens. » — « Il n'y a de bien pour nous jurisconsultes, dit à son tour M. Demolombe, que ce qui peut servir à l'homme, être employé à ses besoins, à ses usages, à ses plaisirs ; que ce qui peut enfin entrer dans son patrimoine, pour l'augmenter et l'enrichir. »

Et maintenant, si le Droit privé n'est autre, d'après les Institutes, que celui qui a pour objet l'utilité des particuliers, *quod ad singulorum utilitatem spectat*, il nous faut reconnaître que les choses non susceptibles d'appropriation individuelle, c'est-à-

(1) M. Marezoll, *Droit privé des Romains*

dire les choses qui ne sont pas des biens, ne peuvent être réglementées par le Droit privé.

Le législateur français ne s'y est pas trompé. Voilà pourquoi, au lieu d'un titre *De Divisione rerum et qualitate*, nous avons un titre plus judicieusement intitulé : *De la Distinction des biens;* pourquoi aussi l'article 714 du Code Napoléon déclare que ce sont des lois de police et non des lois civiles ou de Droit privé, qui règlent la jouissance des choses qui n'appartiennent à personne et dont l'usage est commun à tous.

Il ne faut donc pas confondre les biens avec les choses. Le mot choses, dans la flexibilité indéfinie de ses acceptions, comprend tout ce qui existe, non-seulement les objets qui peuvent devenir la propriété de l'homme, mais aussi tout ce qui, dans la nature, échappe à toute appropriation. Aussi tous les biens sont-ils des choses, tandis que toutes les choses ne sont pas des biens. La *chose* est le genre; le *bien* n'est que l'espèce. Ces deux expressions ne sont donc pas synonymes. Le mot *bona* ne comprend que les choses qui peuvent tomber dans notre patrimoine; le mot *res* est plus étendu, il comprend même les choses qui ne peuvent pas en faire partie. — La loi romaine désignait encore les biens, dans cette acception juridique, sous le nom de *pecunia,* qui comprenait ainsi non-seulement les valeurs monétaires, mais toutes celles qui étaient susceptibles d'une appropriation privée; et voici en quels termes elle signalait elle-même fort exactement la différence qui

distingue les choses d'avec les biens proprement
dits : *Rei appellatio latior est quàm pecuniæ, quæ
etiam ea, quæ extrà computationem patrimonii nostri
sunt, continet; cùm pecuniæ significatio ad ea referatur,
quæ in patrimonio sunt* (1).

Nonobstant cette loi, les jurisconsultes romains,
nous le répétons, n'ont pas eu une vue aussi précise et aussi nette que les rédacteurs de notre Code,
de la véritable mission du Droit privé sur ce point.
Les Romains ont classé, non pas les *biens*, mais les
choses, quoiqu'ils reconnussent eux-mêmes que
toute chose n'est pas un bien. Ils n'ont pas insisté
suffisamment sur cette dernière idée. S'arrêtant au
terme général et métaphysique de *choses*, ils ont
trop embrassé, se montrant ici plus philosophes
que législateurs.

On a fait rentrer dans cette dénomination de
choses les droits, *jura*, choses incorporelles, et l'on
a ainsi étendu considérablement la matière des choses; mais nous n'entendons parler ici que des *corpora*,
des choses corporelles, les seules qui puissent s'acquérir par les moyens du Droit des gens, *jure gentium*. — Les choses corporelles sont celles qui ont
une existence matérielle, visible, palpable, *quæ
tangi possunt* : un champ, une maison, un cheval,
toutes les choses enfin qui tombent sous nos sens. —
Les choses incorporelles, au contraire, sont celles
qui n'ont pas d'existence extérieure, et qui ne peu-

(1) L. 5, § 1, D. *De Verb. signifie*

vent être perçues que par l'intelligence, *quæ tangi non possunt*. Tels sont tous les droits, *ea quæ in jure consistunt*. — Cette division consiste, comme on voit, à mettre d'un côté *tous les biens* proprement dits, et de l'autre côté *les droits* que l'homme peut avoir sur ces biens. Elle aboutit, en fin de compte, à distinguer le droit de son objet.

Les droits se divisent en deux classes, suivant la manière dont ils affectent l'objet auquel ils s'appliquent; et c'est sous ce rapport que les uns sont appelés *réels*, les autres *personnels*. C'est là une théorie très-importante, et qui domine toute la science juridique.

A vrai dire, et pour parler d'une manière rigoureuse et philosophique, il ne saurait y avoir aucun rapport de droit entre nous et les choses. Tout droit, en effet, engendre une obligation corrélative, et toute obligation suppose l'intelligence et la liberté, c'est-à-dire une conscience. Or les choses, n'ayant pas de conscience, ne sauraient être obligées envers nous. Le mot *droit* exprime donc forcément un rapport de personne à personne. — Lors même que cette idée du droit s'applique à des choses, elle implique certaines relations entre celui qui en est le maître et les autres hommes. Sinon, il n'y aurait plus lieu de parler de droit. Supposez pour un instant que je sois seul sur la terre, et mon droit sur les choses devient une expression vide de sens. Qu'est-ce, en effet, que le droit sur une chose, sinon .

le droit de la posséder exclusivement à toute autre personne, et par conséquent le droit d'imposer à tous l'obligation de s'abstenir de ce qui m'appartient? En d'autres termes, le droit sur une chose, c'est le droit d'interdire à autrui l'usage de cette chose, et de la revendiquer auprès de quiconque en serait le détenteur. Or, cette faculté de revendication, cette légitime interdiction, cette obligation de s'abstenir imposée à autrui, tout cela n'aurait plus de sens, si j'étais le seul habitant de la terre. Il est donc vrai de dire que le droit, même à l'égard des choses, suppose toujours un rapport entre les personnes; car il est impossible de concevoir un *droit* sans une *obligation* correspondante.

Toutefois, le droit *réel* n'imposant aux autres hommes que l'obligation purement négative de s'abstenir, et cette obligation pesant également sur tout le monde, sans astreindre personne en particulier à aucune prestation active, on peut, jusqu'à un certain point, faire abstraction des obligés pour ne considérer que la *chose* et l'*ayant-droit*. C'est ce qu'ont fait les jurisconsultes, et ils ont dit : Le droit réel est celui qui crée entre la personne et la chose un lien direct et immédiat; il se compose de deux éléments, savoir : la personne qui est le sujet actif du droit, et la chose qui en est l'objet. Il suit de là qu'on peut énoncer un droit réel comme un assujettissement de la chose à la personne sans faire aucune mention des rapports que ce droit établit entre celui qui en est investi et les autres

hommes qui sont tenus de le respecter. Ainsi,
quand je dis : *Je suis propriétaire de tel domaine*, j'exprime une idée complète, une idée à
laquelle rien ne manque; parce qu'il est sous-en-
tendu que ce droit de propriété, je puis m'en prévaloir envers et contre tous. — L'idée de ce devoir
négatif imposé aux autres hommes est si peu nécessaire à la notion exacte du droit réel, que les jurisconsultes romains ne voyaient pas dans ce devoir
une *obligation* proprement dite. Aussi disaient-ils de
celui qui est actionné comme détenteur du bien d'autrui, qu'il n'est nullement obligé envers le propriétaire : *nullo jure ei obligatus est ;* — ce qui est faux,
si l'on prend le mot obligation dans le sens large et
philosophique; mais ce qui est vrai, si l'on prend
ce mot dans le sens spécial et technique qu'il a dans
la science du Droit.

Le droit personnel, au contraire, crée une relation
entre la personne à laquelle le droit appartient, et
la personne engagée à l'occasion d'une chose ou d'un
fait. Nous trouvons ici trois éléments, savoir: la
personne qui est le sujet actif du droit, celle qui
en est le sujet passif, et la chose ou le fait qui en est
l'objet. En d'autres termes, le droit personnel consiste en un lien de droit, *vinculum juris*, qui met
une personne déterminée, qu'on appelle *débiteur*,
dans la nécessité de donner, de faire, ou de ne pas
faire quelque chose au profit d'une autre personne,
qu'on appelle *créancier*. Ce lien spécial, c'est l'*obligation* proprement dite. — Il est évident qu'un droit

de cette nature ne serait pas énoncé d'une manière complète, si l'on ne mentionnait pas le nom de la personne obligée. Ainsi je ne donnerais pas une notion suffisante de mon droit, en disant: *Je suis créancier de telle somme;* il faut dire aussi *quelle personne* me doit cette somme, car il ne saurait y avoir de créancier sans débiteur.

Le droit réel me met en quelque sorte en contact avec la chose même; — le droit personnel a bien aussi une chose pour objet, mais je ne puis arriver à elle que par l'intermédiaire du débiteur, qui reste interposé entre la chose et moi. — Tandis que le droit réel peut s'exercer envers et contre tous, *adversùs omnes,* le droit personnel, au contraire, ne peut être exercé que contre une ou plusieurs personnes déterminées, *adversùs certam personam.* — Le droit réel, en un mot, existe indépendamment de toute obligation préexistante d'une personne envers une autre personne ; tandis que le droit personnel n'existe qu'autant qu'une personne est spécialement obligée envers une autre. — Et pour apprécier si un droit est réel ou personnel, il ne faut pas considérer son *objet,* mais uniquement sa *cause,* c'est-à-dire l'origine et le principe générateur du droit : il est réel, lorsqu'il a pour cause un droit de propriété; il est personnel, lorsqu'il a pour cause un droit de créance.

Cette division des droits est fondamentale dans la science juridique. On la représente très-souvent

5

sous les dénominations traditionnelles de *jus in re*,
pour le droit réel ; de *jus ad rem*, pour le droit personnel. — Mais ces dénominations, qui ont été créées
par les interprètes, n'appartiennent pas au Droit
romain ; bien plus, le Droit romain n'avait pas
même formulé scientifiquement cette classification ;
ou, du moins, ce n'était.qu'aux *actions* qu'il appliquait la division qui a été depuis appliquée aux
droits eux-mêmes. In personam *actio est,* disait Gaius,
quotiens cum aliquo agimus, qui nobis vel ex contractu
vel ex delicto *obligatus est, id est, cùm intendimus
dare, facere, præstare oportere.* In rem *actio est, cùm
aut* corporalem rem *intendimus nostram esse, aut* jus
aliquod*nobis competere, velut utendi, aut utendi-fruendi,
eundi, agendi, aquamve ducendi, vel altiùs tollendi,
vel prospiciendi* (1). — Et Justinien dit à son tour :
*Omnium actionum summa divisio in duo genera dedu-
citur : aut enim in rem sunt, aut in personam. —
Namque agit unusquisque aut cum eo* qui ei obligatus
est; *quo casu proditæ sunt actiones* in personam. *Aut
cum eo agit, qui* nullo jure ei obligatus est ; *quo casu
proditæ sunt actiones* in rem (2).

A Rome, sous le système de la procédure formu-
laire, le demandeur appelait le.défendeur devant
le Préteur, *in jure.* Le magistrat, le *Prætor, qui jus
dicebat*, après avoir entendu les parties pour préci-

(1) Gaius, *Comment.,* IV, § 2 et 3
(2) Instit., *lib.* IV, *De Actionib.*, § 1

ser le point en litige, les renvoyait *in judicio*, en indiquant dans sa formule la question sur laquelle devait prononcer le juge qu'il avait nommé, *judex* ou *arbiter*, suivant que l'action était de droit strict ou de bonne foi. — La formule ainsi délivrée par le Préteur variait suivant la *cause* de la demande. — Quand la demande avait pour cause un droit de propriété, d'usufruit ou de servitude, l'*intentio*, c'est-à-dire cette partie de la formule qui contenait les conclusions du demandeur, ne faisait pas connaître le nom du défendeur; elle posait uniquement au juge la question de savoir si le droit prétendu par le demandeur sur la chose en question lui appartenait bien: *Si paret fundum Cornelianum ex jure Quiritium Auli Agerii esse.* — Quand la demande, au contraire, avait pour cause un droit de créance, l'*intentio* mettait le défendeur en regard du demandeur, et posait au juge cette question : *Si paret Numerium Negidium Aulo Agerio sestertium millia dare oportere.* — Dans le premier cas, la formule était *concepta in rem*, c'est-à-dire rédigée *generaliter*, d'une façon absolue; dans le second cas, elle était *concepta in personam*, c'est-à-dire rédigée *specialiter*, d'une façon relative à la personne du défendeur spécialement obligé.

Puisque l'action *in personam* a son fondement dans une créance du demandeur contre le défendeur, il s'en suit que cette action s'attache à la personne de ce dernier; et que non-seulement elle tient à la personne, mais que, la personne morte, elle passe contre ses héritiers. Ainsi, vous êtes mon débiteur d'un objet quelconque que vous m'avez promis; en vain allégueriez-vous que cet objet n'est plus dans vos mains, je conserve le droit de vous poursuivre, bien que vous ne possédiez plus la chose qui fait l'objet de la dette. — Au contraire, dans l'action *in rem*, où le demandeur n'allègue contre le défendeur aucune espèce de créance, le défendeur n'est attaqué qu'accidentellement et comme possesseur de la chose, de telle sorte que l'objet venant à changer de mains, ce n'est plus contre le détenteur originaire, mais contre le nouveau détenteur, que l'action sera dirigée.

En d'autres termes, par l'action *in rem* je puis suivre ma chose en quelques mains qu'elle soit; c'est le proverbe vulgaire : *Je prends mon bien où je le trouve.* — Par l'action *in personam*, au contraire, je pourrai bien contraindre mon débiteur à me délivrer la chose s'il la possède; mais si cette chose n'est plus en sa possession, si elle est passée dans les mains d'un tiers, je ne pourrai pas la réclamer à ce tiers, je ne pourrai plus suivre la chose elle-même, comme dans le cas précédent. Je pourrai seulement obtenir des dommages-intérêts contre mon débiteur, à raison du préjudice que me fait éprouver le non-accomplissement de son obligation. — L'action *in personam* est, en ce sens, moins avantageuse que l'action *in rem*.

Cette distinction des actions *in rem* et *in personam*

exprime au fond, avec une grande exactitude, la différence qui existe entre le droit réel et le droit personnel. — Et ce n'était pas par fantaisie, ni par caprice, ni par un accident fortuit de procédure, que le Préteur, dans un cas, ne nommait jamais le défendeur, tandis que dans l'autre il le nommait toujours. Ce n'était point là, nous le répétons, une distinction arbitraire ; cela tenait à la nature essentielle des choses. — Le droit réel, en effet, regarde la chose elle-même, quel qu'en soit le détenteur, et il suffit que le demandeur indique le droit qu'il prétend avoir sur cette chose. — Le droit personnel, au contraire, s'adresse à une personne déterminée; et il ne suffit pas dès lors que le demandeur déclare qu'il est créancier de telle somme, il faut encore qu'il indique le nom de son débiteur. Autrement, cette prétendue créance ne serait qu'un vain mot, une allégation sans valeur. — Cette division des actions et des droits n'est point particulière au Droit romain : on la retrouve, au contraire, avec des caractères généraux à peu près semblables, dans toutes les législations anciennes et modernes. Elle ne fait que traduire les différences existant entre les rapports qui, dans tous les pays et dans tous les temps, ont été considérés comme nécessaires à l'existence même des sociétés ; elle a été constatée, mais non créée par les jurisconsultes.

Toutefois, pour ne rien laisser d'obscur en une matière de cette importance, il faut reconnaître qu'en parcourant la série des actions qualifiées par les Romains d'*in rem* ou d'*in personam*, on en rencontre quelques-unes qui paraissent troubler ce parallélisme, que la nature des choses semble devoir établir nécessairement entre les droits et les actions. D'un côté, nous voyons le droit réel protégé par des actions *in personam ;* et de l'autre, des droits personnels garantis par des actions *in rem.*

L'action *ad exhibendum*, par exemple, protége bien la propriété, en ce sens que le plus souvent elle a pour but de préparer les voies à une revendication, que le demandeur se propose d'exercer ensuite sur la chose exhibée (1) ; et cependant il est bien certain que l'*intentio* en était rédigée *in personam* en ces termes : *Si paret Numerium Negidium Aulo Agerio rem exhibere oportere.*— Voilà donc une action protectrice d'un droit réel, qui est conçue *in personam.* C'est que, dit Ulpien, si l'action *ad exhibendum* a pour but de protéger la propriété, cependant le droit de propriété n'y est pas mis en litige : « *Qui ad exhibendum agit, non utique se dominum dicit*, NEC DEBET OSTENDERE, *cùm multæ sint causæ ad exhibendum agendi.* »

L'action *noxale*, donnée à raison du délit commis par un esclave, doit être intentée, non contre le maître auquel appartenait l'esclave au moment du délit, mais contre celui auquel il appartient au moment du procès, en un mot contre tout déten-

---

(1) L. 1 et L. 3, § 3 et 1, D., *ad exhib.* — Cf. L. 6, D., *eod. tit.*

teur. L'action noxale suit l'esclave en quelques mains qu'il passe : *noxa caput sequitur.* — A ne considérer que le fond des choses, cette action semble donc être plutôt *in rem* qu'*in personam.* Et pourtant cette action était aussi conçue *in personam,* en ces termes : *Si paret Numerium Negidium, ob furtum Pamphili, Aulo Agerio damnum decidere oportere.* — Voilà donc encore une action personnelle venant protéger un droit réel.

En sens inverse, on peut signaler dans les actions *in rem* des caractères analogues à ceux des actions *in personam.* — Dans la revendication, par exemple, le détenteur est tenu *personnellement,* à raison des fruits consommés de mauvaise foi et des détériorations que la chose aurait subies par son fait. C'est si bien une *obligation* proprement dite, que le propriétaire peut intenter contre ce possesseur une *condictio,* c'est-à-dire une action personnelle, distincte de l'action en revendication. La revendication reste néanmoins une action réelle (c'est même l'action réelle par excellence), parce que l'*intentio* ne parlait pas de ces prestations pour les soumettre expressément à l'appréciation du juge ; elles étaient considérées comme un accessoire de l'objet litigieux.

Ainsi donc, bien qu'en général la division des droits en *réels* et *personnels* se présente symétriquement à celle des actions *in rem* et *in personam,* cependant ces deux divisions ne cadrent pas toujours exactement. Il y a même des actions qui semblent rester complétement en dehors de cette grande division. Telle est d'abord la classe des actions *in factum*, qui comprend presque toutes les actions prétoriennes. Dans ces actions, en effet, l'*intentio* ne soulève, au moins en apparence, aucune question de propriété ou d'obligation ; elle semble ne soumettre au juge qu'une pure question de fait. Mais la question de droit n'en existe pas moins au fond des choses ; car le fait dont le Préteur faisait dépendre la condamnation du défendeur, doit être considéré comme la cause d'une véritable *obligation*. Et l'on doit décider que les actions *in factum* sont *in personam*.

Il y avait encore à Rome des actions qu'on appelait *præjudicia*. Ces actions préjudicielles se distinguent de toutes les autres par ce caractère remarquable, que leur formule se compose uniquement d'une *intentio*, sans *condemnatio*. C'est qu'en effet, dans les actions préjudicielles, le demandeur se propose seulement de faire constater judiciairement une qualité ou un fait, sans prétendre en tirer, au moins pour le moment, la conséquence d'aucune condamnation contre le défendeur. Il se borne présentement à faire statuer sur certaines questions qui pourront faire plus tard l'objet d'un *judicium* proprement dit : de là ce nom de *præ judicium*. — Ces actions se rattachent principalement à cette classe de droits qu'on désigne sous le nom de *droits des personnes* : telles étaient à Rome la liberté, l'ingénuité, la nationalité, la qualité de père ou de

fils de famille, celle de *vir* ou d'*uxor*. — Mais, si
les actions préjudicielles se rapportaient le plus ordinairement à des questions d'état, il ne faudrait pas
croire cependant qu'elles ne pussent pas avoir un
autre objet. Gaius nous apprend, en effet, qu'il y
avait des *prœjudicia* parfaitement étrangers à l'état des
personnes : le *prœjudicium quanta sit dos* (1), par
exemple, et celui tendant à faire vérifier si des *spon-
sores* ou des *fidepromissores* ont été avertis comme
le veut la loi (2).

Ces actions préjudicielles ne sont, à proprement
parler, ni des actions *in rem*, ni des actions *in personam* : les questions qui y sont soumises à l'appréciation du juge ne sont, en effet, ni des questions
de propriété ni des questions d'obligation. Mais si
d'une part, à raison des questions qu'elles soulè-
vent, elles semblent rester en dehors de la grande
division des actions en deux branches, d'autre part
il faut reconnaître qu'elles se rapprochent plutôt des
actions *in rem* que des actions *in personam.* Justinien
d'ailleurs s'en exprime formellement en ces termes :
Prœjudiciales actiones IN REM *esse videntur : quales
sunt per quas quæritur an aliquis liber, an libertus sit,
vel de partu agnoscendo* (3).

Bien que les jurisconsultes romains, en traitant de
la division des actions, paraissent n'avoir eu en vue

(1) Gaius, *Comment.*, IV, § 41.
(2) Id. *Comment.*, III, § 123.
(3) Instit., *De Actionib.*, §. 13

que les droits qui se rapportent au patrimoine des
particuliers, il n'en est pas moins vrai qu'au fond les
qualités qui constituent l'état des personnes sont de
véritables droits absolus, qui existent pour nous *generaliter*, c'est-à-dire indépendamment de toute obligation spéciale de telle ou telle personne envers nous.
Aussi peut-on dire, sans crainte de se tromper, que
les actions concernant l'état des personnes sont vraiment des actions réelles.— Ces sortes d'actions, en
effet, sont fondées sur un droit *adversùs omnes*,
sur un droit qu'on peut invoquer vis-à-vis de tous ;
mais, d'un autre côté, elles sont tellement inhérentes
à la personne, que nous sommes habitués à les considérer en Droit français comme des actions personnelles, devant être portées devant le tribunal du domicile du défendeur. On leur applique la maxime :
Actor sequitur forum rei.

Il y a enfin des actions qui puisent à une double
source, c'est-à-dire qui sont fondées à la fois et sur un
droit de créance et sur un droit de propriété ; on les
appelle *actions mixtes.—Quædam actiones mixtam causam obtinere videntur, tàm in rem quàm in personam* (1).
Telles sont, en Droit romain, les actions *communi
dividundo, familiæ erciscundæ, finium regundorum.*

Nous ne voulons pas ici donner à cette matière
des *actions mixtes* les riches développements qu'elle

(1) Instit., *De Actionibus*, § 20.

comporte. — Notre intention était seulement d'établir la différence qui existe entre le droit *personnel* et le droit *réel;* et c'est désormais cette dernière espèce de droit que nous allons examiner.

La propriété est évidemment le premier et le plus complet de tous les droits réels ; c'est le droit réel par excellence. — La propriété pleine et parfaite confère au maître sur sa chose un pouvoir absolu et exclusif; elle est le *jus summum*, c'est-à-dire ce qu'il y a de plus éminent dans les rapports de l'homme avec la chose.—La propriété, en un mot, c'est le faisceau de tous les droits possibles sur une chose ; c'est la source générale et comme le grand réservoir de tous les droits réels. Aussi, les divers démembrements dont le droit de propriété est susceptible, comme l'usufruit, l'usage et l'habitation, les servitudes, sont-ils aussi nécessairement des droits réels.

Le mot *propriété*, dans son acception la plus générale, exprime la suzeraineté qui appartient à une personne sur un bien quelconque, corporel ou incorporel, et qui le lui rend *propre*. — Mais, dans son acception spéciale et technique, le mot *propriété* ne s'applique qu'au droit de la personne sur les objets corporels, meubles ou immeubles, qui lui appartiennent : et c'est toujours ainsi qu'il a été entendu. *Videntur veteres dominium propriè de re corporali dixisse* (1). C'est seulement aussi du droit

(1) Vinnius, *Instit.*, *lib. II, tit. I, § 2.*

de propriété sur les objets corporels , que nous voulons ici nous entretenir.

Le droit de propriété, le *jus in re*, pénètre jusque dans les entrailles de la chose, si bien qu'il a pu paraître se confondre avec la chose elle-même. On a pu considérer que la chose représentait en quelque sorte le droit dont elle est l'objet direct et immédiat; et c'est de là qu'est venue , non-seulement dans le langage populaire, mais encore dans le langage scientifique et dans les textes mêmes de la loi, cette identification de la chose et du droit de propriété auquel cette chose est soumise. — C'est ainsi que l'on dit : *ma maison*, pour exprimer qu'on a un droit de propriété sur cette maison ; voilà une belle *propriété*, pour signifier un beau domaine. Le droit de propriété s'est matérialisé pour ainsi dire, et a fini par être classé lui-même parmi les choses corporelles. — Telle était, en effet, à Rome, la formule de l'action réelle ou revendication par laquelle on réclamait non pas le droit de propriété sur la chose, mais directement et corporellement la chose elle-même : *Hunc fundum meum esse aïo.* — La revendication, comme l'indique le mot lui-même, REI *vindicatio*, portait non pas sur le droit, chose incorporelle, mais sur l'objet de ce droit, chose corporelle.

Cette façon de parler, également usitée chez nous, est après tout assez naturelle : car, précisément parce que la propriété est le droit le plus entier qu'on puisse avoir sur une chose, on sent moins

le besoin do spécifier ce droit dans le discours.
— Au contraire, quand je prétends seulement avoir
sur la chose un démembrement du droit de propriété, un droit d'usufruit, par exemple, il faut nécessairement que je soutienne que l'usufruit de ce
fonds est à moi ; alors c'est le droit lui-même qui
figure dans l'énoncé de la formule, et l'action réelle
est dite dans ce cas *vindicatio rei incorporalis* (1). —
De même, si je prétends avoir sur le fonds du voisin un droit de servitude, il n'y a pas moyen de ne
pas exprimer le droit lui-même que je réclame ; je
devrai dire alors : *aïo jus esse mihi per fundum vicini eundi agendi, vel ex fundo vicini aquam ducendi.*

Toutefois, cette tournure de langage n'avait pas
laissé d'exercer, chez les Romains, une influence
assez fâcheuse sur la doctrine elle-même. — Elle les
conduisit à admettre entre l'acquisition de la propriété et l'acquisition des autres droits réels, une
différence qu'ils n'auraient probablement pas admise
si le problème eût été posé en termes plus rigoureux. C'est ainsi que la *tradition*, qui est une manière d'acquérir la propriété, est inapplicable à
l'acquisition de l'usufruit. Pourquoi cela? C'est que,
disent les jurisconsultes, la tradition n'est autre que
la dation de la possession, et que nous ne pouvons
posséder que les choses *corporelles.* Or, l'usufruit
étant classé parmi les *jura*, choses incorporelles,
n'est pas susceptible de tradition. — Mais la pro-

---

(1) Gaius, *Comment.*, IV, § 3, — Instit., *De Actionib.*, § 1 et 2

priété aussi est un droit ; et à ce titre, elle devrait figurer parmi les *jura*, c'est-à-dire parmi les choses incorporelles. La doctrine, comme on voit, ne repose ici que sur un jeu de mots existant dans l'énoncé du problème. Et si l'on veut s'attacher au fond des choses, on ne tarde pas à reconnaître que la tradition aurait pu s'appliquer tout aussi bien à l'usufruit qu'à la propriété. Dans les deux cas, en effet, c'est une *chose corporelle* que je vous livre, et la différence ne porte que sur les droits que j'entends vous conférer. Dans un cas, vous recevez cette chose, objet du droit, en qualité *d'usufruitier*, et dans l'autre vous la recevez en qualité de *propriétaire*.

Il ne faut pas une bien longue analyse du droit de propriété, pour reconnaître qu'il renferme trois attributs, trois éléments : 1° le droit d'user de la chose, c'est-à-dire de s'en servir, de l'employer à un usage susceptible de se renouveler (*uti, usus*); — 2° le droit d'en jouir, c'est-à-dire d'en percevoir les fruits (*frui, fructus*);—3° le droit d'en disposer, de la changer, de la transformer, de la détruire, de la transmettre à un autre, d'en *abuser* enfin, c'est-à-dire d'en faire un usage définitif, qui ne pourra plus se renouveler désormais pour le maître actuel. Tel est le vrai sens du mot latin *abuti*, qui ne signifie pas ici un usage blâmable et répréhensible, mais un suprême usage, comme, par exemple, l'*aliénation*. Voilà les droits élémentaires dont la réunion forme le droit complexe de propriété; quand ils sont ainsi réunis en un droit total, on dit que la propriété est pleine, qu'elle est entière et parfaite, *plena in re potestas.* — Tous les avantages et tous les services que le propriétaire peut retirer de sa chose, il les retire donc en vertu de son droit de propriété: *Res sua nemini servit, sed prodest jure dominii.*

La propriété est non-seulement un droit absolu, mais un droit *exclusif.* Elle confère au maître de la chose, au *dominus,* un pouvoir privatif, de telle sorte qu'il peut empêcher tout autre que lui de retirer de cette chose aucune utilité. — Le propriétaire ne peut pas non plus, en principe, être forcé de céder sa chose, en tout ou en partie : *Id quod nostrum est, sine facto nostro ad alium transferri non potest* (1). Et la revendication doit être admise même pour un lambeau de terrain, quelque minime qu'il soit, sans que le défendeur qui l'a usurpé puisse offrir en paiement une indemnité. — Ces deux caractères essentiels de la propriété, d'être absolue et exclusive, se confondent en quelque sorte, et le second n'est que la conséquence du premier. La propriété, en effet, ne serait pas absolue, si elle pouvait être entravée ou diminuée par le fait d'un tiers, c'est-à-dire si elle n'était pas exclusive. — Elle reçoit toutefois, dans l'intérêt public, de nombreuses restrictions. L'intérêt général et collectif doit faire céder la volonté d'un seul ; car la société n'est possible qu'à la condition de sacrifices, plus

(1) L. 11, D., *De Div. reg. jur. antiq.*

ou moins considérables, faits par chacun de ses membres. Voilà pourquoi les interprètes, dans la définition qu'ils ont donnée du droit de propriété, ont mis à l'exercice de ce droit un tempérament qu'on ne trouve nulle part dans les textes du Droit romain : *Dominium est jus utendi, fruendi et abutendi re*, QUATENUS JURIS RATIO PATITUR.

Au premier rang de ces limitations apportées au droit de propriété, se présente l'expropriation pour cause d'utilité publique, qui exige du maître de la chose la cession même de sa propriété. L'expropriation pour cause d'utilité publique est la prise d'une propriété tout entière soit par l'État, soit par une fraction de cet être moral. — Mais ce n'est pas là une spoliation; car le particulier dépossédé reçoit une indemnité équivalente, de telle sorte qu'on ne lui impose, dans l'intérêt de tous, qu'un sacrifice de satisfaction individuelle. — Quant aux servitudes légales, il faut s'entendre sur la signification vraie de ces mots. Il n'y a point là, comme dans le cas des servitudes ordinaires, des charges imposées à un fonds pour l'usage et l'utilité d'un autre fonds appartenant à un propriétaire différent. Les servitudes légales sont uniquement des limitations apportées au droit de propriété individuelle, à la *plena in re potestas*, pour le plus grand bien de tous, et dès lors on peut les considérer comme des expropriations partielles pour cause d'utilité publique directe ou indirecte : *directe*, lorsque le propriétaire limité dans l'exercice de son droit, se trouve en présence de la société elle-même ; *indirecte*, lorsque la loi l'oblige à faire un sacrifice partiel de ses droits en faveur d'un particulier, parce qu'il doit en résulter un fait économique réagissant sur la prospérité publique.

C'est ainsi que, d'après notre Droit français, le propriétaire d'une source ne peut en changer le cours, lorsqu'elle fournit aux habitants du voisinage l'eau qui leur est nécessaire. — Voilà une expropriation partielle pour cause d'utilité publique *directe ; le jus utendi, fruendi et abutendi*, est diminué, sans qu'il y ait désinvestissement définitif du propriétaire. Si les habitants du voisinage cessaient d'avoir besoin de cette eau, la servitude disparaîtrait, et le maître du fonds reprendrait la libre disposition de sa source. — Voici maintenant des cas d'expropriation partielle pour cause d'utilité publique *indirecte*. J'ai fait bâtir un mur sur la limite de mon terrain ; le voisin, qui veut construire une maison, me propose d'acheter la moitié de mon mur. En principe, un propriétaire peut refuser de vendre sa chose ; ici, il ne le peut pas. Au premier abord, il semble que le voisin profitera seul de l'économie qu'il va faire en ne payant que la moitié d'un mur ; mais on voit bien vite que l'intérêt général est également en jeu, puisqu'on évite ainsi une dépense inutile et une perte de terrain. Il y a là une véritable question d'économie politique cachée derrière un fait d'intérêt particulier. — Il en est de même, lorsque le propriétaire d'un fonds en-

6

clavé contraint son voisin à lui vendre un passage
jusqu'à la voie publique; on évite ainsi une dimi-
nution de la richesse sociale, puisque l'on conserve
la possibilité de cultiver un champ, qui sans cela
serait resté stérile.

Tels sont, à un point de vue général, les vrais
principes en matière d'expropriation. — Maintenant,
ces principes se retrouvent-ils dans le Droit romain?
Oui, sans aucun doute, parce que dans toutes les
sociétés organisées on rencontre les mêmes besoins
généraux; seulement, les applications varient suivant les temps et le génie des peuples. On a prétendu que l'expropriation pour cause d'utilité publique était inconnue à Rome. Il y a des textes
précis qui établissent positivement le contraire;
mais, sans recourir aux monuments législatifs sur
cette matière, comment une pareille pensée peut-elle
venir à l'esprit ? — Il n'y a pas de nation au monde
qui ait fait plus de travaux publics que les Romains;
leurs routes, leurs aqueducs, leurs amphithéâtres,
leurs temples, couvraient la surface de l'Empire, et
il aurait suffi du mauvais vouloir et de la résistance
d'un propriétaire pour arrêter le développement de
ces gigantesques travaux? Cela n'est pas croyable.

Cependant, pour établir l'opinion contraire, on
cite un passage de Suétone, qui dit, en parlant
d'Auguste : « *Forum angustius fecit, non ausus extor-
quere possessoribus proximas domos* (1). » — Mais

_____

(1) Suétone, *In August.*, !.VI

on ne fait pas attention qu'il s'agit ici d'un travail
fait, non pas aux frais de l'État, mais aux frais
d'Auguste agissant comme simple citoyen, voulant
contribuer à l'ornement de Rome. On comprend que,
dans ces circonstances, les particuliers pouvaient
refuser de vendre leurs maisons à d'autres *particuliers*,
qui voulaient s'illustrer par leurs libéralités et ga-
gner ainsi la faveur du peuple. — Il est manifeste
qu'Auguste, le prince le plus politique peut-être qui
ait jamais existé, savait combien les intérêts individuels sont âpres et susceptibles, et sentait bien que
son pouvoir usurpé avait toujours besoin de se dissimuler. Il devait rencontrer, dans ses projets d'em-
bellissement de Rome, les demeures de riches
citoyens regrettant la liberté perdue ; et l'habile
imperator cédait ici à des ménagements, à des tem-
péraments, pour ne pas s'exposer à des récrimina-
tions de la part de propriétaires puissants qui auraient
pu lui nuire. — Ce trait de la vie d'Auguste n'a
évidemment pas d'autre sens, et Suétone ne se dou-
tait guère, en écrivant la phrase précitée, du sens
qu'on veut lui prêter.

Comment d'ailleurs ne pas admettre l'expropriation pour cause d'utilité publique sous une Constitution dont le principe fondamental était celui-
ci : *Quod principi placuit, legis vigorem habet* (1), et
qui réunissait sur la tête du chef de l'État les pouvoirs législatif, exécutif et judiciaire ? — Il suffit de

---

(1) L. I, D., *De Constit. princip.*

jeter les yeux sur la loi appelée *Regia de imperio*,
pour voir que le droit d'expropriation en découlait naturellement. Cette loi, renouvelée pour la forme à
l'avénement de chaque empereur, et dont le texte
pour le règne de Vespasien nous a été conservé, con-
férait au prince le droit et le pouvoir de disposer à
son gré, pour l'usage et la majesté de l'État, des
choses divines et humaines, publiques et privées : *Utique quæcumquæ ex usu rei publicæ et majestate, divina-
rum, humanarum, publicarum, privatarumque rerum
esse censebit, ei agere, facere jus potestasque sit* (1).

Quant aux biens-fonds situés dans les provinces,
il y avait une raison décisive pour que les possesseurs ne pussent pas résister à l'expropriation fondée
sur l'utilité publique : c'est que la propriété en appartenait au peuple romain ou à l'empereur, et que
les habitants n'en avaient que la possession et l'u-
sufruit. *In provinciali solo dominium populi Romani est
vel Cæsaris; nos autem possessionem tantùm et usumfructum habere videmur* (2). On voit dès lors que,
pour l'immense généralité des biens composant
l'Empire romain, la question ne pouvait pas même
se présenter.

Tenons donc pour certain que les Romains ont
connu et pratiqué l'expropriation pour cause d'utilité
publique. Sans doute, la ligne de démarcation entre

---

(1) Ce texte est gravé sur une table de bronze qui a été dé-
couverte au palais de Latran vers le milieu du quatorzième siècle, et qui se
voit encore aujourd'hui au Musée du Capitole.

(2) Gaius, *Comment.*, II, § 7.

le droit du souverain et celui des individus n'était
pas établie d'une manière bien précise. Cela se conçoit
parfaitement : il répugne toujours au pouvoir absolu
de poser des limites à l'exercice de ses prérogatives;
il aime mieux agir au jour le jour et pourvoir, par
des actes spéciaux, aux nécessités qu'amènent les
affaires publiques, plutôt que de mettre, comme
disait Coquille, des *brides* à sa volonté. — Aussi ne
prétendons-nous pas que chez les Romains il y ait
eu, comme chez nous, une législation spéciale sur
la matière. Mais des textes nombreux et formels,
surtout au titre *De Operibus publicis*, dans les Codes
de Théodose et de Justinien, nous montrent avec
évidence que le principe de l'expropriation pour
cause d'utilité publique existait dans le Droit romain.

Le droit de propriété s'offre donc à nos yeux
comme un droit exclusif et jaloux, et cependant
comme un droit flexible qui sait se prêter sans
périr aux transformations et aux sacrifices que la
société lui demande. — Mais, à vrai dire, ces restrictions, qui sont conformes à la raison juridique,
à la *juris ratio*, n'entravent pas la liberté de la propriété; elles la gouvernent bien plutôt, elles la ci-
vilisent, et ne font que régler l'exercice d'un droit
dont l'origine est antérieure à celle de la loi même.

La propriété ainsi connue et définie, nous nous proposons de voir comment elle s'acquiert d'après le *Droit naturel* ou le *Droit des gens,* ce qui est la même chose, disait Gaius. — Et dans notre exposition, nous suivrons à peu près l'ordre des Institutes de Justinien.

MANIÈRES D'ACQUÉRIR LA PROPRIÉTÉ
D'APRÈS LE DROIT DES GENS.

Tous les modes naturels d'acquérir la propriété peuvent se ramener à un seul, la POSSESSION, qui comprend deux modes originaires, *l'occupation* et *l'accession*, et un mode dérivé, la *tradition*.

La possession, c'est le fait de détenir une chose, avec l'intention de s'en rendre propriétaire. — Les mots détenir et posséder réveillent, en droit, des idées très-distinctes. *Détenir*, c'est avoir une chose en sa puissance, sans avoir d'ailleurs l'intention de la considérer comme sienne. La détention, *nuda détentio*, qu'on appelle aussi *possessio naturalis*, crée donc un rapport purement physique entre l'homme et la chose, rapport dépourvu d'effets juridiques. — *Posséder*, au contraire, c'est détenir une chose, avec l'intention de se l'approprier. Nous trouvons donc dans la possession deux éléments : le fait matériel de la détention, le *corpus*, et le fait moral

de l'intention, l'*animus domini* ou *animus sibi habendi*.
— Cette intention élève le fait de la détention à la
hauteur de la possession juridique, qui n'est autre
que la propriété, lorsqu'elle s'applique à une chose
qui n'appartenait à personne, c'est-à-dire à une
chose *nullius*. — Il faut donc bien distinguer de la
détention matérielle ou possession purement physique la possession juridique.

Peu importe, au surplus, que le possesseur se
croie propriétaire, ou sache, au contraire, que la
chose appartient à une autre personne ; il suffit qu'il
ne veuille pas reconnaître cette personne comme
propriétaire. C'est là la possession proprement dite,
celle que le Droit prétorien protége au moyen des
interdits, et que pour ce motif on nomme *possessio
ad interdicta*. — Le voleur possède ; car il a au suprême degré l'*animus domini*, c'est-à-dire l'intention
d'agir en maître sur la chose volée. Au contraire, le
dépositaire, le commodataire, le colon ou le locataire, ne possèdent pas juridiquement ; car ils re-
connaissent une autre personne pour propriétaire de
la chose détenue. Ils ont bien la possession de fait,
naturaliter possident, ou bien encore ils sont *in possessione* ; il y a chez eux le *corpus*, mais non l'*animus* nécessaire à la possession de droit.

La bonne foi du possesseur, indifférente au point
de vue des interdits, ne l'est plus au point de vue
de l'*usucapion*. Celui qui possède *de bonne foi*, et
en vertu d'un *juste titre*, non-seulement a droit
aux interdits comme le possesseur de mauvaise foi,

mais il peut, de plus, arriver à la propriété par l'*u-sucapion* : c'est la possession civile, *possessio civilis* ou *possessio ad usucapionem.*

On peut donc dire qu'il y a trois espèces de possessions : la première, qui n'est autre que la *détention,* et dans laquelle on trouve le fait sans l'intention, le *corpus* sans l'*animus; —* la seconde, dans laquelle on rencontre les deux éléments de toute possession juridique, le *corpus* et l'*animus,* et que nous appellerons la possession proprement dite ou *possessio ad interdicta; —* la troisième enfin, que nous appellerons la *possession civile,* et qui donne au possesseur l'usucapion et l'action publicienne.

Les mots *possessio naturalis* ont été entendus diversement par les jurisconsultes modernes. — D'après M. de Savigny, qui fait autorité en cette matière, ces mots sont employés, par opposition à la *possessio civilis,* non-seulement pour désigner la position de celui qui est *in possessione,* c'est-à-dire la simple détention, le fait sans l'inten-ion, mais même pour désigner la possession ,roprement dite, celle qui est garantie par les interdits; de sorte que la *possessio naturalis* comprendrait à la fois la *nuda detentio* et la *possessio ad interdicta,* tandis que la *possessio civilis* se référerait uniquement à la *possessio ad usucapionem.* — C'est, en effet, ce qui semble résulter de plusieurs textes du Droit romain (1). — Suivant M. de Vangerow,

(1) Ulpien, L. 3, § 15, et Pomponius, L. 4, D., *Ad exhib.* — Voy. aussi Ulpien, L. 9, D , *De rei vindic.*

au contraire, il y a *possessio civilis* toutes les fois
que *l'animus domini* est joint au fait de la détention,
et *possessio naturalis* seulement lorsqu'il n'y a pas
animus domini ; de sorte que, d'après ce système, la
possessio ad interdicta, que M. de Savigny considère
comme une *possessio naturalis,* serait une *possessio civilis.* — Nous nous rangeons sans hésiter à la première de ces opinions, parce que les textes ne permet-
tent pas de révoquer en doute la double signification
donnée à la *possessio naturalis.* Il faut toutefois reconnaître que cette double appellation, s'appliquant à
deux choses si différentes, est de nature à jeter de la
confusion dans l'esprit, et qu'elle accuse un vice dans
la terminologie scientifique des jurisconsultes romains sur ce point. Ce n'est que par l'examen particulier de chaque hypothèse où se rencontre l'expression *possessio naturalis,* qu'on peut décider si
elle est employée dans l'un ou l'autre sens.

En résumé, la *possessio civilis* est celle qui produit des effets reconnus par le *Jus civile,* c'est-à-
dire par les sources du Droit autres que le *Jus gentium* ou l'*Édit du Préteur.* Or, le seul effet que le *Jus
civile* accorde à la possession est la faculté d'usucaper, quand cette possession est accompagnée des
conditions requises, qui sont la *justa causa* et la
bona fides. L'expression *possessio civilis* est donc sy-
nonyme de *possessio ad usucapionem.* — Toutes les
fois que la possession n'a pas les qualités requises
pour l'usucapion, elle est dite *naturalis.* Seulement,
cette dernière possession est susceptible de deux

degrés. Quelquefois la *possessio naturalis* se présente
avec un seul élément, le *corpus;* c'est alors la simple
détention, comme en cas de louage ou de commodat. Quelquefois aussi elle se présente avec les deux
éléments constitutifs de toute possession juridique,
avec le *corpus* et l'*animus.* Cette possession est protégée par le Droit prétorien, sans distinguer si elle
est fondée ou non sur un juste titre, sur la bonne
ou la mauvaise foi. Le créancier gagiste et le voleur,
par exemple, pourront tous les deux, par la voie
des interdits possessoires, faire respecter leur possession. Mais cette possession ne pourra pas se convertir en propriété par le laps de temps. Aussi la
possessio ad interdicta n'est-elle, pour ce motif, qu'une
possessio naturalis.

Puisque la possession proprement dite ou possession juridique se compose de deux éléments, la
détention matérielle ou le *corpus*, et l'intention
d'avoir la chose comme propriétaire, ou l'*animus*,
il en résulte que la possession *est acquise* du moment où quelqu'un obtient sur la chose un pouvoir
physique, et a l'intention de posséder cette chose
pour son propre compte. Ces deux conditions sont
nécessaires pour l'acquisition de la possession; l'une
ou l'autre isolée serait impuissante à cet effet :
*Adipiscimur possessionem corpore et animo, neque per
se animo, aut per se corpore* (1). — Le premier de ces

(1) L. 3, § 1, D., *De Adq. vel amit. posses.* — Voyez aussi Celsus,
L. 18, § 2, *eod. tit.* — Cf. Javolenus, L. 79, D., *De Solut.*

éléments, le *corpus*, a été généralement entendu
par les interprètes d'une manière trop littérale. Ils
ont cru que ce *corpus* ne pouvait exister qu'au moyen
d'un contact. Pour les immeubles, il faudrait mettre
le pied sur le fonds qu'on veut posséder; pour les
meubles, il faudrait les saisir avec la main. Mais le
contact n'est pas nécessaire pour acquérir la possession, et l'on possède par cela seul qu'on a la faculté
d'agir sur un objet, quoique cette faculté ne se soit
pas encore traduite en faits extérieurs. Du moment
qu'une chose est sous mes yeux, et que rien ne
s'oppose à mon intention de me l'approprier, il y
a dans ces circonstances tout ce qu'il faut pour
opérer une prise de possession. — Quant à l'*animus
sibi habendi*, c'est-à-dire à la volonté d'avoir la chose
pour soi, comme propriétaire, et à l'exclusion de
tous autres, peu importe que cette volonté soit licite
ou illicite.

La possession, une fois acquise, *se conserve* par la
seule intention, *nudo animo*. Je ne perds pas la possession iuridique d'une chose par cela seul que je
ne la détiens pas actuellement; mais je continue de
la posséder, en quelque lieu que je sois. Pour l'acquisition de la possession, il faut la réunion de deux
éléments, l'un physique, l'autre moral, c'est-à-dire
le *corpus* et l'*animus*. Mais on conçoit que si, pour
conserver la possession, ce double élément était
également nécessaire, la conservation de la possession deviendrait impossible : car on ne saurait tou-

jours être à portée d'agir sur une chose. On ne peut
pas demeurer continuellement en armes sur son terrain pour le défendre ; vouloir faire de l'occupation
incessante d'un objet la condition de sa possession,
reviendrait à soutenir que la possession elle-même
est impraticable. — Pour la conservation de la possession, il suffit donc de l'*animus*. — Bien plus, il
n'est pas nécessaire que notre intention d'avoir la
chose comme propriétaire, se perpétue d'une manière active : d'où il suit que le fou, qui n'aurait pu
acquérir la possession par lui-même, peut néanmoins
continuer celle qu'il aurait acquise avant de tomber
en démence (1). — On voit que les conditions de
conservation de la possession sont moins rigoureuses
que celles exigées pour son acquisition.

La règle que la possession se conserve par la seule
intention, *solo animo*, n'avait été introduite que pour
protéger le possesseur vigilant, qui n'a abandonné
que *momentanément* son immeuble. On voulait le dispenser de l'incommodité, pour ne pas dire de l'impossibilité, d'une présence permanente. Tous les
textes du Digeste ont en vue le cas où le possesseur
s'est éloigné avec l'intention de revenir prompte-
ment. Labéon et Ulpien nous parlent d'un individu
qui est parti pour aller au marché (2). Sans doute,
quelques intervalles de non jouissance ne suffiront
pas pour faire considérer la possession comme aban-

---

(1) Proculus, L. 27, et Ulpien, L. 29, D., *De adquir. vel amit.
posses*.

(2) L. 6, § 1, D. *De adquir. vel amit. posses*.

donnée. La durée que pourra avoir l'inaction du possesseur devra même varier, suivant la nature des
immeubles. C'est ainsi que pour les *saltus hiberni
œstivique*, c'est-à-dire pour ces pâturages d'hiver ou
d'été, dont l'exploitation n'est possible que pendant
une partie de l'année, et qui dès lors restent aban-
donnés d'une manière prolongée, une saison entière
écoulée sans acte de jouissance ne devra pas être
interprétée comme une renonciation.

Mais quand un immeuble reste improductif entre
les mains qui devraient le faire fructifier, quand le
possesseur ne se soucie pas de mettre à profit sa position, quand il ne manifeste pas sa prétention à la
propriété, quand il reste dans l'inertie, il serait
contraire à l'intérêt général de défendre à toute personne d'utiliser la chose ainsi négligée. La possession devient alors *vacua;* elle est abdiquée par l'in-
curie de celui qui y avait droit. — Si cet abandon
de l'immeuble tient à l'absence prolongée de l'intéressé, il ne lui sera permis d'écarter le préjudice
résultant de la perte de la possession, qu'autant que
cette absence sera fondée sur un motif légitime,
comme un service public, ce que le magistrat aura
à apprécier. — Ainsi donc, quand la négligence du
propriétaire laisse un fonds *vacant*, ou quand son
éloignement continué sans une juste cause a amené
un pareil état, il est permis aux tiers de s'emparer
de la possession (1). Au retour du propriétaire, ou

(1) L. 37, § 1, D., *De usurp.*

de celui qui prétend l'être, la résistance à ses efforts pour se remettre en possession est légitime : *Non videberis vi possedisse* (1). — La possession, en effet, était *vacua;* elle n'était à personne, donc elle a pu être occupée. — On voit que, dans ce cas d'absence prolongée, la possession ne pouvait pas être retenue *solo animo*, comme elle pouvait l'être dans le cas d'une absence momentanée du possesseur.

Cette doctrine est celle des grands jurisconsultes, telle qu'elle paraît résulter des divers fragments du Digeste. Mais elle a été modifiée par Justinien (2). L'empereur se demande comment on pourra venir au secours des absents, qui ont laissé une *possessio vacua*, lorsque des tiers l'auront usurpée. Il convient que les anciennes lois ne fournissaient aucune ressource pour attaquer au *possessoire* cette usurpation exempte de vice, et qu'il ne restait à l'*absent* que la voie du *pétitoire*. Dans le système du Droit romain sur les *interdits*, le Préteur maintenait le possesseur actuel, et non le possesseur annal, comme cela a lieu chez nous pour les *actions possessoires*, en sorte que celui qui ne détenait la chose que de la veille était préféré à l'ancien possesseur, à moins qu'il n'eût employé la violence (3). — Mais Justinien s'indigne contre de pareils possesseurs, qu'il flétrit du nom de *prœdones*, et il décide qu'ils seront tenus de restituer la possession, sans indiquer précisément

(1) L. 4, § 28, D., *De usurp*.
(2) L. 11, C., *Undè vi*.
(3) Instit., § 4, *De interdict*.

le moyen qui devra être employé. Ce moyen est
sans doute l'interdit *undè vi*, qui est la voie la plus
ordinaire pour recouvrer la possession des immeubles. — Il résulte de cette constitution que, malgré
le laps de temps qui a pu s'écouler sans acte de
jouissance, pourvu toutefois que cette inaction n'ex-
cède pas trente années, le possesseur évincé pourra
se faire restituer une possession qu'en réalité il n'a
pas perdue. Mais c'est là, nous le répétons, une
innovation de Justinien, puisqu'il déclare lui-même
que l'ancien Droit romain laissait le possesseur dé-
sarmé. Il est évident que l'empereur, en accordant
au possesseur un délai de trente années pour reprendre sa chose, a confondu la *possession* et la *propriété*, qu'il traite de la même manière. Nous ne
retrouvons plus ici cette pondération savante, avec
laquelle les grands jurisconsultes de Rome savaient
régler le degré de protection due à l'un ou à l'autre
de ces droits.

La possession exigeant, pour son acquisition, la
réunion de deux éléments, le fait de la détention et
l'intention de s'approprier la chose, doit cesser sitôt
que l'un ou l'autre de ces éléments a disparu complètement. Elle peut donc *se perdre* indifféremment
animo solo, ou *corpore solo*. Mais pour la perte de la
possession, il ne suffit pas de l'absence de l'une des
deux conditions requises pour son acquisition ; il
faut, de plus, qu'il y ait eu quelque chose de con-

traire à l'une d'elles, *in contrarium actum* (1). Il faut,
en un mot, que l'une des deux conditions voulues
pour acquérir la possession, se soit transformée en
la condition contraire. Ainsi, la possession se perdra,
solo animo, par la résolution bien arrêtée de ne plus
posséder. Dès qu'il y aura *animus non possidendi*, la
possession cessera immédiatement, bien que celui
qui y renonce, continue à se trouver physiquement
en rapport avec la chose. Tel est le cas où, en vous
vendant une chose, il est convenu entre nous que
je la conserverai à titre de *locataire :* comme, dans
ce cas, je perds la possession sans que mes rapports
physiques avec l'objet soient changés, il est exact
de dire que je perds la possession *solo animo*. —
D'un autre côté, malgré la conservation de l'*animus
domini*, si l'ancien possesseur est mis dans l'impossibilité d'agir à son gré sur l'immeuble qu'il possédait, il en aura perdu la possession. Ainsi la possession se perd *solo corpore,* à l'égard des immeubles,
lorsque par un cas de force majeure, comme l'envahissement définitif d'un fonds de terre par les eaux
d'un fleuve, le possesseur ne peut plus exercer son
pouvoir sur la chose; ou bien, lorsqu'il est expulsé
violemment du fonds par une autre personne. La
possession se perd *solo corpore,* à l'égard des choses
mobilières, lorsque, par exemple, nous perdons la
chose; lorsque des animaux sauvages s'échappent,
ou que des animaux apprivoisés perdent l'habitude

(1) L. 8, D., *De adquir. vel amit. posses.*, et L. 153, D., *De div.
reg. jur. antiq.*

de revenir. — Enfin, à plus forte raison, perdons-
nous la possession quand le rapport physique et le
rapport moral, c'est-à-dire le *corpus* et l'*animus*,
se trouvent tous les deux détruits par un acte et une
volonté en sens contraire. On peut citer, comme
exemples de la perte de la possession *animo et corpore*, tous les cas où le propriétaire aliène par tradition, *vacuam tradit possessionem*.

Pour transmettre la possession par la tradition,
il faut deux conditions : 1° le *fait* et l'*intention* de
la part de celui qui veut *se dessaisir* de la chose;
2° le *fait* et l'*intention* de la part de celui qui veut
acquérir cette chose. Il faut, en un mot, le concours de deux faits et de deux volontés, d'un côté
le *factum cum animo derelinquendi dominii*, et de
l'autre le *factum cum animo adquirendi dominii*. —
Quelquefois on remet sa chose à un autre, sans avoir
l'intention de s'en dessaisir, et sans que cet autre
ait l'intention d'en devenir propriétaire. Vous me
demandez un livre pour le lire, et je vous en fais la
tradition : il y a bien là prise de possession corporelle de votre part, il y a bien le *corpus*, mais l'*animus* manque. Aussi n'y aura-t-il pas translation de
propriété. Vous, emprunteur, non-seulement vous
n'aurez pas la possession *ad usucapionem*, celle qui
pourrait par le laps de temps vous rendre propriétaire, mais vous n'aurez pas même une possession
juridique, susceptible d'être protégée par les interdits; vous ne serez qu'un simple détenteur. — Le
commodat, le dépôt, le louage, ne sont pas des titres

translatifs de propriété; ces contrats ne sont pas des *justœ causœ adquirendi dominii,* parce qu'ils n'impliquent pas chez celui qui livre la chose la volonté de transmettre la propriété, et chez celui qui reçoit la volonté d'acquérir. — La donation, la vente, l'échange, voilà des *justœ causœ,* de véritables titres translatifs de propriété, et la tradition qui vous sera faite par suite de ces contrats vous rendra propriétaire.

I. De l'Occupation.

L'occupation est le mode originaire par excellence d'acquérir la propriété, parce qu'elle donne la propriété à l'origine; elle est l'origine même de la propriété. — L'occupation trouve peu d'applications dans un pays civilisé, dans une société vieillie. Tous les fonds composant le territoire d'une nation ont déjà leurs propriétaires. Toutefois, si ce droit d'occupation s'exerce moins fréquemment de nos jours que dans les temps primitifs, on en trouve toujours des traces pour les choses qui n'appartiennent encore à personne, comme les bêtes sauvages, les poissons, les oiseaux, et tous les autres animaux qui peuplent la terre, les eaux et les airs. Celui qui les prend en devient propriétaire : *quod enim nullius est, id naturali ratione occupanti conceditur.*

L'occupation exige donc deux choses : qu'il y ait prise de possession, et que la chose ne soit à personne. — Les interprètes divisent l'occupation en trois paragraphes : 1° *Venatio et piscatio*, 2° *Bellum*, 3° *Inventio*.

1° *Venatio et piscatio*. — Le gibier n'appartient à personne, c'est une chose *nullius*. Il appartient donc à celui qui l'a pris, sans qu'il y ait à distinguer si on l'a pris sur son propre terrain ou sur celui d'autrui. Le propriétaire peut sans doute vous empêcher d'entrer sur son terrain ; et, si vous avez violé son droit de propriété, il peut intenter contre vous l'action d'injures. Quant au gibier, il appartient non au propriétaire du terrain sur lequel il a été pris, mais à celui qui s'en est emparé. Et l'on ne saurait dire qu'il y a là un vol ; le gibier ne se vole pas, puisqu'il n'est à personne. Quand l'animal vous appartient-il ? Quand vous l'avez occupé *corpore*, quand vous le détenez en votre pouvoir. Mais l'animal qui vous a échappé n'est plus à vous, il rentre dans son état primitif, dans sa liberté naturelle, *in laxitate naturali*, par une espèce de droit de *postliminium*, comme ferait un prisonnier de guerre revenu parmi les siens. Cependant, quoique cet animal vous ait échappé, si vous êtes à sa poursuite, on doit vous considérer comme en étant toujours propriétaire, à moins qu'il ne soit parvenu hors de votre vue, ou qu'il ne soit devenu d'une poursuite impossible ou difficile.

Une controverse s'est élevés sur la question de savoir si l'animal que vous avez blessé, de manière à pouvoir le prendre, devient à l'instant même votre propriété. Trébatius, qui vivait du temps de Cicéron et aussi du temps d'Auguste, était d'avis que l'animal devenait vôtre à l'instant même, et qu'il continuait de vous appartenir tant que vous le poursuiviez; mais que, si vous en abandonniez la poursuite, il cessait alors de vous appartenir, et pouvait être acquis au premier occupant. Mais la plupart des jurisconsultes, particulièrement Proculus et Gaius, pensaient que vous n'en seriez propriétaire qu'après l'avoir pris, *quàm si eam ceperis*. Et Justinien confirme cette dernière opinion, en considérant que mille circonstances peuvent vous empêcher de saisir l'animal, qui, libre encore et inoccupé malgré sa blessure, n'a pas cessé d'être *res nullius*. Alors, si un tiers survenant s'emparait de ce gibier blessé, mais non encore appréhendé, il n'y aurait pas vol. Il pourrait y avoir lieu à une action de la part du chasseur, mais à une action *in factum*, non pas à une action de vol.

Autre espèce : un individu a tendu un piége sur le terrain d'autrui, il y a pris un sanglier. Puis voici venir un tiers, qui met le sanglier en liberté. Que va-t-on décider? Le propriétaire du terrain peut évidemment intenter une action d'injures contre celui qui a tendu le piége, sans sa permission; et celui-ci aura une action *in factum* contre le tiers qui a mis le sanglier en liberté. Il ne saurait avoir l'ac-

tion de vol, parce qu'il n'a pas appréhendé corporellement le sanglier, et qu'il n'en a jamais été propriétaire. — Telle est la rigueur des principes.

Il faut appliquer aux poissons les mêmes règles
qu'au gibier.

Le nid et l'oiseau qui sont sur votre arbre ne
vous appartiennent pas; ils appartiendront à celui
qui le premier viendra les prendre. Il faut en dire
autant des abeilles en liberté, qui sont considérées
comme des animaux sauvages. Lorsqu'un essaim
s'est formé sur un arbre, la première personne qui
s'en empare pour le renfermer dans une ruche en
devient propriétaire. Et ces abeilles ne cesseront
d'être votre propriété que lorsqu'elles auront déserté
la ruche, qu'elles auront perdu l'esprit de retour,
qu'elles auront changé de domicile. On décide pour
les abeilles, comme pour l'animal qu'on aurait déjà
pris et qui vous aurait échappé. Tant que vous les
poursuivez et qu'elles ne sont pas hors de votre vue,
elles demeurent votre propriété.

Il y a des animaux sauvages qui ont été apprivoisés, qui ont l'habitude d'aller et de revenir, qui
sont censés avoir renoncé au bénéfice du *postlimi-*
nium. C'est presque le cas de Régulus, qui voulut
retourner à Carthage pour y reprendre ses chaînes.
Ces animaux sauvages, que la nature avait faits libres,
ils renoncent à cette liberté, ils se soumettent en
quelque sorte au joug de leur propriétaire. Tels sont
les paons, les pigeons et les cerfs, qui, malgré leur
absence, continuent d'appartenir à leur maître, tant

qu'ils conservent l'esprit de retour. Mais si, dans
une forêt, on prend un cerf qui ne porte aucune marque de servitude, je crois bien que l'animal sera
de bonne prise. Si la loi 37, au Digeste, *De Furtis*, parlant d'un paon qui a été pris par une autre
personne que le propriétaire, voit dans ce fait un
vol, c'est que, dans ce cas particulier, la personne
qui avait pris le paon savait très-bien qu'il avait un
maître.— Quand l'animal a perdu l'esprit de retour,
c'est-à-dire quand il n'a plus l'habitude de revenir,
il cesse de vous appartenir; il est rentré dans son
état naturel, il est redevenu libre, et le premier
venu dès lors a le droit de s'en emparer.

Quant aux animaux domestiques, oiseaux ou qua-
drupèdes, leur état de nature n'est pas d'être sauvages, leur nom même l'indique assez ; s'ils sont
domestiques, c'est qu'ils appartiennent à quelqu'un,
c'est qu'ils ont forcément un propriétaire. On peut
bien les prendre, mais il faut les rendre; on n'aurait
pas le droit de s'en emparer *lucrandi animo*, car on
commettrait un vol. Ces animaux domestiques, ef-
farouchés ou égarés par une cause quelconque,
continuent de vous appartenir partout où ils se
trouvent; ils ne peuvent rentrer parmi les *res nullius*, et échapper au domaine privé, que par l'abandon volontaire du maître, ou par la perte qu'il en
ferait sans pouvoir prouver son droit. — Les commentateurs ont rangé les animaux en trois classes :
1° les animaux sauvages qu'on ne peut apprivoiser,
feræ bestiæ; 2° les animaux sauvages apprivoisés,

feræ mansuefactæ ; 3° les animaux domestiques. Les animaux de la première catégorie appartiennent au premier qui s'en empare; ceux de la seconde n'appartiennent au premier occupant qu'autant qu'ils ont perdu l'esprit de retour et sont rentrés dans leur état naturel; ceux de la troisième restent toujours la propriété de leur maître, en quelque lieu qu'ils se trouvent. — Quand on parle des animaux ou des poissons qui sont libres pas état de nature, on veut parler, bien entendu, de ceux qui vivent *in laxitate naturali*, c'est-à-dire qui ne sont pas sous notre dépendance, *sub manu nostrâ*. Car, si vous avez du gibier renfermé dans un parc ou du poisson dans un vivier, c'est là une propriété bien déterminée ; ce parc et ce vivier sont assez restreints pour que vous puissiez les embrasser par la possession. Celui qui viendrait y chasser ou y pêcher commettrait un vol, et vous auriez contre lui l'action *furti*, qui est si rigoureuse.

2° *Bellum*. — On peut prendre des hommes à la guerre, absolument comme on prend à la chasse des animaux sauvages. Les hommes naissent bien libres d'après le Droit naturel ; mais le droit de la guerre rend esclave l'ennemi qui est tombé en votre pouvoir, qui est devenu votre prisonnier. Cet homme est désormais votre propriété, et vous pouvez sans doute en disposer de la manière la plus absolue. Les choses appartenant à l'ennemi deviennent également la propriété du premier qui s'en empare ; elles

ne sont pas *publiques*, elles n'appartiennent pas à l'É-
tat. Il faut ici toutefois établir une distinction entre le
butin, c'est-à-dire les objets mobiliers, et le territoire de l'ennemi: *publicatur ager qui ex hostibus cap-
tus est*. Ce terrain est attribué à l'État, sauf à l'État
à le concéder, à le partager entre les particuliers.
Tout le monde sait l'histoire de l'*ager publicus*, dont
l'usurpation par les patriciens amena à Rome tant
de commotions sociales. — Les meubles pris sur
l'ennemi appartenaient bien, en droit, au premier occupant; mais ordinairement on en faisait une masse
commune. Chaque soldat rapportait à la masse ce
qu'il avait pris, et c'était le chef qui en faisait ensuite
la distribution à chacun. Ce qu'on avait acquis de
cette manière formait la propriété par excellence,
disait Gaius : *Maximè sua esse credebant quæ ex hostibus cepissent*. Chez un peuple guerrier comme le
peuple romain, l'*occupatio bellica* devait être, en
effet, le meilleur titre d'acquisition.

Quand celui qui a été fait prisonnier revient parmi
les siens, soit qu'il ait fui, soit qu'il ait été racheté,
soit qu'il ait été repris sur l'ennemi, toutes les fois,
en un mot, qu'il échappe à l'occupation sans esprit de
retour, il recouvre son état primitif, *pristinum statum*,
par la fiction du *postliminium*, qui le fait considérer
comme ayant toujours été libre. Mais on n'accorde le
bénéfice du *postliminium* ni aux transfuges, ni aux sol-
dats qui se sont rendus à discrétion. On refuse également ce bénéfice aux armes perdues à la guerre,
quod turpiter amittitur, tandis qu'on l'accorde pour

tous autres objets repris sur l'ennemi , c'est-à-dire qu'on les rend à leur ancien maître.

3º *Inventio.* — Le premier occupant acquiert aussi les pierres précieuses, les perles, les coquillages, et autres objets semblables qu'il trouve sur le rivage ou dans la mer, parce que ces objets sont des *res nullius*. Mais ces choses cessent d'appartenir à l'inventeur dès qu'elles reviennent à leur état primitif, soit qu'il les rejette dans la mer, soit qu'elles y tombent sans sa volonté, parce qu'elles sont redevenues libres, et qu'il faudrait un nouveau travail pour les reconquérir. — Au résumé, toute chose qui n'a pas de maître et qui est susceptible de propriété, s'acquiert *primâ occupatione*. La propriété privée, une fois établie, dure autant que l'occupation, et disparaît avec elle ; une chose a cessé d'être occupée quand elle a été abandonnée, ou bien quand elle a été perdue sans que le maître puisse prouver son droit. Ce dernier, en cessant d'occuper, perd la propriété de sa chose, qui redevient *res nullius,* susceptible d'être acquise au nouvel occupant.

L'île née dans la mer, étant chose *nullius,* appartient au premier occupant, à celui qui la découvre ; mais il est aisé de comprendre qu'une semblable acquisition ne peut guère profiter qu'à une nation assez puissante pour la conserver.

L'invention s'applique aussi au trésor. La loi romaine entend par trésor toute chose précieuse cachée depuis longtemps, depuis si longtemps qu'il est

impossible de savoir quel a pu en être le propriétaire : *Thesaurus est vetus quædam depositio pecuniæ,
cujus non exstat memoria, ut jàm dominum non habeat.*
Cette chose précieuse, n'ayant plus de maître, appartiendra à celui qui le premier la découvrira : *sic
enim fit ejus qui invenerit, quod non alterius sit.* Elle
lui appartiendra par droit d'occupation. Mais si un
avare, pour thésauriser, a enfoui une somme d'argent dans son jardin ou dans sa maison, on ne saurait voir là un trésor, dans le sens juridique attaché
à ce mot, parce que cet argent a un maître. L'avare
sait bien qu'il a déposé dans tel endroit cette
somme d'argent, il la possède, il l'a sous sa garde;
il a l'*animus* et le *corpus*, et celui qui viendrait
prendre cet argent serait un voleur. On n'est propriétaire d'une chose qu'à la condition de pouvoir
mettre la main sur cette chose : aussi celui qui, en
achetant une maison où il soupçonnerait vaguement
un trésor caché, dirait à son vendeur : J'entends
être propriétaire de la maison et de tout ce qu'elle
renferme, y compris les objets précieux qui peuvent
s'y trouver, celui-là ne deviendrait pas, par le fait
de cette déclaration, propriétaire du trésor qui plus
tard serait découvert; car le trésor n'existe réellement qu'à la condition d'être mis à nu. Tant qu'il
reste caché ou enfoui, il n'est pas à votre disposition,
il n'est pas *sub manu vestrâ;* vous avez beau avoir
l'intention d'en devenir propriétaire, il vous est
impossible de l'occuper matériellement; vous avez
l'*animus,* mais vous n'avez pas le *corpus.*

D'après la rigueur des principes, c'est à l'inventeur *seul* que devrait appartenir le trésor, sans qu'il y ait à distinguer s'il a découvert ce trésor dans son propre fonds ou dans celui d'autrui. Mais la loi civile est intervenue pour régler le conflit qui va s'élever entre le propriétaire et l'inventeur. Lorsque le trésor sera trouvé dans le fonds d'autrui, il appartiendra pour moitié à l'inventeur, et, pour l'autre moitié, au propriétaire du fonds. Mais cette part revenant au propriétaire d'après une décision d'Adrien, fut réduite au quart par les empereurs Gratien, Théodose et Valentinien (1). Elle fut de nouveau ramenée à la moitié par Léon, dont Justinien adopta la constitution sur ce point (2). — Les rédacteurs du Code Napoléon ont consacré ces traditions; et, conformément à la décision d'Adrien, ils ont partagé le trésor par moitié entre l'inventeur et le propriétaire.

L'attribution que la loi fait de la moitié du trésor à l'inventeur se justifie d'elle-même. Le trésor, en effet, ne peut être considéré ni comme fruit, ni comme simple produit, ni comme partie intégrante ou accessoire du fonds; il a toujours conservé son individualité mobilière dans le fonds où il était caché. Et comme c'est une chose qui n'a plus de maître, il est tout simple qu'elle soit acquise, par droit d'occupation, à celui qui la trouve. — Mais d'après

(1) L. 2, C. Theod. *De thesaur.*
(2) L. unic., Cod. *De thesaur.*

ce raisonnement, et en droit rigoureux, comme nous l'avons déjà dit, ce n'est pas seulement la moitié, c'est la totalité qu'il faudrait attribuer à l'inventeur. Pourquoi, en effet, l'inventeur d'un trésor n'en deviendrait-il pas propriétaire, comme le chasseur le devient du gibier qu'il tue, même sur le fonds d'autrui ? On a considéré que cette chose précieuse avait peut-être été cachée par les ancêtres du propriétaire actuel, *quod à majoribus suis profectus sit;* et, quoique ce propriétaire n'en apporte aucune preuve, c'est là du moins un fait possible dont on a voulu lui tenir compte. — Ensuite, c'est le fonds, après tout, qui a gardé et conservé ce trésor; on a considéré qu'il y avait là aussi une sorte d'avantage du fonds lui-même, *fundi beneficium*, et l'on a dit que le propriétaire acquérait sa portion *jure soli.* — Enfin, le maître du terrain ou de la maison avait plus de chances que tout autre de trouver le trésor, qui alors lui eût appartenu en totalité; la loi lui en accorde la moitié comme fiche de consolation. La loi, en effet, peut rendre propriétaire; elle est un des moyens d'acquérir la propriété. Mais, en vérité, c'est là un pur bienfait; car le trésor, étant chose *nullius* puisqu'il n'a plus de maître, devrait appartenir au premier occupant.

La loi 3, § 10, au Digeste, *De jure Fisci*, dit que le trésor trouvé dans un lieu religieux sera partagé par moitié entre l'inventeur et le fisc, d'après une décision des *Divi Fratres*, c'est-à-dire Lucius Verus et Marc-Aurèle. Ce texte est en opposition directe

avec celui des Institutes. Comment expliquer cette
contradiction ? en disant que Marc-Aurèle avait
changé la législation sur cette matière. Quelques
interprètes ont prétendu, pour résoudre cette antinomie, qu'il s'agissait au Digeste des lieux religieux
des provinces, tandis qu'aux Institutes il s'agirait
des lieux religieux de l'Italie ; que, dans le premier
cas, la moitié seulement du trésor appartenait à
l'inventeur, tandis que, dans le second, il en avait
la totalité. J'aime mieux admettre tout simplement
que Marc-Aurèle avait changé la législation d'Adrien
sur ce point.

Pour que l'inventeur ait droit à la moitié du trésor
trouvé dans le fonds d'autrui, comme à la totalité du
trésor trouvé dans un lieu religieux, d'après Adrien,
il faut, bien entendu, qu'il l'ait découvert par le
pur effet du hasard, *fortuito casu*. Si le trésor est
trouvé dans un fonds appartenant à César, il y en
aura moitié pour César, moitié pour l'inventeur.
Pareillement, le trésor trouvé dans un fonds appartenant au fisc ou à une cité, est attribué pour moitié
à l'inventeur, et pour l'autre moitié au fisc ou à la
cité.

Si c'est le propriétaire lui-même qui trouve un
trésor dans son propre fonds, il va sans dire que ce
trésor lui appartient tout entier; et il n'est pas nécessaire qu'il l'ait trouvé sans l'avoir cherché, et
par le pur effet du hasard. Ce propriétaire, lui, est
parfaitement libre de fouiller dans son fonds tout exprès pour y chercher des trésors ; *liberam tribuimus*

facultatem, disait l'empereur Léon, qui toutefois lui défendait d'employer la magie et d'user de sortiléges : *sceleratis sacrificiis aut aliâ qualibet arte legibus odio-sâ* (1).—Mais à quel titre le maître du fonds acquiert-il la totalité du trésor? Est-ce comme inventeur? Est-ce comme propriétaire? La question a de l'intérêt; car, suivant qu'il acquerra le trésor, en tout ou en partie, soit *jure inventionis,* soit *jure soli,* le règlement de ses obligations concernant la restitution de la dot de la femme, pourrait être, à cet égard, différent. Eh bien, quand c'est le maître lui-même qui a trouvé un trésor dans son propre fonds, il en prend une moitié comme inventeur et l'autre moitié comme propriétaire. Le mari qui a découvert un trésor dans le fonds dotal, devra donc, en restituant la dot, rendre aussi la moitié de ce trésor qu'il a prise à titre de propriétaire; il gardera l'autre moitié qui lui a été attribuée à titre d'inventeur : *Pars thesauri dimidia restituetur, quasi in alieno inventi* (2). — Il suit encore de là que le trésor découvert par un tiers n'appartiendrait pas pour moitié à l'usufruitier, mais bien au nu-propriétaire du fonds qui renfermait ce trésor. Le trésor, en effet, n'est pas un fruit : *non in fructu est thesaurus.* Si c'est l'usufruitier lui-même qui a trouvé le trésor, il est clair que dans ce cas il aura sa moitié comme inventeur. On pourrait citer encore beaucoup de cas analogues rapportés dans la loi 63, au Digeste, *De adquirendo rerum dominio.*

(1) L. unic. Cod., *De thesauris.*
(2) L. 7, D. *De soluto matrimonio.*

C'est également par l'invention, que l'on acquiert les choses qui ont appartenu à quelqu'un, mais qui ont été laissées *pro derelicto* par celui qui en était propriétaire : *pro derelicto autem habetur, quod dominus eâ mente abjecerit, ut id rerum suarum esse nolit.* — Nous savons qu'on conserve la possession *corpore et animo*, mais surtout *animo*, par l'intention. Du moment que je n'ai plus cette intention, je cesse d'être propriétaire, je perds la propriété en perdant la possession. J'ai un vieux livre en mauvais état, je le jette dans la rue parce que je n'en veux plus, je l'ai *pro derelicto*, j'en ai abdiqué la propriété. Un quidam le ramasse et l'emporte, il en devient à l'instant propriétaire, par droit d'occupation. — D'après plusieurs jurisconsultes, et c'est là l'opinion de notre texte, c'est-à-dire celle d'Ulpien et de Pomponius, la chose ainsi abandonnée cesse immédiatement d'appartenir à celui qui en a fait l'abandon et devient *res nullius*. Il n'y a pas là de tradition; il y a un interrègne dans la propriété, et cette chose, n'étant plus à personne, sera acquise au premier occupant. C'est aussi l'avis de Julien dans la loi 2, § 1, au Digeste, *Pro derelicto*, et celui de Sabinus et Cassius dans la loi 43, § 3, au Digeste, *De furtis*. — Proculus, lui, *diversæ scholæ auctor*, voulait qu'on ne cessât d'être propriétaire de l'objet, que lorsqu'une autre personne l'avait appréhendé. Il considérait qu'il y avait là une espèce de tradition. — Mais, de même qu'on acquiert la propriété par le fait et l'intention, pourquoi ne la perdrait-on pas aussi par ce fait et cette

intention? C'est bien ici notre cas, et l'on peut dire
en toute assurance que les *res pro derelicto habitæ* sont
devenues des *res nullius,* dont le premier venu a le
droit de s'emparer. Nous adoptons sans hésiter l'opinion des Sabiniens, consacrée par Justinien. — Que
résulte-t-il de là ? C'est que celui qui prendra la
chose, lors même qu'il la prendrait furtivement,
c'est-à-dire croyant que cette chose avait un maître,
ne commettra pas un vol. Il a cru voler, il n'a volé
rien du tout; on trouve bien ici l'intention, mais pas
le fait, puisque la chose n'a pas de propriétaire, et
qu'il ne saurait y avoir de vol là où il n'existe pas
de propriétaire que l'on puisse voler.—Dans l'opinion de Proculus, au contraire, il y aurait vol; le
fait ici vient se joindre à l'intention, puisque la chose
avait encore un propriétaire. — Toutefois on peut
dire que, même dans l'opinion de Proculus, il n'y a
pas vol véritable, parce que ce vol se ferait du consentement du propriétaire.

On peut voir les exemples que cite Pothier dans
son *Traité de la Propriété*, et l'on demeurera convaincu que ces *res pro derelicto habitæ* sont encore
acquises aujourd'hui au premier occupant, malgré
les termes si absolus de notre article 713. C'est ainsi
que, dans les grandes villes, il existe une industrie
spéciale, celle des chiffonniers, qui consiste précisément à recueillir les choses jetées au dehors comme
inutiles pour ceux qui les abandonnent, mais qui
sont encore susceptibles d'utilité pour ceux qui les
ramassent.

8

II. Événements divers compris sous le nom d'Accession.

L'accession, d'après les vrais principes de la science du Droit, n'est pas un moyen d'acquérir la propriété. Elle s'opère par la seule puissance de la chose elle-même, *vi ac potestate rei nostræ*, et elle n'est ainsi que la conséquence et le développement du droit de propriété, plutôt qu'un moyen d'acquérir spécial et distinct. — Nous ne voulons pas attacher à cette remarque plus d'importance qu'il ne convient; car au fond, et quant aux conséquences pratiques, il est assez indifférent que l'on dise que l'accession est ou n'est pas un mode d'acquérir. Mais nous devons établir, pour la plus grande pureté des principes, qu'elle n'a pas véritablement ce caractère. — Le mot *accessio*, chez les Romains, ne désignait, en aucune façon, un moyen d'acquérir; ce mot représentait la chose accessoire elle-même; on disait *accessio*, comme on disait *fructus* ou *usuræ* (1); et il n'y avait aucun mode spécial d'acquérir qui portât le nom d'*accessio*. — C'est qu'en effet, au point de vue rationnel et philosophique, on ne saurait voir un mode d'acquérir dans le fait, dans le résultat du fait que les modernes appellent *accession*.

(1) Voyez, au Digeste, le titre *De usuris et fructibus et causis et omnibus accessionibus.*

Et d'abord, en ce qui concerne les *fruits* et les *produits* d'une chose, comment l'accession serait-elle un moyen de les acquérir ? — Tant que ces fruits ne sont pas séparés de la chose, ils en font partie intégrante. Il n'y a pas là deux choses, dont l'une est principale, et l'autre accessoire ; il n'y a pas le sol d'un côté, les arbres ou les blés de l'autre, de même qu'il n'y a pas d'un côté la femelle, et de l'autre côté le *part* qu'elle porte dans son sein : *Partus est pars viscerum matris.* Il n'y a qu'un seul être et qu'un seul objet ; et le droit de propriété s'applique uniquement au sol lui-même, planté ou couvert de récoltes, ou à la femelle dans l'état où elle se trouve. Il n'y a, en un mot, qu'un droit de propriété et non pas deux.

Et maintenant, est-ce quand les fruits seront séparés du sol, ou quand la femelle aura mis bas, que l'accession deviendra un mode d'acquérir ? Dira-t-on, comme l'ont fait de nombreux interprètes et le Code Napoléon après eux, qu'il y a là une acquisition qui s'opère *jure accessionis*, parce que les fruits sont un accessoire du sol, et que le petit qui vient de naître est un accessoire de sa mère ? — Mais c'est bien impossible ; car, il n'y a pas alors *accession*, mais plutôt *disjonction*, et n'est-il pas bizarre de venir parler d'union, alors qu'au contraire il y a séparation ? Disons tout simplement qu'un des attributs du droit de propriété est que le propriétaire d'une chose gagne tous les produits de cette chose. Le propriétaire d'une brebis gagne les agneaux,

comme le propriétaire d'un fonds gagne la moisson
et la vendange. C'est là une conséquence du droit de
propriété, lequel renferme, en effet, le droit de
jouir, c'est-à-dire de percevoir les fruits, peu importe d'ailleurs qu'il s'agisse du sol ou d'un animal.

Devra-t-on davantage considérer l'accession comme
moyen d'acquérir ce qui vient *s'unir* et *s'incorporer*
à la chose? Évidemment non. Car cet objet qui vient
ainsi se joindre à un autre, et que les jurisconsultes
romains nomment proprement *accessio*, juridiquement il a péri; il n'est pas devenu seulement l'accessoire d'un autre objet, qui serait le principal; il
s'y est le plus souvent absorbé et anéanti. Or, le
même événement que la loi considère comme opérant la destruction d'une chose, ne saurait être
un moyen d'acquérir la propriété de cette chose.

On ne peut nier, assurément, que les jurisconsultes romains n'aient vu quelquefois dans la réunion
de deux choses une perte ou un évanouissement de
la propriété pour l'un des deux maîtres, et une
acquisition pour l'autre. Mais, au fond, l'accession
est-elle bien véritablement un moyen d'acquérir,
et ne peut-on pas dire, avec quelques auteurs, que
souvent elle paraît se confondre avec l'occupation?
N'est-ce pas là, en effet, ce qui ressort de plusieurs
textes traitant de l'accession? — Ou la chose accessoire n'appartient à personne, et alors elle est acquise au maître de la chose principale par un moyen
qui n'est autre que l'occupation; — ou bien c'est
un débris de la propriété d'autrui, sans que le maî-

tre puisse prouver sa propriété, et ce débris est également acquis à la chose principale par l'occupation;
— ou bien enfin la chose accessoire appartient à
autrui et est reconnaissable; alors le maître peut la
faire détacher, il peut se la faire représenter par
l'action *ad exhibendum*, et la revendiquer ensuite;
ou bien, des deux choses réunies il se forme un
objet entièrement nouveau, une *nova species*, qui,
n'ayant encore appartenu à personne, s'acquiert
aussi par l'occupation. — On voit, d'après cela, que
l'accession peut être considérée, dans beaucoup de
cas, comme une variété de l'occupation.

Quoi qu'il en soit, au reste, de ces considérations
abstraites, qui renferment surtout un jeu d'esprit et
une question de mots, l'accession n'en tient pas
moins une place considérable dans le Droit romain,
et il faut avouer qu'elle a singulièrement exercé la
subtilité des jurisconsultes, Proculiens et Sabiniens.
Nous allons donc passer successivement en revue
les nombreuses applications qu'ils en ont faites, et
reprendre le cours de notre exposition, toujours
d'après les Institutes de Justinien.

Part des animaux.

1° *Fœtura.* — Le jurisconsulte Florentinus, et
Justinien après lui, constatent que les petits qui
naissent de l'animal dont vous êtes propriétaire vous
appartiennent également, *eodem jure*, c'est-à-dire
d'après le même Droit naturel; c'est là une vérité

juridique incontestable. Mais est-il bien vrai que vous ayez acquis quelque chose par le fait de la séparation? — Tant que le part est à l'état de *fœtus*, tant que le petit est dans le ventre de sa mère, il ne fait qu'un avec elle, il est *pars viscerum matris*, il est possédé par le même maître, il lui appartient avec elle, car il faut remarquer avant tout qu'il n'y a jamais à rechercher quel est le propriétaire du mâle : c'est toujours au propriétaire de la mère que le croit appartient. Tant que ce croît forme un seul tout avec la mère et non une chose distincte, il n'y a point à s'en occuper individuellement comme d'un objet de droit. C'est seulement à la naissance et par la séparation qu'il devient *res individua*, et c'est alors seulement que se présente la question de savoir s'il y a acquisition. Suivant quelques interprètes, il y a là une acquisition qui s'opère *jure accessionis*, le petit étant un accessoire de la mère.

Mais on peut soutenir qu'il n'y a là vraiment aucune acquisition. Qu'est-ce, en effet, qu'acquérir? C'est obtenir une nouvelle chose, un objet qu'on n'avait pas encore : on n'acquiert pas une seconde fois ce qu'on a déjà. Bien que je compte numériquement une chose de plus dans mon patrimoine, je n'ai rien acquis, si déjà elle était adhérente à une autre chose qui m'appartient. Lorsque les épis de mon champ sont coupés, direz-vous que j'ai fait une nouvelle acquisition? Non assurément. La moisson n'est qu'un produit du champ, produit qui m'appartenait avant la sépara-

tion et qui continue de m'appartenir après; et ce qui
est évident pour les épis ne l'est pas moins pour le
croît des animaux. Ce croît, qui avant la naissance
faisait corps avec la mère, qui en était une partie
intégrante et qui appartenait au même maître, ne
fait que continuer de lui appartenir au même titre
après la naissance; la séparation n'a fait que mettre
en évidence, et le part, et le droit antérieur du maître
sans y rien changer. Avant cette séparation, le maître avait la propriété de la partie, parce qu'il était
propriétaire de toute la chose; la séparation n'a fait
que scinder sa propriété en scindant sa chose, sans
lui faire acquérir ce qui déjà était à lui ; en un mot,
elle n'a rien mis dans son patrimoine qui n'y fût
déjà. — Le droit de propriété que le maître de la
mère a sur les animaux naissants s'explique ainsi
naturellement, quand on observe que le *fœtus*, avant
de naître, n'était qu'une portion des entrailles ma-
ternelles, portion qui, en se séparant, continue
d'appartenir au même maître comme objet distinct,
mais non par suite d'une nouvelle acquisition.

Les enfants d'une femme esclave appartiennent
également au maître de la mère. Cette décision est
même ici plus constamment vraie que dans le cas
précédent. Lorsqu'une brebis, par exemple, est gre-
vée d'un droit d'usufruit ou qu'elle est possédée par
un tiers de bonne foi, les agneaux qu'elle met au
monde ne sont pas au propriétaire, ils sont à l'usufruitier ou au possesseur de bonne foi, tandis que,
comme nous le verrons plus tard, l'enfant d'une

femme esclave appartient toujours au *dominus matris*,
lors même qu'un tiers en aurait l'usufruit ou la possession de bonne foi.

Alluvion.

2° *Alluvio*. — Chez les Romains, on distinguait
le *flumen* du *rivus*, la rivière du ruisseau, par la
grandeur et aussi par la dénomination que lui don-
naient les habitants de la contrée; puis on sous-
distinguait le *flumen publicum* du *flumen privatum*.
Un cours d'eau public est celui qui coule toujours,
et qu'on appelle, pour ce motif, *flumen perenne*, tandis
qu'un cours d'eau privé est celui que forment accidentellement les pluies torrentielles, et qu'on appelle
flumen torrens. — A Rome donc, le mot *flumen* indi-
quait une rivière en général; il ne signifiait pas,
comme chez nous, un cours d'eau qui se jette dans
la mer. Et dans cette partie des Institutes que nous
étudions, il est toujours question d'un cours d'eau
public, autrement appelé rivière publique, navigable
ou non navigable indistinctement.

Lorsque vous possédez un terrain sur la rive d'un
cours d'eau public, ce terrain peut croître en étendue par le charriage du sable et du limon ou par la
retraite des eaux vers la rive opposée, sans qu'il soit
possible de reconnaître de combien et à quel moment votre terrain augmente. Cet accroissement
insensible, œuvre de la nature, cet *incrementum la
tens*, se nomme *alluvion;* et pour en faire l'attribu-

tion, la loi distingue entre les fonds limités et les fonds non limités.

On appelle *agri limitati* les terrains dont les bornes sont invariables. Dans le principe, c'étaient des terres concédées ou adjugées au nom du peuple romain pour un nombre de mesures bien déterminé, *certos modos*. La retraite des eaux sera un événement indifférent aux propriétaires de ces fonds limités, qui ne peuvent s'étendre en dehors de la ligne tracée; ils ne profiteront pas non plus des atterrissements qui pourront se former le long de leurs terrains. Ces relais et ces atterrissements, qui sont compris sous le nom général d'alluvion, semblent au premier abord choses publiques, comme l'était la partie du lit du cours d'eau dont ils occupent la place; mais on a considéré que le lit n'est public qu'à raison de la masse d'eau qui le couvre, qu'il cesse d'être tel partout où l'eau cesse de couler: dès lors, l'alluvion est devenue *res nullius*, et est acquise au premier occupant. Eh bien, il est probable que c'est le propriétaire même de l'*ager limitatus* qui viendra, comme premier occupant, s'emparer de cette accession. — Par opposition à ces premiers fonds, il y a des terrains qui ont des limites naturelles comme un cours d'eau, une forêt ou une montagne, et que les commentateurs appellent *agri arcifinii*, c'est-à-dire *quorum fines arcentur*. Suivant notre texte, si vous possédez un champ de cette nature sur la rive d'un cours d'eau public, l'alluvion vous est acquise d'après le Droit des gens,

jure gentium tibi adquiritur. — Mais, du temps de
Justinien, cette distinction entre les *agri limitati*
d'un côté et les *agri arcifinii* ou *arcifinales* de l'autre, était surannée.

L'alluvion, bien entendu, ne s'applique qu'à l'eau
courante : elle n'a lieu ni pour les lacs et étangs, ni
pour les relais de la mer.

Avulsion.

3° *Avulsio.* — Que faut-il décider, si l'impé-
tuosité du cours d'eau, *vis repentina fluminis*, dé-
tache une portion de votre fonds et la réunit au
fonds voisin? — *Palàm est eam tuam permanere*,
dit Gaius, il est certain que cette portion de terrain
reste vôtre, pourvu, bien entendu, qu'elle soit reconnaissable; et cette réponse repose sur la maxime :
Res non exstinctæ vindicari possunt. Elle reste vôtre,
non-seulement parce qu'elle est reconnaissable, mais
aussi et surtout parce qu'elle peut être facilement
séparée du fonds auquel elle est venue s'incorporer.
Tandis que l'alluvion est l'œuvre lente et occulte
de la nature, l'avulsion au contraire est un événement subit et instantané, et le propriétaire peut
réclamer ce terrain voyageur que la violence du
cours d'eau lui a enlevé; il lui sera facile de prouver
qu'il lui appartient. Mais nous pensons que ce propriétaire, dont le terrain a été ainsi détaché, ne
pourra pas le posséder au lieu où les eaux l'ont entraîné. Car, s'il le pouvait, l'autre propriétaire ne

se trouverait plus alors riverain du cours d'eau. Ce serait un grave préjudice pour celui-ci, privé désormais du voisinage de l'eau et de tous les avantages qui en résultent, par l'interposition du terrain étranger. Seulement, le propriétaire du terrain enlevé sera libre de venir le chercher pour le ramener à sa place primitive.

Mais si l'union est consommée, si la portion enlevée est restée longtemps adhérente au fonds principal ; si, par exemple, les arbres transportés avec cette portion de terre ont poussé des racines sur ce fonds, de cet instant non-seulement les arbres, mais aussi le terrain enlevé, sont acquis au fonds principal. Malgré la différence de rédaction qui existe sur ce point entre les Institutes et le Digeste, nous adoptons cette opinion, parce que les mots *videntur acquisitæ*, de notre texte, se rapportent grammaticalement aussi bien à la *pars prædii* qu'aux *arbores*, et que, de plus, quand des arbres ont poussé leurs racines sur le fonds principal, c'est là le signe incontestable d'une union indissoluble entre les deux fonds.

De même, si des terres, s'étant détachées d'un fonds supérieur, sont venues, en glissant sur un sol incliné, couvrir un fonds inférieur ; si ces terres se sont amalgamées avec la couche inférieure, s'il y a eu mélange, le propriétaire du fonds supérieur ne pourra plus les reprendre. Mais, si le terrain qui a ainsi glissé, si la croûte de ce champ supérieur, *crusta*, est reconnaissable, non-seulement le pro-

priétaire de ce champ pourra, mais dans certains cas,
il devra enlever ses terres, parce qu'en recouvrant
le fonds inférieur elles ont pu lui enlever sa partie
fertilisante, l'*humus*.

Le Code Napoléon est plus précis que le Droit
romain sur cette matière. Il accorde au propriétaire
du terrain enlevé le délai d'une année pour revendiquer. Ces mots *longiore tempore*, de notre texte, lais-
saient une large part à l'arbitraire ; chez nous, après
une année, il y aura prescription. Ordinairement
un propriétaire a trente ans pour faire valoir son
droit ; pourquoi donc le délai de la prescription est-
il, dans ce cas, si abrégé ? Le législateur français
a pensé que celui qui restait un an sans agir avait
voulu faire cadeau de son terrain à l'autre propriétaire, *donasse censetur ;* ou plutôt il présume que le
maître du terrain enlevé n'a pas voulu faire les dépenses nécessaires pour le reprendre, ou bien qu'il
en a considéré la perte comme peu considérable.
Mais ce délai fatal d'une année est prolongé, si le
propriétaire du fonds principal n'a pas encore pris
possession du terrain entraîné par avulsion. Tant que
cette prise de possession n'a pas eu lieu, la revendication est possible.

Ile née dans un fleuve.

4° *Insula in flumine nata.* — Nous n'avons parlé
jusqu'à présent que des atterrissements qui se forment sur les rives auxquelles ils s'unissent par incorporation et sans solution de continuité. Nous

allons parler maintenant de ceux qui se forment
dans les cours d'eau, sans adhérence aux fonds riverains ; on les appelle des îles. L'île qui naît dans
une rivière publique n'est pas autre chose, en effet,
qu'une alluvion à distance ; c'est une portion du lit
qui reprend le dessus des eaux. Il faut donc appliquer ici les principes de l'alluvion. Cette île sera
acquise au premier occupant lorsque les terrains sur
les deux rives seront des *agri limitati*, et aux propriétaires riverains quand leurs fonds seront des
agri arcifinii. Si d'un côté du *flumen* il n'y a que
des *agri limitati*, et de l'autre des *agri arcifinii*, les
propriétaires de ces derniers posséderont l'île tout
entière, *pro modo latitudinis quæ propè ripam sit.* Mais
si des deux côtés ce sont des *agri arcifinii*, comment
va se faire le partage ?

Eh bien, l'île qui occupe le milieu du cours d'eau
appartient à ceux qui, sur chaque bord, possèdent
ces *agri arcifinales*, selon l'étendue de chaque fonds
le long de la rive ; si l'île se trouve plus près d'un
bord sans s'étendre jusqu'au milieu, elle appartient
exclusivement aux riverains de ce bord ; c'est-à-dire
qu'en traçant imaginairement une ligne médiane,
qui suit le cours d'eau dans sa longueur et ses si-
nuosités, les propriétaires riverains prennent la partie de l'île ou l'île entière qui est de leur côté en
dedans de cette ligne : *Non pro indiviso communis fit,
sed regionibus quoque divisis* (1). Le mot *communis*

_____

(1) L. 29, D., *De adq. rer. dom.*

n'est pas pris ici dans son acception ordinaire, et il ne s'agit point d'une copropriété par *indivis* entre les riverains. Chacun d'eux a la propriété privative de la partie divise qui regarde son fonds. Du point qui sépare chacun de ces fonds appartenant à des propriétaires différents, il faut abaisser sur l'île une ligne droite, et ne donner dans cette île à chaque riverain que ce qui se trouve en face de son terrain. — Voilà, au fond, ce qui était déjà décidé par Gaius, et ce qui est encore décidé par Justinien.

La même doctrine est suivie chez nous quand il s'agit de rivières non navigables ni flottables ; mais les îles qui se forment dans les rivières navigables ou flottables appartiennent à l'État, tandis qu'en Droit romain on ne distinguait pas.

Si l'île est tout entière d'un côté de la ligne séparative tracée au milieu du *flumen*, elle appartient, nous le savons, au riverain de ce côté, que nous supposons seul en face de l'île. Si plus tard une autre île se forme entre cette île déjà existante et la rive de l'autre côté, la ligne de démarcation va se trouver déplacée, et le milieu du fleuve se trouvera dès lors entre l'île ancienne et la rive opposée. C'est ainsi qu'on devra déterminer à qui appartient la deuxième île.

Autre espèce : une île s'est formée dans un cours d'eau en regard de mon héritage, de manière à ne pas dépasser la forme de mon terrain sur la rive. Mais plus tard, par un *incrementum latens*, elle s'augmente peu à peu ; elle s'étend enfin de manière à dépasser la longueur de mon terrain, et à débor-

der vis-à-vis du fonds voisin ; ou bien, elle
s'étend en largeur dans le *flumen* de manière à dépasser la ligne séparative en deçà de laquelle elle
était auparavant. Eh bien, dans les deux cas, l'île
continuera de m'appartenir tout entière, parce qu'il
est de principe que l'alluvion profite exclusivement
au propriétaire primitif. Il ne suffit donc pas de
considérer la place actuellement occupée par une
île, pour pouvoir dire à qui elle appartient. Il faut
prendre l'état des choses au moment où l'île se forme,
sans s'occuper de ce qui a pu arriver postérieurement. Autrement, comme il y a des changements
incessants, il faudrait changer sans cesse les droits
des propriétaires riverains.

Je suppose maintenant qu'un individu est usufruitier d'un fonds riverain. Il jouira des alluvions
qui viendront s'incorporer à ce terrain, parce que
l'alluvion n'altère pas la substance du fonds ; elle
n'en change ni la nature ni le caractère, *salva est
rerum substantia*. — Mais si une île se forme dans
le *flumen* en face de ce terrain, l'île appartiendra au
nu-propriétaire, et l'usufruitier n'aura pas le droit
d'en jouir, parce qu'ici l'île est une chose entièrement nouvelle, qui ne dépend en aucune façon du
terrain dont l'usufruitier a la jouissance. Celui-ci
devait jouir d'un fonds dont la nature était bien déterminée ; et si l'on comprenait après coup cette île
dans l'usufruit, la substance du fonds se trouverait
altérée, la chose ne serait plus la même, on ne pourrait plus dire : *Salva est rerum substantia*.

Il ne faut pas confondre avec le cas où une île se forme dans une rivière celui où le *flumen*, en se divisant sur un point pour se réunir plus bas, coupe en forme d'île le fonds d'un particulier. Ce fonds continue d'appartenir à son ancien maître, *ejusdem permanet is ager cujus et fuerat*. Même décision en Droit français.

Lit abandonné.

5° *Alveus fluminis derelictus.* — Lorsqu'un cours d'eau, abandonnant entièrement son lit naturel, vient à couler d'un autre côté, le lit délaissé rentre dans le patrimoine des riverains qui, sur chaque bord, possèdent des terrains, proportionnellement à l'étendue de chacun de ces terrains le long de la rive. Les fonds riverains de chaque côté sont censés se prolonger sous les eaux jusqu'à la ligne séparative du milieu. Il est vrai que, dans l'intérêt général, l'usage du cours d'eau est public pour les besoins de la navigation, mais le lit caché sous la masse d'eau est considéré comme une dépendance des fonds riverains. Tant que le lit reste submergé, dit-on, le droit de propriété que vous avez sur ce lit sommeille ; puis, il se réveille quand l'eau disparaît en reculant la limite de votre terrain, de sorte que vous reprenez pour ainsi dire l'exercice d'un droit antérieur, plutôt que vous ne faites une nouvelle acquisition. — Quant au nouveau lit que s'est creusé le cours d'eau, il devient public et conserve ce ca-

ractère tant qu'il reste submergé ; puis, si après un
certain temps, les eaux retournent à leur lit primitif
ou prennent un autre cours, le second lit desséché
revient à son tour aux riverains qui possèdent des
fonds sur ses bords, sans distinguer s'ils en ont été
autrefois propriétaires ou non.

Il est dans la nature d'un cours d'eau public de
changer le caractère du terrain qu'il occupe ou qu'il
abandonne, de convertir le premier en chose publique, le second en chose privée, comme le dit Pomponius : *Natura fluminis hœc est ut, cursu suo mutato,
alvei causam mutet....... Flumina enim censitorum vice
funguntur, ut ex privato in publicum addicant, et ex
publico in privatum* (1). Le terrain devenu public par
l'envahissement des eaux ne reste pas la propriété
de son ancien maître, parce qu'il a changé de nature,
et que *res exstinctœ vindicari non possunt.* Que va devenir alors ce nouveau lit, quand il sera desséché?
Logiquement peut-être il devrait rester chose publique comme le cours d'eau lui-même. Mais la
plupart des jurisconsultes, entre autres Gaius et
Pomponius, considérant le fonds envahi comme
public, seulement à raison de la masse d'eau qui
le couvre, proclamèrent que le lit avait perdu ce
caractère dès que l'eau s'était retirée, et attribuèrent
le lit desséché aux propriétaires riverains.

En résumé, l'orsqu'un terrain est envahi par un
flumen, il perd le caractère privé et devient public, par

___

(1) L. 30, §§ 2 et 3, D., *De adq. rer. dom*

9

conséquent il cesse d'appartenir à son premier maître. Est-il abandonné ensuite par la retraite des eaux, il cesse d'être public; il est susceptible d'entrer dans un autre patrimoine que celui de l'ancien propriétaire. Au profit de qui s'opère cette acquisition? Au profit des propriétaires riverains. — C'est une règle de droit, que les alluvions, les îles, le lit du fleuve abandonné, appartiennent toujours aux riverains, peu importe d'où viennent l'alluvion, l'île, le lit du fleuve. Ce principe est rigoureux, mais il est exact et juridique.

Chez nous, les propriétaires des fonds nouvellement occupés prennent, à titre d'indemnité, l'ancien lit abandonné, chacun dans la proportion du terrain qui lui a été enlevé. Cette décision est peut-être moins conforme au droit, mais elle est plus équitable. Toujours est-il que notre Code consacre ainsi une manière d'acquérir qui ne dérive pas du principe de l'accession, mais uniquement de la loi. Ce mode d'acquisition relève par là du Droit civil, et non du Droit naturel.

Inondation.

6° *Inundatio*. — Le cas est bien différent lorsqu'un fonds se trouve inondé en entier; ce fonds ne perd pas son caractère privé même momentanément, sous la masse d'eau, parce que l'inondation ne change point la nature du fonds, *neque enim inundatio fundi speciem commutat*. Aussi ce fonds conti-

nue-t-il d'appartenir au même maître; et nulle difficulté, non-seulement pour qu'il le reprenne après
l'écoulement des eaux, mais encore à ce qu'il exerce
son droit de propriété durant la submersion, par
exemple, en opérant le desséchement, ce qu'un riverain n'aurait pas le droit de faire sur un cours
d'eau public.

Dans le cas d'inondation qui nous occupe, tout
consiste à savoir si le fonds a été détruit, s'il
a cessé d'être privé pour devenir public; c'est
là toute la question. Il est clair que si le fleuve
a occupé votre terrain assez longtemps pour en
changer la nature, pour en altérer la substance, ce
terrain n'existe plus pour vous, il est devenu public, et comme tel, comme tous les lits des fleuves,
il appartiendra aux riverains. Ce n'est plus alors une
inondation passagère, c'est un changement de lit, et
nous rentrons dans le cas précédent.

Accession immobilière.

7° *Ædificatio.* — Toujours à l'occasion des *res quæ
solo continentur,* c'est-à-dire des cas d'accession immobilière, il y a incorporation toutes les fois que des
matériaux ont servi à bâtir sur un terrain, peu importe qu'ils appartinssent ou non au maître du sol,
qu'ils aient été volés ou non. Ainsi, celui qui bâtit
sur son terrain avec les matériaux d'autrui, est propriétaire de l'édifice, *quia omne quod inædificatur,
solo cedit.* — Les matériaux ne sont qu'un accessoire

du sol, qui est la chose principale : *Accessio cedit principali*, comme dit Ulpien (1), ou bien, *accessorium sequitur principale*, comme disent les commentateurs. Le sol a acquis une qualité qu'il n'avait pas, c'est vrai; il a été modifié par des constructions, il y a désormais un terrain bâti, mais c'est toujours un terrain, qui reste, tel qu'il se comporte, à son ancien maître.

Celui auquel appartenaient les matériaux n'en a pas perdu pour cela la propriété. Ces matériaux qui se sont incorporés à la maison sont bien considérés comme détruits par leur accession avec la chose principale; mais le maître du sol n'est pas propriétaire de ces matériaux considérés isolément, en tant que *singulæ res;* seulement, il est devenu propriétaire de ce *corpus ex partibus distantibus factum*, il est propriétaire de l'édifice en masse, *universitas*, mais non des fragments qui le composent. Aussi, le maître de ces matériaux conserve-t-il le droit de les revendiquer, si, recouvrant un jour leur existence individuelle momentanément assoupie, ils redeviennent reconnaissables (2). — S'il ne peut les revendiquer actuellement parce qu'ils sont des *res exstinctæ*, il n'en reste pas moins propriétaire, et son droit pourra se réveiller plus tard.

Quand il s'agit d'un morceau de pourpre cousu à un habit, d'une planche jointe à une armoire, d'une

---

(1) L. 19, § 13, D., *De aur. arg. leg.*
(2) L. 23, § 7, D., *De rei vindicatione.*

roue adaptée à un char, je ne puis pas non plus
exercer la revendication tant que ces objets accessoires sont attachés à l'objet principal, parce qu'ils
sont considérés comme anéantis dans leur nature
individuelle, *res exstinctæ vindicari non possunt;*
mais j'ai, du moins, l'action *ad exhibendum* pour
en faire opérer la séparation, de manière à pouvoir
les revendiquer ensuite. L'action *ad exhibendum*,
en effet, n'est que l'avant-scène de la revendication.
— Eh bien, dans le cas qui nous occupe, comme
dans ceux dont nous venons de parler, j'aurais également l'action *ad exhibendum* pour faire au préalable
séparer l'accessoire du principal, et revendiquer
ensuite, s'il n'existait pas dans la loi des Douze-
Tables un texte spécial qui défend de se servir de
cette action *ad exhibendum* quand il s'agit de matériaux incorporés à un bâtiment. En s'opposant à ce
que le maître des matériaux fasse démolir la maison,
cette loi a voulu protéger le constructeur contre une
perte trop considérable, l'art monumental et l'aspect
des villes contre la destruction, *ne ruinis urbs de-
formetur.* Cette prohibition ne s'appliquait pas seulement aux maisons des villes, mais aussi aux maisons
des champs, et aux échalas des vignes, *ne vinearum
cultura turbetur.* Ces dispositions ont été dictées par
des raisons d'utilité générale et d'ordre public.

Le maître dépossédé, d'ailleurs, va se trouver
largement indemnisé par l'action *de tigno juncto*,
qui lui permet de faire condamner le constructeur,
quel qu'il soit, à lui payer le double de la valeur

de ses matériaux. En exerçant cette action *in duplum*, il renonce à son droit de propriété ; en ne l'exerçant pas, il pourra toujours revendiquer les matériaux quand ils seront revenus *ad rudem materiam* après la chute de l'édifice, quand, épars sur le sol, ils auront repris leur état primitif.

Si le constructeur a été de mauvaise foi en employant les matériaux d'autrui, il n'est pas tenu seulement de l'action de *tigno juncto ;* le *dominus materiæ* peut dès à présent le poursuivre par l'action *ad exhibendum*, non pour le forcer à démolir la maison, puisque la loi des Douze-Tables le défend, mais pour le faire condamner à une réparation pécuniaire (1). — Lorsque le *dominus materiæ* a exercé l'action de *tigno juncto*, pourra-t-il encore, si plus tard la maison vient à s'écrouler, revendiquer ses matériaux? Ulpien dit qu'il n'en fait aucun doute quand il s'agit d'un constructeur de mauvaise foi (2). — Quant au constructeur de bonne foi, en payant le double de la valeur des matériaux, il est considéré comme ayant acheté ces matériaux, et il ne peut plus être poursuivi une seconde fois.

En résumé, dans le cas de *tignum furtivum*, le constructeur de mauvaise foi est tenu : 1° de l'action de *tigno juncto*, 2° de l'action *ad exhibendum* ou de la revendication ; tandis que le constructeur de bonne foi est tenu seulement de l'action *de tigno*

---

(1) L. 23, § 6, D., *De rei vindic.*
(2) L. 2, D., *De tigno juncto.*

juncto ou de la revendication. — On avait de plus
contre le voleur l'*actio furti*, qui était toute pénale,
et qui pouvait parfaitement se cumuler avec les
actions persécutoires de la chose.

Si, à l'inverse, quelqu'un avec ses matériaux
construit une maison sur le sol d'autrui, cette maison appartient également au propriétaire du sol,
quia superficies solo cedit (1). — Mais, en ce qui
concerne la reprise des matériaux ou l'indemnité
due à leur occasion, il faut distinguer entre le
constructeur qui savait et celui qui ne savait pas
que le terrain fût à autrui.

Lorsque le maître des matériaux a bâti sans savoir
que le terrain fût à autrui, le propriétaire du sol,
qui revendique la maison, doit offrir au constructeur le prix des matériaux et de la main-d'œuvre,
pretium materiæ et mercedes fabrorum, si la plus-value
du terrain atteint le chiffre de la dépense ou lui est
supérieure, et seulement le montant de la plus-
value, si elle est inférieure (2) ; sinon, le constructeur le repoussera victorieusement par l'exception
de dol.

Quand, au contraire, le maître des matériaux a
bâti sciemment sur le fonds d'autrui, rigoureusement
il en perd à toujours la propriété, parce qu'il est
censé les avoir gratuitement aliénés au profit du

(1) Gal., II, § 73.
(2) L. 38, D., *De rei vindic.*

maître du terrain, *donasse censetur*. Il est d'ailleurs
en faute d'avoir témérairement bâti sur un sol qu'il
savait n'être pas à lui, et il n'a aucune action ni
exception pour se faire indemniser ou pour reprendre
ses matériaux. — Telle est la rigueur du principe
consacré par les Instituts ; mais cette sévérité avait
été adoucie, dès avant Justinien, par diverses décisions des jurisconsultes et des empereurs, qui per-
mettent au constructeur même de mauvaise foi de
revendiquer ses matériaux après la démolition, s'il
n'est prouvé qu'il ait bâti *donandi animo* (1). Ces
mêmes décisions obligent aussi le propriétaire, revendiquant le fonds, à indemniser ce constructeur
des dépenses nécessaires qu'il a faites (2).

Il s'élève sur ce paragraphe une grave difficulté.
Le texte suppose nécessairement que le constructeur
de bonne foi est en possession du terrain, quand le
propriétaire revendique. — Mais, que faudrait-il
décider s'il ne possédait plus ? — Il ne pourrait évidemment recouvrer aucune indemnité par voie
d'exception, puisque dans ce cas-là il n'aurait à
repousser aucune action ; et lui-même, il n'aurait
pas d'action pour agir contre le propriétaire. Il ne
pourra sans doute obtenir le remboursement de ses
impenses que s'il possède encore, c'est-à-dire par
voie de rétention, et en opposant l'exception de dol.
Mais, s'il n'a plus la possession, aura-t-il perdu tout

---

(1) L. 59, D., *De rei vindic.* — L. 2, Cod., *eod tit.*
(2) L. 5, Cod., *eod tit.*

droit à une indemnité? C'était l'avis de presque tous les jurisconsultes romains, et de Julien (1), et de Papinien (2), et de Paul (3). — On ne peut pas lui donner la *condictio sine causâ*, à ce constructeur de bonne foi, puisqu'en réalité il n'a rien transmis au maître du sol. Celui-ci est bien devenu propriétaire d'une maison *in globo*, mais non pas des matériaux qui la composent. On ne pourrait pas non plus, quoi qu'en dise Africain, qui est seul de son avis (4), lui donner une action *negotiorum gestorum* utile, parce que ce constructeur entendait faire ses propres affaires à lui, et non pas celles d'autrui. Il va sans dire qu'il conserve toujours le droit de revendiquer ses matériaux après la démolition. S'il n'avait que cette ressource, il ne serait pas plus favorisé que le constructeur de mauvaise foi.

Mais, si le propriétaire du terrain est remis en possession de sa chose sans le fait du constructeur; si, par exemple, il a repris le fonds par violence, ou bien, s'il a profité de l'absence du constructeur, celui-ci n'aura-t-il pas, pour recouvrer la possession, dans le premier cas l'interdit *undè vi*, et dans le second l'interdit *uti possidetis*? — A défaut même de ces deux interdits, le constructeur ne pourrait-il pas agir par l'action publicienne? — Il est clair qu'il ne pourra pas exercer la revendication, puis-

(1) L. 33, D., *De condict. indeb.*
(2) L. 48, D., *De rei vindic.*
(3) L. 14, D., *De doli mali et met. exc.*
(4) L. 49, D., *De neg. gest.*

qu'il n'était pas propriétaire; mais il était possesseur, il était en voie d'usucaper, et, à ce titre, il
pourra certainement intenter l'action publicienne,
qui n'est qu'une revendication fictive. On suppose
propriétaire celui qui ne l'est pas encore, mais qui
est en train de le devenir. — Le maître du terrain
lui opposera bien l'exception *justi dominii*; mais le
constructeur pourra toujours lui répondre par la
réplique de dol, et lui opposer la maxime : *Neminem
œquum est cum alterius detrimento fieri locupletiorem.*

En résumé : 1° les constructions ont-elles été
faites de bonne foi, le constructeur, s'il possède, a
contre le propriétaire revendiquant l'exception de dol
pour se faire payer ce qui lui est dû; s'il ne possède
pas, il a d'abord le droit incontestable de revendiquer ses matériaux après la démolition, et de plus
il peut avoir, suivant nous, soit l'interdit *undè vi*,
soit l'interdit *uti possidetis*, soit même l'action publicienne. — 2° Les constructions ont-elles été faites
de mauvaise foi, le constructeur, en Droit rigoureux,
n'a, pour se faire indemniser, ni action ni exception.

Cependant un avis plus favorable lui accorde une
indemnité pour les impenses nécessaires, et une
constitution d'Antonin Caracalla, qui forme la loi 2,
au Code, *De rei vindicatione*, lui donne le droit, une
fois l'édifice abattu, de revendiquer les matériaux,
si son intention n'avait pas été de les donner : *Ma-
teria ad pristinum dominum redit, sive bonâ fide sive
malâ œdificium exstructum sit, si non donandi animo
œdificia alieno solo imposita sint.* — On doit rectifier

avec ce texte ce qui est dit, en termes trop absolus,
aux Institutes.

8° *Plantatio.* — Les mêmes principes qui viennent d'être exposés relativement aux constructions
s'appliquent aux plantations. — Si donc Titius a
mis dans son terrain la plante de Mœvius, elle lui
appartient; si, en sens inverse, il a mis sa plante
dans le terrain de Mœvius, elle appartient à Mœvius.
Mais il faut, pour que cette translation de propriété
s'opère, que la plante ait pris racine dans le terrain
où elle a été placée. C'est une application du principe suivant lequel une plante appartient toujours
au propriétaire du fonds dans lequel elle se nourrit.
— Si l'arbre d'autrui, que j'ai planté dans mon
terrain, tombe ou est arraché, il n'en continuera
pas moins de m'appartenir, parce que c'est dans
mon terrain qu'il avait en dernier lieu ses racines.
Cet arbre, après sa chute, ne revient donc pas,
comme les matériaux, au premier propriétaire,
parce que, de même que tous les corps organi-
ques, en se nourrissant il se renouvelle à chaque
instant, il change, il se transforme, il se métamor-
phose, il devient une *nova species*, en sorte qu'on
pourrait presque dire que c'est là un cas de spécification plutôt que d'accession. — *Arbor rursùs eruta*,
dit Paul, *non ad priorem dominum revertitur : nàm
credibile est alio terræ alimento aliam factam* (1).

(1) L. 26, § 2, D., *De adq. rer. dom.*

Quand il s'agit d'un morceau de pourpre cousu à un vêtement, ou d'une roue mise à un char, le propriétaire de ces objets accessoires a l'action *ad exhibendum* pour faire opérer leur séparation d'avec l'objet principal. — Quand il s'agit de matériaux employés dans une construction, la loi des Douze-Tables refuse au propriétaire du *tignum junctum* cette action *ad exhibendum*, afin d'éviter que, pour restituer une pierre ou une pièce de bois d'une mince valeur, on ne soit obligé de démolir un édifice. Il y a là une idée d'économie politique : on veut conserver les valeurs créées. — Eh bien, dans le cas qui nous occupe, le maître de la plante n'aura pas non plus l'action *ad exhibendum* pour faire opérer la séparation et transporter la plante dans un autre terrain. Ce n'est plus ici la loi des Douze-Tables qui lui refuse cette action ; mais nous sommes en présence d'un fait naturel qui empêche la séparation, et le bien de l'agriculture s'oppose à ce déplacement.

Mais le maître de la plante, qui se trouve ainsi dépossédé, ne pourra-t-il obtenir aucune indemnité de celui qui acquiert sa chose ? — Si le propriétaire du terrain a volé cette plante, il est clair que l'autre aura d'abord contre lui l'action pénale de vol, l'*actio furti*, et de plus, la *condictio furtiva* ou l'action *ad exhibendum* à son choix, pour obtenir une indemnité. — Si le propriétaire du terrain n'est pas un voleur, le maître de la plante aura contre lui une action *in factum*, une action *in rem utilis*, une espèce de revendication utile. Je crois bien qu'il pourrait avoir aussi contre lui la *condictio sine causâ*.

Quand c'est le maître de la plante qui l'a mise dans le terrain d'autrui, il faut distinguer, comme pour les constructions. Si ce planteur est encore possesseur et de bonne foi, il pourra toujours opposer l'exception de dol au propriétaire du terrain, qui viendra revendiquer. Mais, s'il a fait la sottise de lui remettre volontairement la possession, il n'aura plus aucun moyen de se faire indemniser. Nous pensons toutefois que si la possession lui avait été enlevée par violence, il aurait, comme dans le cas de construction, l'interdit *undè vi;* de même que si l'on avait profité de son absence momentanée pour s'emparer de l'immeuble, comme il serait toujours réputé en possession, il aurait l'interdit *uti possidetis*, dans lequel on doit triompher suivant les promesses du Préteur. — Si la ressource de ces deux interdits lui fait défaut, nous ne voyons pas pourquoi il ne pourrait pas intenter l'action publicienne, au moyen de laquelle il arriverait toujours à la réplique de dol.

Si l'arbre du voisin envahit le fonds de Titius en y poussant ses racines tout entières, il accroît à ce dernier fonds; et conséquemment, l'arbre placé près des limites séparatives devient commun, dès que ses racines s'étendent partiellement dans le champ de Titius. — Telle est l'opinion professée par Gaius et adoptée ici par Justinien, contrairement à celle de Pomponius, qui maintenait la propriété entière au maître du terrain d'où sort le tronc de l'arbre, *in cujus fundo origo arboris fuerit* (1). — D'après ce texte, le voisin n'a pas le droit de couper les racines qui pénètrent chez lui ; il peut seulement actionner en justice le propriétaire de l'arbre. — Chez nous, le voisin a le droit de couper lui-même les racines qui avancent sur son héritage ; quant aux branches, il n'a pas le droit de les couper lui-même, mais il peut contraindre le propriétaire de l'arbre à les couper.

9° *Satio.* — Le principe qui attribue au maître du sol la propriété des plantes qui s'y incorporent en prenant racine, lui attribue également les grains qu'on y a semés. Pomponius dit formellement, dans la loi 53, au Digeste, *De rei vindicatione*, qu'on ne peut jamais retirer la semence qu'on a jetée dans le fonds d'autrui, *consita tollere non potest.* Le possesseur de bonne foi qui a ainsi ensemencé le champ d'autrui peut, en opposant l'exception de dol au propriétaire revendiquant, se faire rembourser non-seulement la valeur de sa semence, mais encore ses frais de labour.

Spécification.

10° *Specificatio.* — Toutes les fois qu'une chose est créée par la transformation de la matière, il naît une *nova species*, un objet qui dans la langue porte

(1) L. 6, § 2, D., *Arbor. furt. cæs.*

un nom différent. C'est cette opération que les commentateurs ont appelée *spécification*. — Si le spécificateur a ainsi métamorphosé sa propre matière, nulle difficulté; il reste propriétaire du nouvel objet. Mais, lorsqu'avec la matière d'autrui quelqu'un a fait en son propre nom une chose nouvelle, *cùm quis ex alienâ materiâ speciem aliquam suo nomine fecerit*, à qui cette chose appartient-elle, d'après le Droit naturel ? Est-ce au spécificateur, est-ce au maître de la matière ? — Par exemple, on a fait du vin ou de l'huile avec les raisins ou les olives d'autrui, un vase avec l'or, l'argent ou l'airain d'autrui, du *mulsum* en mêlant le vin et le miel d'autrui; ou bien avec les médicaments d'autrui on a préparé un emplâtre ou un collyre, avec la laine d'autrui on a tissé un vêtement, avec les planches d'autrui on a construit un navire, fabriqué une armoire ou un siége; tous exemples dans lesquels il y a eu transformation de la matière et changement de nom. — Que faut-il décider?

Cette question a engendré de longues discussions parmi les jurisconsultes; elle a soulevé une grave controverse entre les *Sabiniens* et les *Proculiens*, *multas Sabinianorum et Proculianorum ambiguitates.* — Les deux écoles étaient bien d'accord sur la maxime : *Res exstinctæ vindicari non possunt*, mais elles différaient sur son application. — Les Proculiens, s'attachant surtout à la forme caractéristique des choses, à la forme déterminative de leur destination individuelle, n'hésitaient pas à décider qu'une

chose était éteinte dès qu'elle avait pris une physionomie nouvelle, dès qu'elle avait été transformée en
une *nova species*, et ils attribuaient le nouvel objet
au spécificateur, *quia quod factum est, anteà nullius fuerat* (1). — Les Sabiniens, au contraire, considérant que la forme n'a point d'existence propre
et indépendante, attribuaient la *nova species* au
maître de la matière, comme si l'objet primitif eût
continué de subsister tant que la matière existait
sous une forme quelconque, *quia sine materiâ nulla
species effici possit* (2).

En d'autres termes, les Proculiens disaient : Cette
chose n'appartenait à personne, bien plus, elle
n'existait même pas, elle ne commence à être que par
la forme qu'on lui donne, *forma dat esse rei;* donc,
elle doit appartenir à celui qui lui a donné cette forme,
c'est-à-dire au spécificateur. Pour les Proculiens,
comme pour les Pyrrhoniens, il n'existait que des
apparences, et la substance était chose chimérique.
— Pour les Sabiniens, au contraire, il n'y a de réel
que la substance, sous quelque apparence qu'elle se
produise. Ce n'est pas pour eux une chose nouvelle qui
vient de naître, c'est l'ancienne qui a reçu une moda-
lité quelconque. Ils disaient: Cette substance existait,
la forme est venue seulement la modifier, lui impri-
mer une physionomie qu'elle n'avait pas ; mais elle
ne lui a pas, pour cela, donné l'être, elle ne l'a pas

(1) L. 7, § 7, et L. 26, D., *De adq. rer. dom*
(2) Gaius, II, § 79. — L. 14, § 3, D., *De condict. furt.* — L. 61,
D., *De rei vindic.*

créée. La substance, au contraire, a précédé la forme; la seconde n'est qu'un accident de la première.

Il y avait là, comme on voit, deux doctrines opposées, et les interprètes ont pu dire : D'après les Proculiens, souvent progressistes, la matière devait accéder à la forme et à l'industrie; tandis que, suivant les Sabiniens, plus matérialistes et plus stationnaires, la matière devait l'emporter sur la forme et l'industrie. Puis chacune de ces doctrines résolvait différemment la question de savoir lequel est le principal, lequel est l'accessoire, du travail ou de la matière. — Chez nous, en Droit français, c'est bien là le point de vue qui domine toute cette théorie; mais cette intention de récompenser l'artiste, de tenir compte surtout du travail de création, le respect de l'art, en un mot, existait-il bien alors dans l'esprit des jurisconsultes romains, et pour les cas de spécification que nous avons énumérés? — Nous verrons bien cette idée percer et se faire jour à propos de la peinture; mais pour le texte spécial qui nous occupe, il est permis d'en douter, et la suite de notre paragraphe va corroborer notre sentiment.

Plus tard, dit Gaius, prévalut une distinction, *media sententia*, qui trancha la controverse entre les deux écoles, tout en se rapprochant davantage de l'opinion des Sabiniens : on admit que, si le nouvel objet pouvait revenir à son état primitif, *ad materiam*, *ad rudem massam*, il appartiendrait au maître de la matière, et que, s'il ne pouvait être ramené

10

à son premier état, cet objet appartiendrait au spécificateur. Ainsi, un vase fondu pouvant redevenir
lingot d'airain, d'or ou d'argent, restera au maître
de la matière, tandis que le vin et l'huile ne pouvant redevenir raisins ni olives, le *mulsum* ne pouvant se décomposer en vin et en miel, appartiendront au spécificateur. Il importe peu d'ailleurs que
le spécificateur ait été de bonne ou de mauvaise
foi, qu'il ait trouvé la matière première ou qu'il
l'ait soustraite, de sorte que le voleur même deviendrait maître du *mulsum* qu'il aurait composé
avec votre miel et votre vin, parce que dans ce cas
la matière ne peut revenir à son état primitif. —
Cette distinction, qui fut admise dans les dernières
années de la vie de Gaius, c'est-à-dire vers la fin du
deuxième siècle de l'ère chrétienne, et qui n'est
pas autre chose qu'une transaction avec les principes,
a été consacrée par Justinien, aux Institutes et au
Digeste.

Quant à la question de savoir quel est l'intérêt
des parties, ou quelle est celle des deux qui a la
plus grande part dans la valeur de la chose produite,
Justinien ne s'en occupe pas plus que les jurisconsultes entre lesquels il vient interposer son autorité.
A une époque où la science de l'économie politique
n'avait pas encore fait son apparition dans le monde,
on comprend que les jurisconsultes se soient pré-
occupés, moins que nos modernes législateurs,
d'examiner quelle décision devait produire le plus
d'avantages et le moins d'inconvénients.

Justinien, du reste, abandonne son principe et adopte plutôt l'opinion des Proculiens, dans le cas particulier où le spécificateur a fait la chose nouvelle, partie avec sa matière, partie avec celle d'autrui, par exemple du *mulsum* avec son vin et le miel d'autrui, un emplâtre ou un collyre avec ses médicaments et ceux d'autrui, ou bien un habit avec sa laine et celle d'un tiers. Dans ce cas, dit Justinien, le nouvel objet appartient, sans le moindre doute, au spécificateur, puisqu'il a fourni non-seulement son travail, mais encore une partie de la matière. — Pour suivre le principe de juste-milieu d'abord adopté, il faudrait évidemment faire encore ici la même distinction, à savoir si la matière peut ou non être ramenée à son premier état, et dans le cas où elle le peut, il faudrait décider que chacun devra reprendre la matière qu'il a fournie, dans la proportion où elle a été employée.

Nous allons parler maintenant de l'indemnité. — Le spécificateur, eût-il commis un vol, restera propriétaire de la chose qu'il aura faite, si la matière ne peut revenir à son état primitif. La mauvaise foi sera sans influence sur la question de propriété, mais elle en aura une très-grande sur la question d'indemnité. — Le maître de la matière aura l'*actio furti* contre le voleur, au double dans le cas de vol non manifeste, au quadruple dans le cas de vol manifeste ou flagrant délit. — Mais l'action de vol est une action purement pénale; elle n'épuisera pas le droit du maître qui a été volé. Celui-ci aura, de plus, pour la persécution de sa matière, l'action *ad exhibendum* ou la *condictio furtiva ;* car nous savons que les actions persécutoires de la chose peuvent se cumuler avec l'action pénale. Il ne peut pas avoir la *rei vindicatio*, parce que sa chose a été dénaturée et transformée ; elle n'existe plus juridiquement, et *res exstinctæ vindicari non possunt.* Si, par l'une de ces deux actions, le maître volé est rentré dans la valeur de sa chose, il ne pourra plus employer l'autre action, parce que l'action *ad exhibendum* et la *condictio furtiva* ne peuvent pas se cumuler. Mais il a le droit de prendre l'une ou l'autre à son choix pour se faire indemniser.

En somme, il obtiendra une fois la valeur de sa chose, à titre de restitution ; mais, en outre, le voleur sera condamné, à titre de peine, au double ou au quadruple suivant les cas. — Et l'on ne tiendra pas compte alors de la plus-value que la chose aura pu acquérir par suite du travail de l'artiste ou de l'ouvrier; de même que, si un enfant volé par des pirates a été restitué, on ne tiendra pas compte des frais de nourriture ou d'entretien.

Nous devons remarquer que, si la matière qui a été volée peut revenir à son état primitif, la chose alors ne peut plus être considérée comme détruite, il n'y a pas *res exstincta,* et le maître de la matière pourra parfaitement exercer la *rei vindicatio,* puisqu'il est propriétaire de l'objet nouveau. Ainsi, dans ce dernier cas, le maître volé aurait trois actions à son choix : la *rei vindicatio,* la *condictio furtiva* et l'action *ad exhibendum*, pour recouvrer la propriété de sa chose. Et il aurait, de plus, l'*actio furti* pour faire condamner le voleur au double ou au quadruple.

Si la matière n'a pas été volée et que la chose soit susceptible de reprendre sa nature première, il est clair que, dans ce cas, le propriétaire aura, *à fortiori*, la revendication. Si, au contraire, l'objet nouveau ne peut pas être ramené à son état primitif, le maître de la matière aura contre le spécificateur de bonne foi une *condictio sine causâ*, pour se faire indemniser de la perte de sa chose. Ce spécificateur, en effet, ne doit pas s'enrichir aux dépens d'autrui. Le maître de la matière lui dira : Je viens réclamer la valeur de ma chose, qui se trouve chez vous *sine causâ*, sans motif valable. Vous ne pouvez pas justifier de votre droit de propriété, car il n'y a jamais eu entre nous ni vente, ni donation, ni échange ; en un mot, vous ne sauriez alléguer une juste cause d'acquisition. — Il pourrait avoir aussi une action *in factum*, action qui consiste à exposer le fait qui a eu lieu. Mais il ne pourrait pas cumuler ces deux actions, c'est-à-dire qu'il aura l'*une* ou l'*autre* à son choix, mais pas l'une après l'autre.

Dans le cas où la matière peut reprendre sa nature première, le spécificateur de bonne foi pourra toujours opposer l'exception de dol au propriétaire revendiquant, pour se faire indemniser de son travail : nul ne doit s'enrichir aux dépens d'autrui. — Nous supposons, bien entendu, que ce spécificateur

de bonne foi est, de plus, possesseur de la chose. Il peut ainsi retenir la chose, et ne la remettre au propriétaire que lorsqu'il aura reçu son indemnité.

Confusion.

11° *Confusio*. — Ici notre texte distingue deux cas : celui où le mélange s'est opéré par la volonté des deux propriétaires, et celui où il s'est opéré par l'effet du hasard. Il faudrait peut-être ajouter un troisième cas, celui où le mélange aurait eu lieu par le fait d'un tiers.

Quand deux maîtres ont volontairement confondu leurs matières, que ces matières soient ou non de même espèce, que la séparation soit facile ou non, le nouvel objet reste commun entre eux, et leur est acquis à tous deux en même temps, par exemple, s'ils ont mélangé leurs vins, fondu ensemble des lingots d'or ou d'argent, s'ils ont avec du vin et du miel fait du *mulsum*, avec de l'or et de l'argent de l'*electrum*. — Si la confusion de substances semblables ou différentes est due au hasard, *idem juris esse placuit*, dit notre texte, c'est-à-dire que le nouvel objet est commun entre les deux maîtres ; ce qui est vrai seulement lorsque les substances ne peuvent pas revenir *ad rudem materiam*. Autrement, chacun peut faire séparer les matières et revendiquer la sienne. — Dans l'un et l'autre cas, le nouvel objet devenu commun appartient aux propriétaires, à proportion de la quantité que chacun a fournie ou de sa valeur. — Notons enfin que le spécificateur est toujours celui qui a fait ou fait faire la nouvelle chose pour son propre compte, et non celui qui aurait travaillé comme ouvrier ou comme serviteur.

Quelle action donnera-t-on à chacun de ces propriétaires qui ont ainsi mélangé leurs matières? Ce sera, évidemment, l'action *communi dividundo*. — Il y a des textes qui indiquent la *rei vindicatio* : très-bien, si l'objet se trouve aux mains d'un tiers ; mais ici, ce sont deux copropriétaires qui veulent sortir de l'indivision, ils agiront par l'action *communi dividundo*. — Si c'est par le pur effet du hasard que les matières se sont mélangées, nous savons que le résultat est le même, lorsque la séparation n'est pas possible, et les copropriétaires auront toujours la même action *communi dividundo*. — Mais si la séparation peut avoir lieu, si c'est du plomb, par exemple, qui se trouve mélangé *fortuitò* avec de l'argent, le *corpus* ne devenant pas commun aux deux propriétaires, il n'y a plus entre eux indivision, et ils n'auront pas besoin de l'action en partage. Ils auront, dans ce cas, l'action *in rem*, la *rei vindicatio*.— Si, au lieu d'être du plomb et de l'argent, c'était du cuivre qui eût été mélangé avec de l'or, toujours par l'effet du hasard, l'analyse chimique des Romains n'allant pas encore jusqu'à pouvoir séparer le cuivre de l'or, l'objet composé dans ce cas-là deviendrait commun ; il faudrait encore recourir à l'action *communi dividundo*. On voit qu'en thèse générale, c'est l'action en partage qui doit être accordée à chacun pour obtenir

soit la restitution de sa chose elle-même, soit sa valeur.

Quand c'est un tiers qui a fait le mélange, il faut
encore distinguer si l'objet produit, si la *nova species*, peut revenir à son état primitif, ou si elle ne le
peut pas. Dans le premier cas, chaque propriétaire
aura évidemment la *rei vindicatio*. Dans le second,
c'est le tiers spécificateur qui restera propriétaire
du mélange, les deux propriétaires se trouveront
évincés, et ils ne pourront réclamer qu'une indemnité. S'il y a eu vol, ils auront d'abord l'*actio furti*,
puis la *condictio furtiva* ou l'action *ad exhibendum* à
leur choix; s'il n'y a pas eu vol, ils auront la *condictio sine causâ* ou une action *in factum*.

Le tiers, bien entendu, ne restera propriétaire de
la chose nouvelle, que s'il a eu l'intention de se l'approprier, que s'il a l'*animus domini*. Mais, si ce sont
des serviteurs qui ont fait ce mélange sans avoir la
volonté de s'en attribuer la propriété, et c'est ce qui
arrive le plus souvent, il est de toute évidence que
l'objet devient commun aux deux maîtres.

Commixtion.

12° *Commixtio.* — Il s'agit ici du mélange de choses
appartenant à deux propriétaires différents, mais de
telle sorte que les deux choses restent entières, qu'elles
conservent une existence indépendante, qu'elles ne
se confondent pas de manière à n'être plus reconnaissables. Il s'agissait dans le paragraphe précédent

de choses liquides et fusibles ; il s'agit plus spécialement dans celui-ci de matières sèches. Quand ce sont des objets d'un volume important, il ne saurait y avoir de difficulté. Si votre chose d'un gros volume est venue se juxtaposer à la mienne ayant également un volume considérable, il est clair qu'elles conservent leur individualité, et que nous pouvons reprendre chacun celle qui nous appartient, au moyen de la *rei vindicatio*.—Eh bien, les jurisconsultes ont voulu appliquer les mêmes principes à des choses d'un tout petit volume, qui ne peuvent pas se reconnaître aussi facilement.

Lorsque le froment de Titius a été mêlé au vôtre, il s'opère un rapprochement, qui n'empêche pas chaque grain de conserver sa substance, sa forme et son nom primitif, *singula corpora in suâ substantiâ durant* ; de même que les brebis de deux troupeaux mêlées ensemble conservent chacune son existence individuelle ; et la revendication est possible, conformément à la maxime : *Res non exstinctæ vindicari possunt.* — On ne peut pas considérer comme spécification ce mélange de blé opéré par un seul des propriétaires, ou par l'effet du hasard, par un serviteur, je suppose, qui a jugé à propos de faire ce mélange, parce que les deux tas de blé se trouvaient dans le même grenier.

Si donc le mélange étant opéré, l'un des propriétaires retient la totalité du froment, l'autre a la *rei vindicatio* pour réclamer ce qui est à lui. Il n'a pas l'action *communi dividundo*, car il ne réclame pas la moitié du tas de blé, mais les grains eux-mêmes qui lui appartiennent. Le juge, d'un autre côté, ne pourra pas attribuer exactement à chacun les mêmes grains qu'il avait auparavant, la chose est physiquement impossible. — Mais la revendication, étant une action arbitraire, se prête très-bien à l'appréciation du juge, et lui permettra de déterminer la satisfaction que le défendeur doit donner au demandeur. Il entre dans l'office du juge, *arbitrio autem judicis continetur*, d'apprécier, selon la quantité du froment de chacun et suivant la qualité, quelle mesure le possesseur doit restituer au réclamant, s'il veut éviter une condamnation pécuniaire. Le juge dira au défendeur : J'estime que la qualité du blé du demandeur est spérieure à la qualité du vôtre, alors vous lui restituerez, je vous *ordonne* de lui restituer, telle quantité, soixante boisseaux, je suppose, au lieu de cinquante. C'est là ce qu'on appelle le *jussus*, l'*arbitratus* du juge. Si ce défendeur s'exécute, tout est fini; mais, s'il ne fait pas la restitution en nature, le juge alors le condamne à payer une somme d'argent. Il pourra même y avoir lieu au *juramentum in litem*, c'est-à-dire que le défendeur sera condamné à la somme fixée par le demandeur lui-même sous la foi du serment, avec ou sans taxation, suivant les cas.

Le juge, en effet, peut déterminer, par une *taxatio*, une certaine somme au-dessus de laquelle ne pourront s'élever les prétentions du demandeur, *judex potest præfinere certam summam usque ad quam juretur* (1); de même que, dans certains cas, il peut laisser le demandeur juge absolu de l'indemnité qui peut lui être due, comme nous l'apprend ce texte d'Ulpien : *Si quidem reus dolo fecit quominùs possit restituere, is quantùm adversarius in litem sine* ULLA TAXATIONE *in infinitum juraverit, damnandus est* (2). Mais le demandeur n'avait ce privilége exorbitant que si le défendeur avait usé de dol, *sed in his om— nibus ob dolum solum in litem juratur, non etiam ob culpam : hæc enim judex æstimat* (3).

Quand la restitution s'effectue en nature, la *rei vindicatio* se résout, en définitive, en une véritable action *communi dividundo ;* car, on ne peut pas prendre un à un ces grains de blé pour les rendre à chaque propriétaire. Il leur serait impossible, à ces propriétaires eux-mêmes, de reprendre identiquement le blé qui leur appartenait séparément avant le mélange. Il y a là, nous le répétons, une impossibilité physique à laquelle il faut bien se résigner, et qui amène, par le fait, un véritable partage; mais, au point de vue du droit, la propriété de ces grains, pris en eux-mêmes, reste à chacun, et, d'après les principes rigoureux, c'est bien une véritable action *in rem* qui leur appartient.

Enfin, s'il y a eu vol de la part de celui qui a fait le mélange, il est clair qu'il y aura lieu contre lui à l'action *ad exhibendum* ou à la *condictio furtiva,* et

(1) L. 5, § 1, D., *De in litem jurando.*
(2) L. 68, D., *De rei vindic.*
(3) L. 5, § 3, D., *De in lit. jur.*

de plus à l'action pénale privée qu'on appelle *actio furti.*

Il va sans dire que si le mélange a été fait du consentement mutuel des deux propriétaires, le tas de blé devient commun entre eux par une sorte de tradition réciproque, et ils ont l'un contre l'autre l'action *communi dividundo* pour en faire opérer le partage. La volonté des propriétaires a cette puissance juridique de rendre commun ntre eux ce qui auparavant était propre à cha   . *singula grana quæ cujusque propria fuerint, ex consensu vestro communicata sunt.*

Accession mobilière.

13° *Adjunctio.* — Les commentateurs nomment *adjonction* le cas où deux choses mobilières, appartenant à deux propriétaires différents, sont jointes ou unies l'une à l'autre de manière à former un tout. Dans ce cas-là, la chose principale absorbe en quelque sorte la chose accessoire, à ce point que le propriétaire de la première se trouve être propriétaire du tout. Justinien donne pour exemple le cas où quelqu'un a cousu à son manteau la pourpre d'autrui. Il n'y a pas ici spécification, création d'une chose de nouvelle espèce, comme dans le cas de confection d'un vêtement avec la laine d'autrui ; le manteau ne change pas de nom, et la pourpre, quoique plus précieuse, suit le manteau, elle fait corps

avec lui. De même, quand vous avez enchâssé le dia-
mant d'autrui dans une coupe d'or, le diam int accède au vase, *ei enim cedit cujus major est species,* il
en devient l'accessoire, *rei ornandæ causâ ;* de même
encore, quand des emblèmes en or rehaussent un
vase d'argent, c'est l'or qui accède à l'argent comme
complément du vase, *quoniam argento cedit quod ad
speciem argenti junctum est.*

Dans tous ces cas, le propriétaire de la chose qui
est considérée comme principale, l'est en même
temps de la chose accessoire, quand bien même
celle-ci serait plus précieuse que celle-là. Que l'objet
accessoire ait plus de prix ou moins de prix que
l'objet principal, peu importe; ce n'est pas là la
question. En général, pour distinguer laquelle est
accessoire de deux matières réunies en un même
corps, il faut considérer la physionomie de ce corps,
juger d'après la vue et aussi d'après l'usage auquel
on l'emploie ordinairement.

Mais le maître de la chose devenue ainsi l'accessoire et la dépendance d'une autre chose a-t-il définitivement perdu son droit de propriété? Sans doute
ce maître ne peut pas d'emblée revendiquer sa chose,
puisqu'elle a cessé d'avoir une existence distincte;
mais il peut intenter d'abord l'action *ad exhibendum*
pour obtenir que sa chose soit séparée de l'autre, et
la revendiquer ensuite. L'accession, tant qu'elle
subsiste, empêche, il est vrai, de revendiquer l'accessoire, *ea quamdiù cohærent, dominus vindicare non
potest ;* mais cet obstacle temporaire étant levé par

l'action *ad exhibendum*, la revendication reprend
son empire. Le maître, dans notre espèce, pourra
donc revendiquer sa pourpre dès qu'elle ne sera plus
adhérente à l'étoffe d'autrui.

Par exception, si la chose accessoire avait été
jointe à la chose principale au moyen de cette opération que les Romains appelaient *ferruminatio*, l'action *ad exhibendum* tendant à la séparation ne serait
pas recevable. Dans le cas de *ferruminatio*, suivant
Paul (1), le maître de l'accessoire perd sa propriété,
et ne la recouvre pas lors même qu'il y a séparation,
quia ferruminatio facit confusionem. Il paraît que cette
opération consistait à souder deux objets d'un certain métal avec un métal de même nature, *per eamdem materiam.* Ici, la chose accessoire ne peut pas
être ramenée à son état primitif, elle est *res exstincta*,
elle n'est plus reconnaissable dans son individualité.

Il n'en serait pas de même pour ce cas de soudure
que les Romains appelaient *adplumbatura*, soudure
par le plomb. Si, par exemple, quelqu'un a soudé,
avec du plomb, un bras à sa statue de fonte, l'endroit où la soudure a été faite étant reconnaissable,
le maître de ce bras, qui est la chose accessoire,
pourra intenter l'action *ad exhibendum* pour le faire
détacher de la statue, et le revendiquer ensuite.

Dans le cas où le propriétaire de l'accessoire ne
peut pas le recouvrer en exerçant d'abord l'action
ad exhibendum, puis la revendication, comment

(1) L. 23, § 5, D., *De rei vindic.*

sera-t-il indemnisé?—Il faut distinguer. S'il a été volé, il aura d'abord l'*actio furti*, action pénale, et de plus la *condictio furtiva* ou l'action *ad exhibendum* à son choix. Cette dernière action, remarquons-le bien, ne tend pas ici à faire opérer la séparation; elle n'est plus alors qu'une action en indemnité. — S'il n'y a pas eu vol, et s'il est en possession, le maître de l'accessoire aura, pour se faire indemniser, l'exception de dol; s'il n'est pas en possession, il aura la *condictio sine causâ*. Indépendamment de cette *condictio*, le propriétaire dont nous parlons peut encore exercer une action *in factum*, d'après ce texte de Paul : *In omnibus his casibus, in quibus neque ad exhibendum neque in rem locum habet, in factum actio necessaria est* (1).

14° *Scriptura.* — L'écriture, fût-elle en lettres d'or, suit le papier ou le parchemin, comme les constructions et les semences suivent le sol. Si donc Titius écrit sur votre papier ou votre parchemin un poème, une histoire ou un discours, c'est vous qui serez propriétaire du manuscrit, et non Titius. Vous pourrez donc revendiquer entre ses mains votre papier ou votre parchemin, en lui offrant toutefois les frais de son écriture; autrement, il vous repoussera par l'exception de dol, en supposant d'ailleurs qu'il possède de bonne foi. L'écrivain pourra exercer son

(1) L. 23, § 5, D., *De rei vindic.*

droit de rétention et garder le manuscrit jusqu'à ce que le maître de la matière l'ait indemnisé.

Ceci n'est vrai que lorsqu'il y a eu accroissement de valeur pour le parchemin, qui a été ainsi transformé en un livre digne de figurer dans une bibliothèque, lorsque, par exemple, on aura écrit sur ce parchemin des vers d'Horace ou de Virgile, un morceau d'histoire de Tite-Live, de Salluste ou de Tacite, un discours d'Hortensius ou de Cicéron. Mais si vous aviez écrit sur ce parchemin de mauvais vers, comme des vers de Bavius ou des vers de votre propre crû qui ne valent rien, non-seulement vous n'auriez droit à aucune indemnité, mais le maître de la matière pourrait même intenter contre vous l'action de la *loi Aquilia*, parce qu'ici, loin d'avoir donné au parchemin une augmentation de valeur, vous l'auriez au contraire détérioré.

L'écriture ne pouvant pas être séparée du parchemin, il est clair que cet exemple participe à la fois de la spécification, de l'adjonction et de la confusion. — Dans ce cas particulier, les jurisconsultes romains oubliaient que l'écrivain avait fourni son travail, son intelligence et une partie de la matière, pour s'attacher à ce fait, que le parchemin n'est point *res exstincta* sous l'écriture, et que chacun de ces deux éléments ne peut pas revenir *ad pristinam materiam*. Puis, ils étayaient là-dessus une règle secondaire suivant laquelle, de deux choses inséparables, celle qui peut continuer de subsister par elle-même est principale, attire et retient, comme accessoire, celle qui ne peut exister sans elle, *necesse est ei rei cedi, quod sine illâ esse non potest* (1); et de là ils concluaient que l'écriture doit céder au parchemin.

Il va sans dire qu'il s'agit ici de la propriété des signes calligraphiques, et non de la propriété intellectuelle, non de la propriété littéraire, c'est-à-dire du droit de reproduction. Il s'agit tout simplement de la propriété de l'objet matériel qui est là sous vos yeux, de l'exemplaire unique qui a été fait. Aucun texte, en effet, n'autorise à croire que les Romains connussent la propriété littéraire telle que, nous autres modernes, nous la connaissons.

15° *Pictura.* — Tandis que tous les jurisconsultes romains sont d'accord pour décider que l'écriture suit le parchemin, ils ne s'accordent plus sur le point de savoir à qui appartient le tableau qu'un artiste a peint sur la planche d'autrui; et cette question s'est ressentie tout naturellement de la controverse qui divisait les Sabiniens et les Proculiens, touchant la spécification. Les uns attribuaient la peinture au maître de la planche, toujours *quia necesse est ei rei cedi, quod sine illâ esse non potest*, tandis que d'autres l'attribuaient au peintre, *propter pretium picturæ.*

D'où peut naître ici la raison de douter, pendant qu'il y avait unanimité pour l'écriture? — Elle vient évidemment de ce que la peinture, en modifiant la planche, en fait une *species nova*, change sa forme et

(1) L. 23, § 3, D., *De rei vindic.*

son nom; tandis que, sous l'écriture, le parchemin
est à peine altéré et ne change pas de nom; elle
vient principalement de ce que la valeur de la peinture l'emporte sur celle de la planche comme objet
d'art et de prix, tandis que l'écriture n'a par elle-
même qu'une valeur modique. Quand il s'agit d'un
poème, d'un morceau d'histoire, d'un discours, on
peut le copier facilement, et toutes les copies se
vaudront, ou à peu près. Il n'en est plus de même,
quand il s'agit d'un tableau : c'est là une *species nova*,
une œuvre unique qui a été faite et qui perdra
considérablement à la reproduction. En fait de peinture, il n'y a de réellement précieux que l'ori-
ginal, et les copies ont une bien moindre valeur.
Il faut voir dans ce tableau un objet nouveau, que le
peintre lui-même ne pourrait peut-être pas refaire
avec autant de bonheur; l'art en fait tout le prix, et
la substance est ici comparativement infime. Aussi
pourrait-on dire que c'est là un cas de spécification
plutôt qu'un cas d'accession ou d'incorporation, plutôt qu'une adjonction simple.

Au deuxième siècle de l'ère chrétienne, l'opinion
la plus accréditée attribuait déjà le tableau au peintre, bien que Gaius avouât qu'il ne voyait pas de
raison suffisante pour justifier cette différence avec
l'écriture, *cujus diversitatis vix idonea ratio reddi-
tur* (1).—Puis, un siècle plus tard, le jurisconsulte
Paul, renchérissant sur le sentiment de Gaius, n'hé-

(1) Gaius, Com. II, § 78.

site pas à attribuer la peinture au maître de la planche ou de la toile. — Mais Justinien tranche la controverse en décidant que la planche cède à la peinture :
il serait ridicule, dit-il, que le tableau d'un Apelles
ou d'un Parrhasius suivit comme accessoire un vil
morceau de bois ou une misérable toile. — Dès lors,
il faut distinguer par qui le tableau est possédé.

Quand le maître de la planche a la possession, le
peintre peut revendiquer le tableau, en ayant soin
d'offrir au possesseur la valeur de la planche ; autrement, ce dernier lui objectera sa mauvaise foi,
et le repoussera victorieusement par l'exception de
dol. — Si c'est, au contraire, le peintre qui possède,
faudra-t-il que le maître de la planche reste privé de
sa propriété ? Évidemment non ; et il est de toute justice de lui accorder une action. On aurait pu lui
donner sans doute une *condictio sine causâ;* mais ici
on va plus loin, et on lui donne une revendication
utile, qui va lui permettre de reprendre sa chose,
en offrant au peintre le prix de son travail, s'il veut
éviter que celui-ci le repousse par l'exception de dol.
Il semble donc, au premier abord, que le peintre ne
puisse pas garder le tableau, et l'on arriverait ainsi
à ce résultat bizarre, que la position du peintre serait moins bonne lorsqu'il possède, que lorsqu'il ne
possède pas, puisque, dans ce dernier cas, il obtient
par la revendication la propriété de son tableau.

Un pareil résultat serait par trop choquant ; aussi,
faut-il admettre que le peintre pourra parfaitement
rester propriétaire de son œuvre, en opposant l'ex-

ception *justi domini* à cette revendication utile, qui
n'est autre que l'action publicienne. Et le maître de
la planche, alors, pourra riposter par la réplique de
dol, pour se faire indemniser. Le peintre dira : Je
suis propriétaire à la fois de la planche et de la peinture, car votre planche est devenue l'accessoire de
la peinture, il y a désormais une *nova species*, qui
m'appartient; je vais vous payer votre planche, mais
j'entends garder mon tableau. Nous savons qu'un
propriétaire peut toujours opposer à l'action publicienne l'exception *justi dominii*. Celui qui peut attaquer au moyen d'une action, doit avoir, à plus forte
raison, une exception pour se défendre; et le droit
de propriété qui permettait au peintre de revendiquer son tableau, sera bien assez puissant pour lui
permettre de le garder. — Voilà l'explication qui
nous paraît la plus satisfaisante; elle est aussi la plus
conforme aux principes qui régissent la matière des
actions utiles.

De cette manière, le peintre a la revendication
directe, pour contraindre le maître de la planche à
lui rendre le tableau qu'il possède, à la condition de
lui payer sa planche. — Réciproquement, le maître
de la planche a la revendication utile, c'est-à-dire
indirecte, pour obtenir du peintre possesseur à son
tour la planche ou sa valeur : il ne revendique pas
le tableau, il revendique seulement sa planche, et il
doit offrir le prix de la peinture pour éviter l'exception de dol. Mais la propriété du tableau donnant au
peintre seul le droit de le conserver, celui-ci a l'op-

tion d'accepter le prix de la peinture qui lui est offert et de rendre la planche, ou bien d'indemniser le maître de la planche et de garder le tableau ; et, dans ce dernier cas, il appartient au juge de fixer l'indemnité en vertu de l'*arbitrium*, qui lui confère un pouvoir discrétionnaire à cet égard. — C'est ainsi que se trouve justifiée la présence, dans une même cause, de la même action accordée alternativement aux deux adversaires : à l'un, pour lui assurer la propriété et la possession de son tableau ; à l'autre, pour lui faire avoir une indemnité convenable. C'est bien là ce qui prouve que la *rei vindicatio utilis* n'est ici qu'une fiction, imaginée par les jurisconsultes pour concilier les deux intérêts.

Telle est la solution admise pour le cas où le peintre a été de bonne foi ; que si, au contraire, il a détourné la planche, il encourt la peine du vol avec toutes ses conséquences légales. Le maître de la planche aura contre lui l'*actio furti* et la *condictio furtiva* ; il pourrait même se faire payer la valeur que la chose a acquise au moment où il exerce son action, c'est-à-dire la valeur non plus de la planche seulement, mais la valeur du tableau lui-même.

Quel serait enfin le sort du tableau qu'un artiste aurait peint sur un mur ou sur un plafond ? — Nul doute que cette peinture appartiendrait au maître de l'édifice, qu'elle y accéderait *rei ornandæ causâ* (1). Il y a ici, comme on voit, une exception au prin-

(1) L. 19, § 13, *De aur. arg. leg.* — L. 17, § 3, *De act. empt. et vend.* — L. 38, *De rei vindic.*

cipe général. Quand il s'agit d'une peinture à fres
que, elle est considérée comme accessoire, tandis
que la peinture faite sur une chose qui peut se transporter, sur un objet mobilier, planche ou toile, est
toujours principale.

Ici se termine l'examen des différents événements
que la plupart des commentateurs ont rangés sous
le nom commun d'accession, avec des dénominations spéciales pour les diverses espèces : le croît ;—
l'alluvion, l'avulsion, l'île née dans un fleuve, le
lit abandonné, l'inondation ; — la construction, la
plantation, l'ensemencement ; — la spécification,
la confusion, la commixtion ; — l'adjonction, l'é-
criture et la peinture. — Les quatre paragraphes
suivants des Institutes de Justinien sont en dehors
de la matière qui nous occupe : aussi ne les trouve-
t-on pas dans les Institutes de Gaius. Nous voici donc
parvenus au dernier mode naturel d'acquérir la propriété, c'est-à-dire la *tradition.*

III. De la tradition.

Il est tout naturel que je perde la propriété avec la
possession quand je repousse une chose de fait et
d'intention, parce qu'alors elle devient *res pro dere-*

licto habita, et qu'en reconquérant sa liberté primitive, elle est censée n'avoir jamais eu de maître. — Mais si je suis libre d'abandonner ainsi la chose qui m'appartient, si je puis le faire purement et simplement en rejetant cette chose, en lui restituant son indépendance primitive, de manière qu'elle redevienne *res nullius*, et soit acquise de nouveau à quiconque s'en emparera, pourquoi ne pourrais-je pas abdiquer en faveur d'une personne déterminée? Le Droit naturel, en un mot, n'autorise-t-il pas le maître de la chose à transmettre à une autre personne son droit de propriété? — J'ai chez moi un oiseau auquel je veux donner la liberté; j'ouvre la cage et l'oiseau s'envole. Un voisin parvient à le reprendre après quelques efforts, et il en devient maître à son tour : quoi de plus naturel que je lui épargne cette peine, en lui remettant l'oiseau directement? — Cette livraison constituera la tradition, c'est-à-dire le délaissement de tous les droits de maître sur une chose en faveur d'un autre qui en devient maître à son tour. *Hæ quoque res, quæ traditione nostræ fiunt, jure gentium nobis adquiruntur : nihil enim tàm conveniens est naturali æquitati, quàm voluntatem domini volentis rem suam in alium transferre, ratam haberi* (1).

Que faut-il pour que la tradition fasse acquérir la propriété? — Il faut que le maître, capable d'aliéner, bien entendu, se dessaisisse volontairement

_____

(1) L. 9, § 3, D., *De adq. rer. dom.*

de la possession en faveur d'un autre, et que cet autre prenne cette possession. Il faut que l'*accipiens* reçoive la chose du *tradens*, ou qu'il en prenne possession avec son consentement : aussi, dit-on exactement que la tradition est le transport de la possession, *traditio est datio possessionis* (Cujas). — En d'autres termes, la tradition doit être faite *animo et corpore;* il faut la remise matérielle de la chose, et de plus, la volonté d'abdiquer son droit chez celui qui livre, et la volonté de l'acquérir chez celui qui reçoit. Il faut l'*affectus* des deux côtés, *ex utrâque parte contrahentium;* et, quand le concours simultané de ces deux volontés se joint à la détention physique de l'*accipiens*, le maître a aliéné sa chose, *rem suam alienam fecit*, et l'*accipiens* en est devenu à l'instant même propriétaire par la possession : quoi de plus naturel, en effet, que l'accomplissement de la volonté du maître qui consent à transférer sa chose à autrui ? — Tout cela est absolument vrai du temps de Justinien, alors que l'ancienne division des choses en *res mancipi* et *res nec mancipi* n'existe plus.

Il ne suffit donc pas que le propriétaire remette physiquement sa chose, s'il n'a la volonté de l'abandonner, et si l'*accipiens* n'a en même temps celle de se l'approprier. Pour discerner cette double intention, il faut rechercher quel but les parties se sont proposé, consulter les circonstances qui ont accompagné, précédé ou suivi la livraison. Ainsi, l'on reconnaîtra que la tradition n'a pas transféré la propriété, quand le maître n'a fait que remettre sa chose à titre de louage ou de prêt à usage, parce que ces contrats excluent toute idée de mutation. Il n'y a pas chez moi, qui vous loue ou qui vous prête, l'intention de vous transférer la propriété, ni chez vous l'intention de l'acquérir. — On décidera, au contraire, que la tradition transfère la propriété, quand le maître livrera sa chose pour faire une libéralité, *ex causâ donationis*, pour constituer une dot, *ex causâ dotis*, ou pour toute autre cause, *aut quâlibet aliâ ex causâ*, qui suppose d'un côté l'intention d'aliéner, et de l'autre celle d'acquérir.

Dans la langue du Droit, le mot *cause* signifie toujours motif impulsif et déterminant. La cause de la tradition est le motif direct et immédiat qui a décidé le *tradens* à livrer sa chose ; la cause de la possession est également le motif immédiat qui a décidé l'*accipiens* à recevoir. Il faut donc se demander pourquoi le maître a livré, pourquoi l'*accipiens* a reçu, et la réponse à cette double question indiquera la cause de la tradition et de la possession. Quand un propriétaire veut me donner sa chose, la tradition a pour cause la volonté d'être libéral, et réciproquement la libéralité est la cause de ma possession. — Lorsque le motif qui a déterminé la prise de possession comporte l'intention d'être propriétaire et s'accorde avec le Droit, on dit que la cause est juste, c'est une *justa causa*. — La donation, par exemple, est une *justa causa*, puisqu'elle est reconnue par le Droit, en même temps qu'elle implique

d'un côté l'intention de transférer la propriété, et
de l'autre l'intention de la recevoir. Mais les contrats
de louage ou de prêt à usage, bien que reconnus
par la loi, ne sont pas des *justæ causæ*, parce qu'ils
ne comportent pas l'idée de mutation : aussi dit-on
qu'il y a, dans ces cas-là, *nuda traditio, nuda detentio*. Et jamais la tradition toute seule ne peut rendre
propriétaire, comme nous l'apprend ce texte excellent de Paul : *Nunquàm nuda traditio transfert dominium : sed ità, si venditio, aut aliqua justa causa
præcesserit, propter quam traditio sequeretur* (1).

Ainsi, cette double volonté d'aliéner et d'acquérir
se révèle par la *justa causa*. — Il suffit, d'ailleurs,
que l'une des parties veuille se dessaisir de la propriété de sa chose et que l'autre veuille l'acquérir,
lors même qu'elles ne seraient pas d'accord sur le
motif qui les fait agir, l'une croyant transférer la
propriété à un titre et l'autre croyant l'acquérir à
un autre titre. Par exemple, je vous livre une somme
d'argent, entendant vous en faire donation, et vous,
vous la recevez à titre de *mutuum*. Ici, la double
volonté d'aliéner et d'acquérir a bien existé, seulement elle procède d'une cause erronée : la somme
d'argent n'en deviendra pas moins la propriété de
l'*accipiens* (2). — Dans le cas inverse, il y aurait lieu à restitution. Moi, je crois vous faire un
prêt de consommation, mon intention est de vous

(1) L. 31, princip., D., *De adq. rer. dom.*
(2) L. 36, D., *De adq. rer. dom.*

donner une chose en *mutuum*, et vous, vous croyez
recevoir cette chose à titre de donation. La loi 18,
au Digeste, *De rebus creditis*, va jusqu'à dire qu'il
n'y aura pas translation de propriété. Nous décidons,
au contraire, que, d'après la subtilité du Droit, la
propriété a été transférée, mais à charge de restitution. L'erreur sur la cause n'empêche pas la transmission de la propriété ; et la preuve, c'est qu'en
payant ce qu'on ne doit pas, pour obéir à une cause
qui n'existe pas, on transmet certainement la propriété de cette somme qu'on a payée. Je n'aurai le
droit de reprendre cette somme que par une action
personnelle, par la *condictio indebiti*. Pourquoi ?
parce que la propriété précisément a été transférée.
Autrement, je n'agirais pas par la *condictio indebiti*;
c'est la revendication que j'aurais, si j'étais resté
propriétaire.

En Droit romain, la tradition, c'est-à-dire la remise de la possession, était nécessaire, indispensable, pour qu'il y eût translation de propriété. Il
fallait un signe extérieur, patent, visible, un fait
matériel, capable de frapper l'attention des tiers,
de manière que l'existence de la propriété dans
telle main se trouvât en quelque sorte notifiée au
public. On n'a jamais été jusqu'à admettre que la
propriété, qui est un droit absolu au regard de la
société tout entière, pût passer de l'un à l'autre par
la seule convention de deux individus : *traditionibus
et usucapionibus dominia rerum, non nudis pactis trans-
feruntur*, disent Dioclétien et Maximien, pour con-

sacrer ce principe (1). Ainsi, dans ce système, les conventions légalement formées n'engendraient jamais qu'un droit personnel ou droit de créance; elles n'avaient pas la puissance d'engendrer par elles-mêmes un droit réel. Elles avaient pour effet de lier les parties, et de les obliger à prester ce qu'elles avaient promis, mais elles ne transféraient pas la propriété; pour opérer ce transport, il fallait, en règle générale, que la chose eût été livrée.

Pour les choses incorporelles, c'est-à-dire les droits, tels que ceux d'usufruit ou de servitude, il ne peut, à proprement parler, y avoir de possession, *possideri autem possunt quæ sunt corporalia* (2); — de même, il ne peut y avoir de tradition, *incorporales res traditionem non recipere manifestum est* (3). Mais comme on avait admis pour ces choses une *quasi-possession*, qui consistait dans l'exercice du droit, on admit aussi pour les mêmes choses une *quasi-tradition*, qui consistait à livrer, c'est-à-dire à souffrir l'exercice du droit (4). — Quant aux créances, celui qui voulait les acquérir devait agir contre le débiteur comme *cognitor* ou *procurator* du créancier : *non poteris tuo nomine agere, sed debes ex personâ meâ, quasi cognitor, aut procurator meus, experiri* (5). — Seulement, il n'était pas tenu de rendre compte

(1) L. 20, Cod., *De pactis.*
(2) L. 3, princip. D., *De adq. vel amit. posses.*
(3) Gaius, II, § 28.
(4) L. 3, princip. D., *De usuf. et quemad.*
(5) Gaius, II, §§ 38 et 39.

au créancier son mandant; il agissait comme *procurator in rem suam.*

Chez nous, la propriété est transférée intellectuellement par le seul effet de la convention; la propriété est acquise avant la possession, avant la remise de la chose. C'est la *justa causa* toute seule qui transfère la propriété, *ergà omnes* quand il s'agit de meubles, mais *inter partes* seulement quand il s'agit d'immeubles ou de créances. Pour que la propriété d'un immeuble soit transférée *ergà omnes*, il faut la transcription au bureau des hypothèques, depuis la loi du 23 mars 1855; et pour que le transport d'une créance soit valable au regard des tiers, il faut qu'il ait été signifié au débiteur, ou accepté par lui dans un acte authentique.

Chez les Romains, il fallait aussi la *justa causa,* mais il fallait, de plus, la tradition, comme nous le dit cet autre texte excellent de Paul : *Obligationum substantia non in eo consistit, ut aliquod corpus nostrum, aut servitutem nostram faciat; sed ut alium nobis obstringat ad dandum aliquid, vel faciendum, vel praestandum* (1). Les conventions étaient bien les titres translatifs de propriété, mais elles n'étaient pas les moyens de droit qui opéraient ce transport : elles étaient des *justae causae,* mais non des *modi transferendi dominii.* La *justa causa* et le *modus* sont deux choses qu'il faut soigneusement distinguer. Eh bien, le *modus* du Droit des gens, le mode le plus

---

(1) L. 3, princip., D., *De oblig. et act.*

général de transmettre la propriété au temps de Justinien, c'est la tradition. — Un vendeur, qui n'a pas
fait la tradition, reste toujours propriétaire de l'objet
vendu. Qu'en résulte-t-il? C'est que si ce vendeur
revend la chose à une autre personne, et qu'il lui en
fasse la tradition, la seconde vente sera valable.
Entre deux acheteurs successifs du même objet, ce
n'est pas le premier en date, mais celui auquel on a
livré cet objet, qui en devient propriétaire : *Quoties
duobus in solidum prœdium jure distrahitur : manifesti
juris est, eum, cui priori traditum est, in detinendo
dominio esse potiorem* (1). Il va sans dire que l'acheteur ainsi dépouillé a droit à des dommages-intérêts
contre son vendeur.

Dans l'ancien Droit, la tradition *ex justâ causâ* ne
transférait la propriété, le *dominium ex jure Quiritium*, qu'autant que la *res tradita* était *nec mancipi*,
comme nous l'apprend ce texte d'Ulpien : *Traditio
propria est alienatio rerum nec mancipi : harum rerum dominia ipsâ traditione adprehendimus, scilicet si
ex justâ causâ traditæ sunt nobis* (2). — S'en suit-il
que la tradition *ex justâ causâ*, appliquée à une *res
mancipi*, n'ait aucun effet, et que le résultat soit
nul, comme dans le cas d'une mancipation appliquée
à une *res nec mancipi?* Non, sans doute, et si l'*accipiens* ne devient pas propriétaire dans toute la force
du terme, il aura du moins la chose *in bonis*. C'est

---

(1) C'est la fameuse loi *Quoties*, 15, Cod, *De rei vindic.*
(2) Reg. lib. sing. tit. XIX, § 7.

ce que dit fort bien Gaius dans le passage suivant :
*Si tibi rem mancipi neque mancipavero neque in jure
cessero, sed tantùm tradidero*, IN BONIS *quidem tuis ea
res efficitur,* EX JURE QUIRITIUM *verò mea permanebit* (1).

Dans le Droit de Justinien, nous le savons déjà,
on ne distingue plus des *res mancipi* et des *res nec
mancipi*. Le principe est que la tradition peut s'appliquer avec la même efficacité à toute chose corporelle. Dès lors, il ne peut plus être question de *nudum jus Quiritium* ni d'*in bonis*. — On en est revenu
à ce que Gaius nous signale comme ayant existé
très-anciennement à Rome : *ex jure Quiritium unusquisque dominus est, aut non intelligitur dominus.* —
Ainsi une chose corporelle, de quelque nature qu'elle
soit, peut être livrée, et la tradition qu'en fait le
maître suffit pour en opérer l'aliénation : *Et ideò*
CUJUSCUMQUE GENERIS *sit corporalis res, tradi potest, et
à domino tradita alienatur.* — Si la tradition d'une
chose a été faite par un autre que par le maître, *à
non domino*, l'acquéreur de bonne foi n'aura que la
possession de cette chose, mais une possession qui
lui permettra d'usucaper : *Ceterum etiam earum rerum usucapio nobis competit, quæ* NON A DOMINO *nobis
traditæ fuerint, sive mancipi sint eæ res, sive nec mancipi, si modò eas bonâ fide acceperimus, cùm credere-
mus eum qui tradiderit, dominum esse* (2). — Dans le
premier cas, c'est-à-dire quand la tradition a été

(1) Gai, II, §§ 40 et 41. — Cf. I, § 54.
(2) Gaius, II, § 43.

faite *à domino*, il y a eu translation immédiate de la propriété en même temps que remise de la possession. Dans le second cas, la propriété n'a pas été transférée par la tradition, parce que *nemo plus juris in alium tranferre potest quàm ipse habet;* mais la possession est un moyen d'arriver, par l'usucapion, à l'acquisition de la propriété. Il faut observer qu'au temps de Justinien, l'usucapion ne s'appliquait plus qu'aux meubles, et que le délai de cette usucapion avait été porté à trois années. Quant aux immeubles, l'usucapion avait été, sinon supprimée, du moins transformée en une *præscriptio longi temporis*, dont le délai était de dix ans entre présents, c'est-à-dire entre propriétaires habitant la même province, et de vingt ans entre absents, c'est-à-dire entre propriétaires habitant deux provinces différentes.

Mais, pour qu'il puisse être question d'aliénation ou de translation de propriété, il faut évidemment que la *res tradita* soit susceptible de propriété privée. Par là se trouvaient exclus, dans l'ancien Droit, les fonds provinciaux qui n'avaient pas obtenu le *jus italicum.* — On a cru pendant longtemps, sur la foi de Sigonius, que le *jus italicum* constituait une condition intermédiaire entre celle des Latins et celle des *Peregrini* en général. Cette opinion a été victorieusement réfutée par M. de Savigny. Sans doute l'existence du *jus italicum* peut influer sur la condition des personnes ; mais ce n'est pas *principalement*, comme la qualité de latin ou de pérégrin, une qualité des personnes : jamais on ne parle de personnes ayant le *jus italicum*. Il s'agit ici d'une prérogative accordée, non à des personnes, mais à une ville, à un territoire, prérogative qui peut, du reste, procurer certains avantages aux habitants de cette ville ou de ce territoire. Les fonds provinciaux qui avaient obtenu le *jus italicum* étaient seuls susceptibles du *dominium ex jure Quiritium;* les autres n'en étaient point susceptibles.

Les provinces étaient les pays conquis par les Romains hors d'Italie. Elles étaient gouvernées à peu près despotiquement, par des gouverneurs envoyés de Rome, et qu'on appelait *Prœtores, Proconsules, Proprœtores, Prœsides.* — Le territoire des provinces, comme butin fait sur l'ennemi, appartenait au vainqueur, c'est-à-dire au peuple romain. Aussi les particuliers ne pouvaient-ils pas avoir sur les fonds provinciaux en général le domaine proprement dit, mais seulement une sorte d'usufruit et de possession (1). — Sous Auguste, le gouvernement des provinces fut partagé entre le Prince et le Sénat. Les provinces dont Auguste abandonna le gouvernement au Sénat, et qui étaient les provinces conquises depuis longtemps, les provinces de l'intérieur, les provinces pacifiées, furent nommées *provinces du peuple*, et les fonds compris dans ces provinces étaient dits *stipendiaires.* Celles dont Auguste se réserva l'administration, et qui étaient les provinces les plus éloignées, les provinces où il fallait par

(1) Caius, II, § 7.

suite entretenir des armées, furent appelées *provinces de César*, et les fonds compris dans ces provinces étaient dits *tributaires* (1). Ces dénominations de stipendiaires et de tributaires venaient de l'impôt auquel ces différents fonds étaient soumis.

Il paraît qu'assez longtemps déjà avant Justinien, la condition des fonds provinciaux s'était rapprochée de la condition des fonds italiques. Toujours est-il que, du temps de Dioclétien, de simples particuliers sont considérés comme ayant le *dominium* ou la *proprietas* sur des fonds provinciaux (2). — Justinien consacre, en termes généraux, l'assimilation des fonds provinciaux et des fonds italiques : *Inter prædia quæ in provinciis sunt nec non et italica prædia, ex nostrâ constitutione, nulla est differentia.* — La constitution à laquelle renvoie ce texte n'est pas, comme on a coutume de le dire, la loi unique au Code *De nudo jure Quiritium tollendo;* c'est la loi unique au Code *De usucapione transformandâ, et de sublatâ differentiâ rerum mancipi et nec mancipi.* A la fin de cette dernière constitution, Justinien prescrit *ut sit rebus et locis omnibus similis ordo.* — Il annonce ici une double innovation : 1° il élève le sol provincial au niveau du sol italique, en décidant que désormais les particuliers pourront avoir une propriété véritable sur les fonds provinciaux; 2° il étend aux fonds italiens l'acquisition par tradition, qui ne leur était pas applicable autrefois.

(1) Gaius, II, § 21.
(2) Fragm. Vatic., §§ 283, 315 et 316.

En résumé, dans le Droit en vigueur au beau temps de la jurisprudence romaine, c'est-à-dire au temps des grands jurisconsultes, comme Gaius, Papinien, Paul et Ulpien, les choses *in nostro patrimonio* se subdivisaient en deux classes, savoir : les choses *mancipi* et les choses *nec mancipi.* — Les choses *mancipi* comprenaient : 1° les immeubles situés en Italie ; 2° les servitudes rurales des fonds italiens ; 3° les esclaves en tous pays ; 4° les bêtes de somme, *quæ dorso collove domantur* (1). — Tout le reste était *nec mancipi.* — Dans l'ancien Droit, cette distinction jouait un rôle très-important ; car elle se liait d'une manière intime à la division de la propriété en domaine *ex jure Quiritium* et *in bonis*, ainsi qu'à la division des manières d'acquérir en *modes du Droit civil* et *modes du Droit des gens.* — En prenant le mot propriété dans le sens le plus large, on pouvait, au temps de Gaius, en distinguer quatre sortes : 1° l'*ex jure Quiritium plenum*, ou réunion de l'*ex jure Quiritium* et de l'*in bonis ;* — 2° l'*ex jure Quiritium nudum*, quand l'*in bonis* reposait sur une autre tête ; — 3° l'*in bonis ;* — 4° enfin, cette espèce de propriété de fait qu'on avait sur les *fonds provinciaux.* — Pour acquérir le *domaine quiritaire* sur une chose *mancipi*, il fallait employer un *mode du Droit civil.* — Pour acquérir le *domaine quiritaire* sur une chose *nec mancipi*, il suffisait d'employer un *mode du Droit des gens.* — Enfin, celui qui, pour acquérir une chose

(1) Ulplan. Reg. lib. sing., tit. XIX, § 1.—Galus, I, §§ 120 et 121; II, §§ 18, 19, 31, 41, 43, 47, 201.

mancipi, n'employait qu'un simple mode du Droit des gens, n'obtenait pas sur la chose le domaine *ex jure Quiritium*, mais seulement l'*in bonis*, et l'*ex jure Quiritium* continuait à reposer sur la tête de l'aliénant (1).

Mais toutes ces distinctions, dont plusieurs avaient pour cause l'ancienne supériorité du sol italien sur le sol provincial, tombèrent en désuétude sous les empereurs de Constantinople, et Justinien n'eut plus, en réalité, qu'à en effacer les derniers vestiges. Cet empereur supprima presque tout ce qui tenait au pur Droit civil des Romains, c'est-à-dire tout ce qui était arbitraire. — La tradition, mode du Droit des gens, devint dès lors le mode général, en même temps qu'il était le plus commode, de transmettre la propriété. La tradition s'accomplit, nous le savons, sans aucune solennité; elle n'est que la remise pure et simple de la possession.

Dès que la tradition a suffi pour transférer indistinctement tous les objets corporels, la mancipation est devenue tout à fait inutile, et la *cessio in jure* elle-même a perdu de son importance. Cependant elle peut encore n'être pas sans utilité pour les choses incorporelles, comme l'usufruit et les servitudes. Justinien lui-même paraît vouloir la conserver, puisqu'elle n'est pas, comme la mancipation, totalement effacée dans les Institutes et dans le Digeste (2).

---

(1) Gaius, II, §§ 19, 22, 40, 41, 42, 43, 63.

(2) Instit., § 3, *De usufr.* — L. 66, D., *De jur. dot.*, l. L. 42, D., *De mort. caus. don.*

— Quant à l'usucapion, elle resterait sans objet dans la législation de Justinien, si l'on ne considérait en elle que l'acquisition des choses *mancipi;* mais elle avait aussi, à l'égard des autres choses, des effets qui ont continué de subsister, en subissant toutefois d'importantes modifications.

Du reste, il ne faut pas croire que la propriété, même au temps de Justinien, ne se trouvât jamais transmise par la seule force de la loi, et sans qu'il y eût tradition. — Dans l'ancien Droit, le legs *per vindicationem*, et sous Justinien tous les legs, sont des moyens d'acquérir à titre singulier. Immédiatement après l'adition d'hérédité, et sans qu'il soit besoin de tradition, la propriété de la chose léguée se trouve transmise au légataire. — Pourquoi la jurisprudence romaine n'a-t-elle pas exigé que la possession ait passé de l'un à l'autre, comme signe patent et révélateur du changement de propriété? C'est qu'ici il est survenu un autre fait, tout aussi patent, la mort, qui a dessaisi le propriétaire défunt, et de plus, une sorte de loi, le legs, *lex*, qui a investi le légataire. — Le fidéicommis étant, sous Justinien, assimilé aux legs, doit à cette époque être compté de même au nombre des moyens d'acquérir la propriété des objets particuliers.

Après ces notions générales sur la tradition, nous devons nous occuper spécialement de la tradition faite en exécution d'un contrat de vente. La vente est,

en effet, le type des *justæ causæ;* elle est le titre
translatif de propriété le plus ordinaire. Nous savons
qu'il ne faut pas confondre la *justa causa* avec le
modus transferendi dominii, c'est-à-dire les titres
translatifs de propriété avec les moyens d'acquérir
cette propriété. Ainsi, la vente est un contrat;
c'est la *justa causa* par excellence; mais elle n'est
pas un *modus transferendi dominii*. La propriété ne
sera transmise à l'acheteur que par la tradition
réelle qui suivra la vente, c'est-à-dire par la remise
de la possession. — Mais cette tradition qui est faite
à la suite d'un contrat de vente, suffit-elle bien toujours pour transférer la propriété? Non; il faut une
condition de plus, il faut que le vendeur ait touché
le prix, à moins qu'il n'ait reçu une satisfaction quelconque, comme une caution ou un gage, ou qu'il n'ait
suivi la foi de l'acheteur. En principe donc, pour
que l'acheteur devienne propriétaire de la chose
vendue, il ne suffit pas que le vendeur lui en ait fait
tradition : *Venditæ res et traditæ non aliter emptori adquiruntur, quàm si is venditori pretium solverit, vel
alio modo ei satisfecerit, veluti expromissore aut pignore
dato.*

Il y a là une interprétation raisonnable de volonté.
La loi des Douze-Tables, dont notre paragraphe des
Institutes ne serait sur ce point que la reproduction,
suppose que le vendeur, en faisant la tradition, n'entend transférer la propriété à l'acheteur qu'autant
que celui-ci aura payé le prix. Si l'on se décide à
vendre ce dont on est propriétaire, c'est apparem-

ment pour en avoir le prix¹, pour recevoir une somme d'argent. Comme c'est là la volonté de tous les vendeurs, la loi présume que cette clause a été dans l'intention des parties, et, en conséquence, elle la sous-entend toutes les fois que les parties n'ont rien dit de contraire. — Ceci revient à dire que le vendeur peut faire la tradition sous une condition; et ici ce n'est pas la tradition qui est conditionnelle, c'est la volonté, c'est l'*animus transferendi dominii*. Je veux que la propriété de telle chose vous soit transférée, peut dire le vendeur à l'acheteur, mais seulement après que vous en aurez payé le prix. Ce n'est pas le fait matériel, le *corpus*, qui est conditionnel, c'est l'intention de rendre l'acheteur propriétaire.

Quel avantage ce vendeur va-t-il donc trouver dans une pareille clause, dans cette condition tacite que la loi présume en sa faveur? un avantage considérable. — Il reste propriétaire, tant qu'il n'a pas touché le prix, et il aura la *rei vindicatio* pour reprendre sa chose; il pourra la suivre en quelques mains qu'elle ait passé. — Autrement, si l'acheteur était devenu *hic et nunc* propriétaire, le vendeur alors n'aurait eu contre lui qu'une action personnelle, il n'aurait plus été qu'un simple créancier; et si cet acheteur devenait insolvable, le vendeur serait exposé à perdre son prix. Par l'action réelle, au contraire, il peut toujours reprendre sa chose, et, s'il ne gagne pas au marché, il est au moins sûr de n'y pas perdre; s'il ne s'enrichit pas, il ne s'appauvrit pas non plus. Le droit de propriété est incontestablement le meilleur titre que puisse avoir le vendeur.

Dire que la propriété n'est pas transférée à l'acheteur par cela seul que la chose vendue lui a été livrée, c'est interpréter raisonnablement, nous le répétons, la volonté du vendeur. Mais, toutes les fois que ce vendeur aura pourvu lui-même à ses intérêts de quelque autre manière, la loi voit dans cette précaution la preuve qu'il n'a pas voulu retenir la propriété. L'acheteur peut, en effet, lui avoir donné une satisfaction équivalente au paiement du prix. Ce vendeur a reçu une chose en gage, ou bien l'acheteur lui a présenté un *expromissor*, c'est-à-dire un tiers qui s'est engagé à payer le prix à la place de l'acheteur, et le vendeur a consenti à n'avoir affaire qu'avec lui. — Il faut encore ajouter le cas où le vendeur reçoit de l'acheteur un *fidéjusseur*, c'est-à-dire une personne qui garantit que l'acheteur paiera : *Ut res emptoris fiat*, dit Gaius, *nihil interest utrùm solutum sit pretium, an eo nomine fidejussor datus sit* (1). — L'*expromissor*, comme on voit, fait quelque chose de plus que le fidéjusseur, il met le débiteur hors de cause, il le remplace ; tandis que le fidéjusseur, lui, se borne à garantir la créance, il s'engage conjointement avec le débiteur, mais sans se mettre en son lieu et place. Le vendeur aura, de cette manière, deux débiteurs au lieu d'un : l'un comme *reus*, le débiteur principal, l'autre

(1 L. 53, D., *De contrah. empt.*

comme fidéjusseur. Ils répondront tous deux de la
même dette, et ce double engagement vaudra mieux
pour le vendeur qu'un *expromissor*.

Le vendeur peut encore très-bien suivre la foi de
l'acheteur, c'est-à-dire lui transmettre immédiatement la propriété de la chose vendue, sans en avoir
touché le prix : *Si is qui vendidit*, *fidem emptoris se-
cutus est, dicendum est statim rem emptoris fieri*. —
Ce vendeur, au lieu de rester propriétaire, ne sera
plus qu'un simple créancier, *creditor ;* il croit en
son débiteur, *credit*, il veut lui faire crédit, il a
confiance en lui pour le paiement du prix ; en d'autres termes, il suit la foi de l'acheteur. — La présomption de la loi doit ainsi disparaître devant la
preuve d'une volonté contraire. Si l'acheteur prouve
que le vendeur, en lui livrant la chose, lui a donné
un terme pour le paiement du prix, il faut en conclure que l'acheteur est devenu immédiatement
propriétaire à la suite de la tradition. Ainsi s'explique le rescrit suivant d'Alexandre Sévère : *Qui eâ
lege prædium vendidit ut, nisi reliquum pretium intrâ
certum tempus restitutum esset, ad se reverteretur : si non
precariam possessionem tradidit, rei vindicationem non
habet, sed actionem ex vendito* (1).

L'acheteur peut encore devenir immédiatement
propriétaire par suite d'une novation. Ainsi, le vendeur peut lui dire : Ce que vous me devez en vertu
d'une vente, promettez-vous de me le payer en vertu

---

(1) L. 3, C., *De pactis inter empt. et vendit.*

d'une stipulation ou bien en vertu d'un *transcripti-
cium nomen*, c'est-à-dire par suite d'un contrat *verbis*
ou d'un contrat *litteris? A re in personam transcriptio
fit , veluti si id quod modò ex emptionis causâ aut con-
ductionis aut societatis mihi debeas, id expensum tibi
tulero* (1).--Dans ce cas, la propriété se trouve
transférée de plein droit à l'acheteur, et le vendeur
reste simplement créancier.

Tout le monde connaît l'histoire de Canius,
de ce chevalier romain, qui, étant allé passer
quelque temps à Syracuse, parlait sans cesse d'acheter une maison de plaisance où il pût, loin des im-
portuns, recevoir ses amis. Sur ce bruit, un banquier
syracusain, nommé Pythius, lui fait savoir qu'il a
des jardins magnifiques, qui ne sont pas à vendre,
bien entendu, mais qu'il met à sa disposition. Il invite en même temps son homme à dîner pour le
lendemain, *et simul ad cœnam hominem in hortos invi-
tavit in posterum diem.* — Canius est exact au rendez-
vous. Pendant qu'il dîne sur le rivage, une multitude
de barques vient frapper ses regards éblouis. Chaque
pêcheur apporte sa capture, et les poissons tombent
de tous côtés autour de Pythius. « Comment, s'é-
crie Canius, tant de poissons, tant de barques? — Il
ne faut pas vous en étonner, dit le banquier, tout le
poisson de Syracuse est ici, et l'on ne pêche que
dans ces parages. » Canius alors de s'enflammer; il
presse, il sollicite Pythius de lui vendre sa pro-

(1) Gaïus, III, § 129.

priété. Le banquier se défend d'abord, puis il cède.
Mais il a bien soin, pour rendre l'obligation de son
acheteur plus étroite, de faire avec lui un *transcrip-
ticium nomen*, de le faire engager par un contrat de
droit strict : *emit homo cupidus et locuples, tanti quanti
Pythius voluit;* NOMINA FACIT, *negotium conficit* (1).
— Aussitôt l'affaire conclue, Canius invite ses amis
pour le lendemain. Il vient lui-même dès le matin :
mais pas le plus léger esquif! « D'où vient, dit-il au
voisin, que je ne vois pas un seul pêcheur? Célè-
brent-ils quelque fête aujourd'hui? — Non, que je
sache, répond le voisin; mais on ne pêche jamais
ici, et je m'étonnais fort de ce que je voyais hier. »
Voilà Canius furieux; mais quel remède? Aquilius
Gallus n'avait pas encore publié ses formules contre
le dol.

Canius, il est vrai, devenait à l'instant propriétaire, sans avoir payé le prix, mais il était engagé,
comme débiteur, de la manière la plus rigoureuse,
et il lui était impossible de revenir sur un marché
dont il était la victime. Ce Pythius, lui, était en-
chanté de n'être plus que créancier, parce qu'il connaissait l'homme auquel il avait affaire; il savait
parfaitement que son débiteur était très-solvable,
que lui vendeur ne courait aucun risque, et qu'il
serait exactement payé. Autrement, le madré syracusain eût mieux aimé rester propriétaire.

(1) Cicéron, *De offic.*, III, 14.

Il importe peu, d'ailleurs, que la chose soit livrée par le maître lui-même, ou par un autre agissant d'après la volonté du maître. — Que faut-il pour le transport de la propriété? Deux choses, le *corpus* et l'*animus*, c'est-à-dire le fait et l'intention. L'*animus*, c'est le maître qui doit l'avoir; mais le fait matériel, le *corpus*, il peut être accompli par un tiers. Il faut, chez le propriétaire lui-même, la volonté d'aliéner, car on ne saurait être dépouillé malgré soi de son droit de propriété; mais cette volonté suffit, et la tradition peut être faite par une autre personne, qui sera ainsi mon instrument et mon organe. Je n'ai pas la main assez longue pour faire cette tradition; j'emploie une autre main qui est plus près, plu à portée de la faire. — En Droit romain, c'était ordinairement l'esclave qui faisait cette tradition pour le maître.

En même temps que je perds la possession *corpore et animo*, l'autre l'acquiert également *corpore et animo*. Ce sont deux actes corrélatifs. Et, de même que l'intention est le seul élément indispensable chez le propriétaire qui aliène, de même elle est le seul élément indispensable chez celui qui acquiert, le fait matériel de la tradition, c'est-à-dire la remise de la possession, pouvant avoir lieu entre les mains d'un tiers. C'est ce que nous dit fort élégamment ce texte de Paul : *Possessionem adquirimus et animo et corpore : animo utique nostro, corpore vel nostro vel alieno* (1).

_____

(1) Senlent., lib. V, tit. 2, § 1.

Bien plus, la tradition faite par un tiers peut avoir précédé le consentement du propriétaire, et la vente n'en sera pas moins valable. Je suppose qu'on ait vendu la chose d'autrui : cela peut arriver. C'est un fils, par exemple, qui a vendu ce qui appartenait à son père, ou un frère ce qui appartenait à son frère. Il s'empresse de faire la tradition de la chose vendue ; puis, il vient dire au propriétaire, c'est-à-dire à son père ou à son frère : Consentez-vous à transférer à un tel, acheteur, la propriété de telle chose vous appartenant que je lui ai vendue et livrée. — Du moment que ce propriétaire donne son consentement, du moment que l'*animus* existe chez lui, qu'il soit antérieur ou postérieur à la livraison, peu importe, la vente est valable, comme le certifie ce texte de Papinien, le prince des juris-consultes romains : *Constat, si rem alienam scienti mihi vendas, tradas autem eo tempore, quo dominus ratum habet, traditionis tempus inspiciendum, remque meam fieri* (1).

En principe, le mandat général d'administrer la fortune d'une personne, ne doit pas emporter le pouvoir d'aliéner. Administrer, c'est faire valoir les biens ; aliéner, c'est en disposer. — La loi 63, au Digeste, et la loi 16, au Code, *De procuratoribus*, nous disent, en effet, que le *procurator* ne peut pas

---

(1) L. 44, § 1, D., *De usurpat. et usucap.*

aliéner. La première de ces lois, qui est un texte de Modestin, s'exprime ainsi : *Procurator totorum bonorum, cui res administrandæ mandatæ sunt, res domini neque mobiles vel immobiles, neque servus sine speciali domini mandatu alienare potest : nisi fructus, aut alias res, quæ facilè corrumpi possunt.* — Et la seconde de ces lois n'est pas moins explicite, quand elle dit : *Procuratorem, vel actorem prædii, si non specialiter distrahendi mandatum accepit, jus rerum dominii vendendi non habere, certum ac manifestum est.*

Dans quel cas donc la personne qu'un propriétaire a chargée de l'administration générale de ses biens, pourra-t-elle faire des aliénations ? Eh bien, c'est lorsque ce mandataire aura la *libera universorum negotiorum administratio*, lorsque le propriétaire lui aura donné expressément une administration libre et entière, *cum liberâ potestate*. Dans ce cas-là seulement, le mandataire avait le droit d'aliéner. Et notre paragraphe des Institutes, qui est un texte de Gaius, se trouve confirmé par la loi 58, au Digeste, *De procuratoribus*, qui est de Paul, le plus artiste peut-être des jurisconsultes romains : *Procurator, cui generaliter libera administratio rerum commissa est, potest exigere, aliud pro alio permutare.*

Chez nous, le mandat général d'administrer n'emporte pas le pouvoir d'aliéner; il faut, pour cela, un mandat spécial et bien déterminé. D'après l'article 1988 du Code Napoléon, « le mandat conçu en termes généraux n'embrasse que les actes d'administration. — S'il s'agit d'aliéner ou hypothéquer, ou de quelque autre acte de propriété, le mandat doit être exprès. »

Dans certains cas, la propriété se trouve transférée, quoiqu'il n'apparaisse pas, au premier abord, qu'il y ait eu tradition. Il peut arriver que le fait et l'intention de la part du propriétaire, au lieu d'être simultanés, s'accomplissent à des époques plus ou moins éloignées, que la *nuda traditio* précède, et que l'intention survenant ensuite, la possession soit définitivement transmise et avec elle la propriété. Tel est le cas où un propriétaire vous vend ou vous donne la chose qu'il vous avait remise précédemment à titre de commodat, de louage ou de dépôt : car, bien qu'il ne vous l'ait pas livrée en exécution de cette vente ou de cette donation, dès qu'il consent à ce que la chose devienne vôtre, la propriété vous en est acquise à l'instant, comme si la tradition vous en avait été faite à l'un de ces nouveaux titres. En un mot, du moment où le concours des deux volontés vient se réunir au fait corporel qui a eu lieu, la *nuda traditio* se convertit en tradition translative, et la *nuda detentio* en possession acquisitive de la propriété. C'est ce qui a fait dire à certains jurisconsultes que, si vous devenez propriétaire sans tradition, ce n'est pas du moins sans possession (1). — Tel est sans

(1) L. 55, D., *De oblig. et act.* — Et L. 9., §§ 1 et 2, D., *De public. in rem act.*

doute le véritable sens de notre texte, lorsqu'il dit que quelquefois, sans qu'il soit besoin d'aucune tradition, la seule volonté du maître suffit pour transférer la propriété d'une chose : *Interdùm etiam sine traditione nuda voluntas domini sufficit ad rem transferendam.*

Les commentateurs disent souvent qu'il y a là une tradition feinte, une tradition *brevi manu.* La vérité est que nous avons ici tous les éléments d'une tradition *ex justâ causâ* ordinaire ; seulement, ils se sont produits successivement. Il y a eu d'abord *nuda traditio ;* puis, il y a eu de la part du *tradens* volonté d'aliéner, volonté manifestée par la vente ou par la donation qu'il a consentie. Dès que l'élément intentionnel, dès que l'*animus* est venu se joindre au *corpus*, c'est-à-dire à la remise matérielle de la chose qui a eu lieu auparavant, l'*accipiens* a pu devenir propriétaire. A quoi bon une nouvelle tradition? Cette tradition existait déjà ; il n'y manquait que l'intention ; et, dès que cette intention existe, la transmission de la propriété se trouve consommée.

Il y a même quelque paradoxe à dire : *nuda voluntas sufficit ;* cela n'est pas vrai, cela serait contraire à tous les principes du Droit romain. Mais le Droit naturel n'exige pas qu'on joue la comédie d'une nouvelle tradition au moment où la volonté se produit. La possession se trouve parfaite, par cela seul que les deux éléments de toute possession juridique, c'est-à-dire l'élément physique et l'élément moral, se trouvent réunis. — Et les choses ne se passent-elles pas ainsi dans la plupart des ventes? L'acheteur, en principe, ne devient propriétaire qu'après avoir payé le prix. Il a la détention matérielle de la chose vendue; la tradition lui en a été faite par le vendeur, mais l'*animus* de ce vendeur ne vient qu'après le *corpus*, lorsque le prix aura été payé. — Peu importe donc que la tradition ait précédé ou suivi l'intention du propriétaire. Rien de plus simple, en vérité, et l'on ne comprend guère que les interprètes aient voulu voir une *tradition feinte* ou de *brève main* dans un cas qui n'offre, en définitive, qu'une application des règles ordinaires.—On trouve bien dans la loi 43, § 1, au Digeste, *De jure dotium*, les expressions suivantes : BREVI MANU *acceptum à muliere;* mais il s'agit, dans cette loi, d'une espèce toute différente de celle qui nous occupe.

En Droit romain, on ne peut acquérir la propriété sans avoir la possession; Nératius et Proculus nous disent bien qu'on ne peut l'acquérir par l'*animus* tout seul, *si non antecedat naturalis possessio.* — Eh bien, qu'est-ce donc que la possession naturelle, si ce n'est pas justement celle du commodataire, du locataire, du dépositaire ? — Ils avaient la possession naturelle, et il a suffi de la volonté du maître pour convertir cette possession naturelle en une véritable propriété. La vente qui a eu lieu, ou la donation, n'a fait, en quelque sorte, que transformer cette possession, et qu'en changer le caractère. Il y a eu interversion de possession, en ce sens que ces personnes, qui possédaient déjà à

13

titre précaire, vont posséder maintenant à titre de propriétaires.

Il y a aussi un autre cas que les interprètes ont appelé tradition de brève main, c'est le cas du *constitut possessoire*, cas inverse de celui que nous venons d'examiner. — Nous savons que la possession s'acquiert *corpore et animo*, par le fait et par l'intention. — Mais nous savons aussi que le fait peut être accompli par un tiers. Puisque la prise de possession peut avoir lieu par les mains d'autrui, un vendeur, je suppose, pourra bien prendre possession pour le compte de l'acheteur; il ne sera, dans ce cas, que l'instrument de celui-ci, que l'organe de sa volonté. Si ce vendeur déclare, en faisant la vente, qu'il se *constitue possesseur* pour l'acheteur, celui-ci n'en devient pas moins propriétaire de la chose vendue. Ceci se faisait surtout quand le vendeur voulait se réserver l'usufruit; il disait à l'acheteur : Je vous vends tel immeuble, mais je m'en réserve l'usufruit, ou bien je vais en devenir le fermier. Je possédais à titre de propriétaire; je conserve la détention de la chose, et je posséderai désormais à titre de fermier ou d'usufruitier. — C'est là ce qu'on appelle le *constitut possessoire* (1). — Sans cette fiction, il aurait fallu une double tradition : première tradition, de la part du vendeur à l'acheteur; seconde tradition,

---

(1) L. 28, et L. 35, § 5, Cod., *De donationibus.* — L. 77, D., *De rei vindic.* — Le Code prévoit le cas de l'usufruitier, et le Digeste le cas du fermier.

de la part de l'acheteur au vendeur, pour que celui-ci pût exercer sur la chose son droit d'usufruitier ou de fermier.

Il y a ici, comme on voit, conversion de la propriété en possession à titre précaire. Ce vendeur, à vrai dire, n'est même plus possesseur, *in possessione est, sed non possidet;* il n'a pas une possession véritable, puisqu'il n'a pas l'*animus domini; il* n'est qu'un simple détenteur, puisqu'il reconnaît une autre personne pour propriétaire de la chose détenue. N'ayant plus de prétention à la propriété, il ne possède que naturellement, ou plutôt c'est le propriétaire, en d'autres termes l'acheteur, qui possède par lui : *Naturaliter videtur possidere is qui usumfructum habet,* dit Ulpien, dans la loi 12, au Digeste, *De adquirendâ vel amittendâ possessione,* et le jurisconsulte Celsus, dans la loi 18 du même titre, *in principio,* s'exprime ainsi : *Quod meo nomine possideo, possum alieno nomine possidere : nec enim muto mihi causam possessionis, sed desino possidere, et alium possessorem ministerio meo facio; nec idem est possidere, et alieno nomine possidere. Nam possidet, cujus nomine possidetur.*

Le constitut possessoire peut même être tacite. Lorsque plusieurs personnes forment ensemble une société *totorum bonorum,* dès l'instant même où le contrat existe, et sans qu'il soit besoin d'une clause particulière à ce sujet, les biens propres à chaque partie deviennent communs entre toutes : *In societate omnium bonorum omnes res, quæ coeuntium sunt, continuò communicantur; quia, licet specialiter traditio non interveniat, tacita tamen creditur intervenire* (1).

Cette espèce de tradition, dont la validité était reconnue par les jurisconsultes, a pris, mais seulement dans la bouche des commentateurs, le nom de *constitut possessoire ;* car cette locution n'appartient pas à la langue du Droit romain. On sait que, sous l'empire de notre ancienne jurisprudence, une pareille clause était devenue de style dans les contrats qui emportaient obligation d'aliéner ; que dès lors l'aliénation se trouvait immédiatement consommée, de sorte qu'elle résultait en définitive du contrat lui-même. C'est ainsi que notre Droit moderne en est arrivé à supprimer la tradition matérielle de la chose vendue, et à déclarer l'acheteur propriétaire par la seule force de la convention. La tradition réelle n'étant pas nécessaire dans le cas de constitut possessoire, le Code Napoléon supprima tout à fait une fiction sans utilité, et décida que la vente serait désormais translative de propriété par le seul consentement des parties.

Mais ce mode tout intellectuel de translation de la propriété n'est pas sans dangers ; on peut même dire qu'il n'est pas conforme à la nature des choses. Que le consentement de deux personnes suffise pour créer entre elles un lien obligatoire, qui n'existe que pour elles et n'enchaîne la liberté d'aucune autre personne, rien de plus naturel. — Mais, comment admettre que la volonté de deux individus puisse créer

(1) L. 1, § 1, et L. 2, D., *Pro socio.*

un droit absolu, comme le droit réel, et se soumettre ainsi la volonté de tous les autres membres du corps social ? — Pour qu'un droit existe et puisse agir vis-à-vis de tous les membres de la société, il faut rigoureusement que la société ait concouru à l'établissement de ce droit, et en ait sanctionné l'existence. L'expérience confirme cette vérité théorique, et ce n'est pas impunément que l'on y porte atteinte. — En vain le Code Napoléon a-t-il proclamé un principe contraire : la propriété immobilière, sous l'empire d'un pareil système, était exposée à des incertitudes telles, que la seconde génération s'est vue obligée, par la force des choses, de réformer radicalement la partie de la législation qui s'y rapporte. — C'est donc avec la plus grande raison que les auteurs de la loi du 11 brumaire an VII, pour entourer de publicité la transmission de la propriété immobilière, avaient remplacé la tradition, qui dans notre ancien Droit n'était plus qu'une opération fictive et secrète, par la transcription de l'acte d'aliénation sur des registres ouverts à tout le monde. — Et si le système adopté par le Code Napoléon avait dû faire regarder ce progrès comme abandonné dans la plupart des cas, la loi du **23 mars 1855** est venue satisfaire aux besoins du crédit plus largement encore que ne l'avait fait le législateur de l'an VII. — Et notre Droit français, qui, sur ce point, était inférieur au Droit romain du temps de Justinien, lui est maintenant bien supérieur.

L'ancien Droit romain avait été peut-être plus

conséquent, en cette matière, que le Droit de Justinien. Ce qu'il y a de certain, c'est que la transmission de la propriété s'y trouvait environnée d'une
publicité beaucoup plus grande. C'est là une thèse
qui peut aisément se soutenir. — La propriété des
choses qui constituaient le vrai patrimoine du citoyen, qui figuraient sur les registres du cens, c'est-
à-dire des *res mancipi*, ne se transmettait qu'avec
l'intervention des représentants des centuries, c'était
la *mancipatio*, ou sous la garantie du magistrat,
c'était l'*in jure cessio*. — D'autres modes de transmission pouvaient donner un pouvoir de fait; mais ce
pouvoir n'acquérait la garantie de droit, *auctoritas*.
qu'après avoir été exercé publiquement pendant un
certain temps, *usus*, et avoir reçu ainsi la sanction
nationale par le tacite consentement de tous. — Pour
désigner cette manière d'acquérir, qui n'est autre
que l'usucapion, les premiers Romains se servaient
du terme *usus auctoritas*, qui indique que le laps de
temps prescrit par la loi a pour effet d'ajouter au
simple fait de possession, *usus*, la protection légale.
accordée au propriétaire, *auctoritas*. — C'est dans le
même sens que la loi des Douze-Tables disait : *Adversùs hostem æterna auctoritas esto*, c'est-à-dire que
le citoyen romain peut toujours revendiquer sa chose
contre l'étranger ; la loi lui garantit éternellement
sa propriété contre l'étranger, *hostis*. — Le mot *auctoritas* signifie donc ici la protection légale, la garantie nationale. Mais il est également employé, et
c'est même plus tard sa signification ordinaire, pour

désigner la garantie qu'un particulier doit à l'autre, spécialement dans les aliénations : *auctoritatem præstare* (1).

Ces modes légaux de transmission de la propriété, rationnels au fond, étaient sans doute également conformes aux mœurs et aux besoins des premiers temps. Mais ils durent paraître défectueux, quand les *res mancipi* eurent cessé de constituer la principale richesse des particuliers, et que les transactions de la vie civile furent devenues trop variées et trop nombreuses pour qu'il fût possible d'y appliquer régulièrement des formalités aussi compliquées. — Pour réaliser les réformes qu'exigeait une civilisation plus avancé., il eût fallu successivement élargir le cercle des *res mancipi*, et en même temps simplifier les modes légaux. Telle eût été sans doute la marche du Droit romain, sans l'immense accumulation des richesses et les variations soudaines des fortunes particulières, mais surtout sans la prépondéra .éfinitive de l'élément provincial. — La tradi   qui, dans le principe, avait pu paraître c venable et suffisante pour la transmission des *res nec mancipi*, finit, comme nous l'avons exposé plus haut, par absorber les anciens modes civils, et se trouve être, dans le Droit nouveau, le mode général de transférer la propriété.

Mais la tradition n'a point le caractère d'authenticité qui distinguait si éminemment la *mancipatio* et

----

(1) Pauli Sentent., lib. II, tit. 17, §§ 1 et 3. — Vatic. fragm., tit. I, § 10. — L. 76, D., *De eviction.*

l'*in jure cessio*; c'est, en outre, un acte équivoque, qui ne reçoit sa valeur, comme mode translatif de propriété, que par son élément intentionnel, dont l'appréciation peut, dans bien des cas, être fort incertaine. — Au point de vue de la publicité et de la sûreté des transactions, la tradition était donc un mode incomplet et défectueux; et l'on peut dire que, sous ce rapport, le nouveau Droit romain était inférieur à l'ancien. — Mais notre Droit français, depuis la loi du **23 mars 1855**, l'emporte sur tous les deux.

Par opposition à ce qu'ils appellent tradition de *brève main*, les interprètes disent qu'il y a tradition de *longue main*, toutes les fois qu'on n'a saisi l'objet que de loin, par la vue, sans y toucher corporellement. Ils citent pour exemple la loi 79, au Digeste, *De solutionibus*, d'après laquelle mon débiteur, déposant par mon ordre, *in conspectu meo*, la chose qu'il me doit, me la livre *quodam modo manu longâ*. En rapportant tous les sens au toucher, les Romains assimilaient la vue à une longue main, parce que la vue est celui de nos organes qui perçoit les objets de plus loin. Les interprètes ont été heureux de trouver dans le texte en question ces mots de *res quodam modo longâ manu tradita*, afin de pouvoir les opposer à ceux de *res brevi manu tradita*. — Mais cette tradition de longue main, ce n'est pas autre chose que la tradition ordinaire, que la véritable tradition. Quand je n'ai, en quelque sorte, qu'à allonger la main pour saisir une chose mise à ma portée par son propriétaire, qui consent à s'en défaire en ma faveur, je suis aussi avancé que si je la tenais réellement. Voilà tout ce qu'a voulu dire Javolenus dans la loi précitée. On m'apporte une poutre que j'ai achetée; je la fais déposer dans ma cour. Je n'ai pas besoin d'y toucher, pour en prendre livraison; le contact avec la chose n'est pas nécessaire; il suffit que j'aie cette chose à ma disposition, en ma puissance, et que je puisse exercer sur elle des actes de maître. En un mot, on prend possession d'une chose *oculis et affectu*. On embrasse la chose de son regard, comme par une longue main; on touche, pour ainsi dire, les objets par les yeux, comme on pourrait les toucher, les appréhender par les mains : *Non est enim corpore et actu necessé apprehendere possessionem* (1).

La loi 3, § 1, au Digeste, *De adquirendâ vel amittendâ possessione*, précise dans sa seconde partie en quoi consiste le *corpus* exigé pour la possession d'un héritage, d'un fonds de terre. Il n'est pas nécessaire que celui qui veut en prendre possession soit mis en contact avec toutes les parties de ce fonds, qu'il aille marcher sur chaque motte de terre, *omnes glebas circumambulet;* il suffit qu'il soit introduit dans le fonds, *sufficit quamlibet partem ejus fundi introire.*

---

(1) L. 1, § 21, D., *De adquir..vel amit. posses.* — M. de Savigny fait remarquer que, sur la foi des Basiliques, il est vraisemblable de conjecturer que Paul avait écrit : *corpore et tactu*, ce qui, en effet, donne un sens plus clair.

Dès que cet acquéreur a mis le pied sur une portion quelconque du fonds, il le possède dans toute son étendue, si telle est son intention. Il faut sous-entendre, comme l'indiquent d'autres textes, que la *possessio* est *vacua*, c'est-à-dire que personne ne fait obstacle à ce que le nouveau possesseur se porte sur telle partie du fonds qu'il voudra, et y fasse des actes de maître. — La possession requiert donc uniquement la *possibilité* de réaliser un contact avec la chose, et non le contact lui-même.

La loi 18, § 2, au même titre, prévoit le cas où l'on monte sur un lieu élevé, pour voir quelle est l'étendue du fonds qu'on veut acquérir. Si mon vendeur me montre du haut d'une tour le fonds qu'il veut me vendre, en ajoutant qu'il me livre *vacuam possessionem*, qu'il vide la possession ; s'il me déclare que désormais je puis en jouir librement, il y a prise de possession de ma part, sans que je sois obligé de me porter personnellement sur le fonds. Il suffit que j'en embrasse les limites de mon regard ; jeter les yeux sur ce terrain, c'est presque comme d'y mettre les pieds, et de l'occuper *corpore*. — Voici les expressions dont se sert Celsus dans cette loi : *Si vicinum mihi fundum mercato venditor in med turre demonstret, vacuamque se possessionem tradere dicat : non minùs possidere cœpi, quàm si pedem finibus intulissem.*

Justinien, après Gaius, cite encore un autre cas.

dans lequel, suivant lui, la propriété d'une chose
est transférée, sans qu'il y ait eu réellement tradition de la chose. Celui qui a vendu des marchandises,
déposées dans un magasin, en transfère la propriété
à l'acheteur, dès qu'il lui livre les clefs du magasin,
avec l'intention, bien entendu, de lui transmettre,
immédiatement ces marchandises. — Mais Papinien
n'admettait ce résultat qu'autant que les clefs lui
seraient remises auprès du magasin : *Clavibus tra-
ditis, itâ mercium in horreis conditarum possessio tradita videtur, si claves* APUD HORREA *traditæ sint : quo
facto, confestim emptor dominium et possessionem adi-
piscitur, etsi non aperuerit horrea : quòd si venditoris
merces non fuerunt, usucapio confestim inchoabitur* (1).

Je sais bien que cette proximité de la chose vendue se trouve exprimée dans la plupart des textes
sur la matière, et dans la loi 79, *De solutionibus*, qui
veut que la chose ait été déposée *in conspectu meo*,
et dans la loi 18, § 2, *De adquirendâ vel amittendâ
possessione*, qui prévoit le cas où un vendeur me
montre du haut d'une tour le fonds *voisin* qu'il veut
me vendre, *vicinum fundum*. — Malgré ces textes, et tout en protestant de mon profond respect
pour les avis émanant de Papinien, j'ose avouer
que je ne comprends guère la distinction que ce
grand jurisconsulte veut introduire dans l'espèce
qui nous occupe. Il me semble, en effet, que la remise des clefs, jointe à l'intention de transmettre

(1) L. 74, D., *De contrah. empt.*

la propriété, dessaisit le vendeur de tous les droits qu'il avait sur les marchandises, que la réception des clefs suffit pour mettre ces marchandises en la possession de l'acheteur, et que dès lors il importe peu que les clefs aient été livrées dans un endroit éloigné ou rapproché du magasin. — Est-ce que l'acheteur qui reçoit les clefs devant les portes de ce magasin, et qui s'éloigne sans les ouvrir, a une possession plus solide que celui qui les reçoit loin de là, mais qui accourt en toute hâte pour les ouvrir? — Et ce dernier n'a-t-il pas la faculté de disposer désormais des marchandises, beaucoup plus sûrement que s'il eût consenti à les laisser, à titre de dépôt ou de louage, entre les mains du vendeur, d'après la loi **77**, au Digeste, *De rei vindicatione?*

Les interprètes ont imaginé de voir encore là une tradition feinte, et ils ont donné à ce mode de délivrance le nom de tradition *symbolique*, en considérant les clefs comme le symbole des marchandises. Ainsi, d'après eux, il y aurait trois et même on peut dire quatre sortes de traditions feintes : la tradition de brève main, le constitut possessoire, la tradition de longue main, et la tradition symbolique. Je n'en crois rien, en vérité, et je ne vois encore ici qu'une tradition ordinaire. — Qu'est-ce donc que faire la tradition d'une chose, si ce n'est mettre cette chose à votre disposition? Il y a bien ici tradition des marchandises vendues, tradition dans le sens propre du mot : car, livrer à l'acheteur les clefs du magasin où sont renfermées ces marchandises, n'est-ce pas réellement mettre ces marchandises à sa disposition? — Dans cette dernière espèce, les interprètes ont commis une erreur d'autant plus évidente, qu'aucun texte ne vient appuyer leur supposition, et qu'on sait d'ailleurs que la législation romaine avait pris soin de consacrer explicitement certains actes symboliques, qui se sont effacés peu à peu au contact de la civilisation. — Posséder, nous le répétons, c'est avoir une chose à notre disposition, de quelque manière qu'elle soit arrivée en nôtre pouvoir (*possessio*, de *posse*, pouvoir), que cette chose nous ait été livrée de la main à la main, *de manu ad manum*, comme disent les anciens jurisconsultes, que nous l'ayons appréhendée par nous-même ou par autrui, qu'elle ait été placée sous nos yeux, ou enfin qu'on nous ait remis les clefs du magasin où elle se trouve, peu importe. Et n'oublions pas que posséder, c'est avoir la propriété d'après le Droit naturel.

Si les Romains avaient voulu faire une tradition symbolique, ils auraient pris une partie de la chose; car la partie représentait le tout, comme dans la *rei vindicatio*, action de la loi. — Pour revendiquer un fonds de terre ou un troupeau, on apportait en justice, *in jure*, une motte de terre, *glebam*, ou bien de la laine des brebis, et la revendication se faisait sur cette partie comme elle aurait pu se faire sur le tout : *Pars aliqua indè sumebatur et in jus adferebatur ; et in eam partem perindè atque in totam rem præsentem fiebat vindicatio* (1). — Mais, est-ce qu'une clef représente un tas de blé, ou bien des tonneaux de vin ? — La clef n'est pas un symbole, elle n'est pas la représentation de la chose elle-même ; la délivrance des clefs n'est qu'un moyen de mettre la chose vendue à la disposition de l'acheteur. — Il en est autrement de la remise des clefs d'une ville à un souverain ou à un vainqueur. — C'est bien là une fiction, un symbole, — un signe de reddition ; mais on peut dire aussi que c'est l'acte de tradition de la ville entre les mains du souverain ou du vainqueur.

Voilà ce qui regarde la tradition, c'est-à-dire la remise de la possession, qui n'est autre, en Droit naturel, que la transmission de la propriété.

Nous allons voir maintenant un cas qui offre un mélange de tradition et d'occupation. — La volonté du maître transfère quelquefois la propriété, quoique cette volonté ne tombe pas sur une personne certaine et déterminée : c'est ce qui arrive, lorsque les Préteurs ou les Consuls jettent à la foule des pièces de monnaie. Le magistrat qui lance ainsi des pièces de monnaie dans la foule, entend bien que la propriété soit transférée à celui entre les mains duquel parviendra chacune de ces pièces, et il y a là une véri-

(1) Gaius, IV, § 17.

table tradition. — Mais il y a aussi de l'occupation dans cette acquisition de la propriété. Le magistrat ignore quels individus vont attraper ces pièces de monnaie, ces *missilia*, et ce que chacun doit en recueillir. Au moment où la chose est lancée dans l'espace, elle n'a plus de maître; celui-ci en a abdiqué la propriété, et c'est le premier occupant, c'est-à-dire le plus leste ou le plus adroit, qui va l'acquérir. — Il paraît que, chez les Romains, les Préteurs et les Consuls avaient ainsi l'habitude de jeter de l'argent au peuple, lorsqu'ils entraient en fonctions. — Et chez nous, il n'y a pas encore bien longtemps, on en faisait autant dans les fêtes, dans les réjouissances publiques. Mais on a fini par reconnaître les inconvénients et les abus de ce mode de procéder, et l'on fait aujourd'hui, ce qui vaut mieux, des distributions à domicile.

Il en est tout autrement des objets que, dans une tempête, on jette à la mer pour alléger un navire. On en conserve la propriété; car évidemment, si on les jette, ce n'est point parce qu'on n'en veut plus, mais parce qu'on veut échapper au naufrage. Aussi, lorsque ces objets sont échoués sur la plage, ou même trouvés dans la mer, celui qui les enlève pour en faire son profit commet un vol : *Quâ de causâ, si quis eas res fluctibus expulsas, vel etiam in ipso mari nactus,* LUCRANDI ANIMO *abstulerit, furtum committit.* — La raison de cette décision tient à l'intention du maître, qui n'a pas entendu renoncer à son droit de propriété, *quoniam non potest videri id pro derelicto habitum, quod salutis causâ interim dimissum est* (1).— La loi 8, au Digeste, *De lege Rhodiâ de jactu*, s'exprime en ces termes : *Qui levandæ navis gratiâ res aliquas projiciunt, non hanc mentem habent, ut eas pro derelicto habeant ; quippè si invenerint eas ablaturos ; et si suspicati fuerint, in quem locum ejectæ sunt, requisituros : ut perindè sint, ac si quis onere pressus, in viam rem abjecerit, mox cum aliis reversurus, ut eamdem auferret.* — S'emparer de ces choses ainsi jetées à la mer pour alléger un navire, c'est donc commettre un vol.

Toutefois, Ulpien propose à cet égard des distinctions : *Si jactum ex nave factum alius tulerit, an furti teneatur ? Quæstio in eo est an pro derelicto habitum sit* (2). — Si le maître, se trouvant dans un cas désespéré, sachant qu'il va périr, a jeté des objets à la mer, sans intention de les reprendre, celui qui trouvera ces objets en deviendra propriétaire. Si, au contraire, il les a jetés dans l'espoir de les retrouver plus tard, celui qui s'en est emparé devra les rendre. — Si l'inventeur était de mauvaise foi, c'est-à-dire s'il avait enlevé sciemment ces objets pour se les approprier, *animo furandi*, il serait tenu de l'*actio furti ;* si, au contraire, il s'était emparé de ces objets pour les conserver à leur maître, ou dans la pensée qu'ils avaient été tout simplement abah-

---

(1) L. 21, § 2 *in fine*, D., *De adq. vel amit. posses*
(2) L. 43, § II, D., *De furtis.*

donnés, il ne serait pas tenu de l'*actio furti*. — Mais
ce sont là des distinctions bien délicates, et bien
difficiles, pour ne pas dire impossibles, à établir.

Chez nous, c'est l'Ordonnance de 1681 *sur la Ma-
rine* qui régit en principe le sort des épaves maritimes
ou objets naufragés, qui ne sont point choses du crû de
la mer. La personne qui les trouve ou les pêche doit
les mettre en sûreté, et en faire la déclaration au
plus tard dans les vingt-quatre heures; puis, ces
objets doivent être proclamés dans les ports les plus
proches, à la diligence du ministère public. Le tiers
de ces effets doit être, immédiatement et sans frais,
délivré en espèces à ceux qui les ont trouvés ou pê-
chés; les deux autres tiers restent en dépôt, pour
être rendus au propriétaire qui viendrait les réclamer
dans l'an et jour de la proclamation. Mais aucune
réclamation n'est admise après ce délai, et dès lors
la propriété en est acquise au domaine de l'État,
sous la déduction des frais de justice. — C'est là une
décision équitable : celui qui trouve ou qui sauve
des marchandises jetées à la mer, doit en avoir une
part pour ses peines et soins, et pour les dangers
qu'il a pu courir; d'un autre côté, comme c'est pour
lui une bonne fortune, *quod fortuna dedit*, il ne doit
pas en avoir la totalité, mais seulement une portion.

Les choses jetées à la mer pour alléger un navire,
ajoute Justinien, peuvent être comparées à celles
qui, à l'insu du maître, tombent d'un char lancé
sur la route, *quæ de rhedâ currente, non intelligenti-*

bus dominis, cadunt. Seulement, dans ce dernier cas, l'objet tombe de la voiture à l'insu du propriétaire, c'est un objet perdu ; tandis que les choses qu'on jette à la mer dans une tempête, on les jette avec intention ; non pas avec l'intention d'en perdre la propriété, mais avec l'intention de se sauver soi-même, *salutis causâ.* Dans l'un et l'autre cas, il y a perte du *corpus*, mais conservation de l'*animus.* Cet objet tombé d'une voiture, on peut le ramasser pour le remettre au propriétaire, *sed non lucrandi animo;* et celui qui enlèverait un objet gisant à terre, une épave terrestre, dans l'intention de se l'approprier, commettrait un vol.

Sa culpabilité du moins serait-elle diminuée par ce fait, qu'il ne connaissait pas le maître de la chose, et pourrait-il invoquer en sa faveur cet adage populaire, que l'occasion fait le larron? — Quoi qu'en dise la loi 43, § 4, au Digeste, *De furtis*, nous n'hésitons pas à décider qu'il faudrait voir là une circonstance atténuante. Un pareil vol, d'ailleurs, est pour la société moins périlleux qu'un autre. Mais enfin, le vol n'en existe pas moins. Il ne faut pas confondre les choses perdues avec celles qui n'appartiennent à personne, ou qui ont été laissées *pro derelicto* par celui auquel elles appartenaient : *alia sanè causa est*, disait Justinien. Le maître qui a ainsi perdu sa chose n'a jamais eu l'*animus derelinquendi dominii;* ce n'est point une chose *nullius*, et dès lors elle ne saurait être acquise au moyen de l'occupation. Elle continuera donc d'appartenir à son ancien

maître, *hœc res domini permanebit ;* et ce maître con-
servera le droit de la revendiquer. Cette solution
r'pose sur la règle de Droit naturel qui n'admet
pas qu'une chose qui est à moi devienne la propriété
d'autrui sans mon fait : *Id quod nostrum est, sine facto
nostro, ad alium transferri non potest* (1).

Chez nous, celui qui trouve une chose perdue
doit la déposer entre les mains de l'autorité, qui
la fait vendre immédiatement quand il y a urgence,
sinon plus tard. — Si le propriétaire se fait connaître dans les trois ans, on lui remet la chose en
nature ou le prix de la vente ; sinon la remise en est
faite à l'inventeur (2). — Mais ce n'est qu'après
l'expiration de trente ans depuis qu'il a trouvé la
chose, que l'inventeur en devient propriétaire in-
commutable ; jusque-là, il n'a qu'une sorte de droit
de possession, dit M. Mourlon. D'où il suit qu'il
devrait restituer, soit la chose elle-même, soit le
prix, dans le cas où le propriétaire viendrait réclamer
avant l'expiration des trente ans. On peut donc dire
que c'est par l'effet de la prescription ordinaire,
qu'il en acquiert la propriété.

Si c'est le devoir de l'inventeur de faire les dili-
gences nécessaires pour découvrir le maître de la
chose perdue, et si le mieux, en pareil cas, est de
faire la remise de cette chose à l'autorité admini-

(1) L. 11, *De div. reg. jur. antiq.*

(2) Voir la décision du ministre des finances, en date du 3 août 1825,
relativement à une montre en or trouvée dans une rue de Versailles en
octobre 1821, par la dame veuve Lancesseur. *Duranton,* t. IV, n° 326.

strative ou judiciaire, il faut toutefois reconnaître qu'aucune loi ne lui impose rigoureusement l'obligation de remplir ces formalités, qui dépendent ainsi de son bon vouloir et de sa bonne foi. — Mais le propriétaire qui réclame sa chose, lui, est tenu rigoureusement de rembourser les frais qu'elle a pu occasionner, tels que les frais d'annonces, d'entretien, de réparation, ou de nourriture s'il s'agit d'un animal (Argument de l'art. 1375, C. N.). — Et l'on a eu raison de décider qu'il est également tenu de payer la récompense qu'il a promise publiquement, lorsque l'inventeur la réclame en lui représentant la chose perdue (Arg. des art. 1101 et 1134, C. N.).

DROIT FRANÇAIS.

—

DE L'OBLIGATION DE DONNER.

Les manières d'acquérir peuvent se diviser, comme nous l'avons déjà dit, en *originaires* et *dérivées*, suivant qu'elles servent à constituer la propriété sur des choses qui n'appartiennent à personne, ou à transmettre une propriété antérieurement acquise. —Toute acquisition originaire, par sa nature même, ne peut être qu'à titre particulier, tandis que les acquisitions dérivées sont à *titre particulier* ou à *titre universel*. — L'acquisition à titre universel est celle qui embrasse l'universalité ou une partie aliquote de l'universalité d'un patrimoine; elle a pour objet les biens d'une personne pris en masse, *per universitatem*. L'acquisition à titre particulier, au contraire, s'applique à un ou plusieurs biens déterminés, considérés isolément, comme *singulæ res*, et sans aucune corrélation avec l'universalité du patrimoine.

Et maintenant, quelles sont les manières d'acquérir que notre Code reconnaît? — L'article 711, qui ouvre le troisième livre du Code Napoléon, s'exprime en ces termes : « La propriété des biens s'acquiert et se transmet par succession, par donation entre-vifs ou testamentaire, et *par l'effet des obligations.* » Et l'article 712 ajoute : « La propriété s'acquiert aussi par accession ou incorporation, et par prescription. »

Cette énumération des différentes manières d'acquérir est-elle bien complète? — Faut-il admettre notamment que, dans notre Droit actuel, la propriété des choses qu'on appelle communément *res nullius,* ne s'acquiert pas, comme autrefois, par l'occupation? L'article 713 semblerait le décider ainsi, lorsqu'il attribue à l'État la propriété des biens qui n'ont pas de maître. — En outre, le projet du Code civil, après avoir énuméré différentes manières d'acquérir, avait formellement exclu l'occupation. Mais, la Cour d'appel de Paris ayant critiqué cette exclusion comme trop générale, la section de législation du Conseil d'État fit droit à ses observations. Aussi la disposition qui excluait tout droit d'occupation fut-elle supprimée, et l'on inséra dans le Code l'art. 714, qui consacre le droit d'occupation à l'égard des choses qui n'appartiennent à personne, comme l'air et l'eau courante. — Il faut remarquer ici la signification toute spéciale du mot *jouir :* il veut dire que chacun s'approprie les choses dont il prend possession. C'est dans le même sens, à peu près, que les articles 8 et 13 disent d'une personne qu'elle jouit des droits civils, pour indiquer que ces droits lui appartiennent. Le droit de jouir des choses qui n'appartiennent à personne est donc réellement le droit de les acquérir par occupation, peu importe d'ailleurs que cette acquisition soit soumise à des réglements de police ; car, en Droit romain, nul ne pouvait construire sur le rivage de la mer sans une autorisation spéciale (1), et néanmoins c'était par occupation que le constructeur acquérait la portion de rivage où il était venu s'établir (2).

L'occupation est encore une manière d'acquérir, lorsqu'elle s'applique aux animaux qui sont restés dans leur liberté naturelle. En déclarant que la chasse et la pêche sont réglées par des lois particulières, l'article 715 modifie le principe de l'article 713 ; car il reconnaît les droits que le chasseur ou le pêcheur acquiert, comme premier occupant, sur le gibier ou le poisson qu'il a pris.— L'acquisition d'un trésor (art. 716), de même que les droits sur les plantes et herbages qui croissent sur les rivages de la mer, résultent aussi d'une occupation réglée par des lois particulières (art. 717). — Les effets jetés à la mer pour alléger un navire, ceux qui ont été perdus ou égarés, ne sont point par cela seul des *res nullius*, en ce sens que celui auquel ils appartiennent peut les revendiquer, même contre un possesseur de bonne foi ; mais, à défaut de cette

(1) L. 50, D., *De adq. rer. dom.*
(2) L. 14, D., *De adq. rer. dom.*

revendication dans certains délais, la propriété de
ces objets est également régie par des lois particulières (art. 717). — Dans ces différentes circonstances, nous retrouvons le principe de l'occupation,
quoique l'application de ce principe soit modifiée par
les dispositions de la loi.

La loi elle-même n'attribue-t-elle pas directement
la propriété, soit à des particuliers, soit à l'État? —
On peut citer l'attribution que l'article 563 fait de
l'ancien lit d'une rivière qui a changé son cours, à
ceux aux dépens desquels s'est formé le nouveau lit.
De même, l'État acquiert en vertu de la loi, d'après
les articles 539 et 713, les biens vacants et sans maître. — Il est donc vrai de dire que la loi doit être
rangée aussi parmi les manières d'acquérir.

Quant à la tradition, bien qu'elle ne soit pas men-
tionnée non plus dans l'énumération faite par le législateur français, elle n'en est pas moins aussi, dans
quelques cas encore, une manière distincte d'acquérir la propriété. — C'est ainsi que dans les obligations de genre, la propriété ne saurait être transmise que par la tradition, qui seule *détermine* l'objet
dont la transmission s'opère. — On peut remarquer
aussi que la transmission de la propriété des meubles, dans le don manuel, ne peut également s'expliquer que par l'effet translatif de propriété résultant
de la tradition, lorsque cette tradition a eu lieu
animo transferendi dominii. — Il faut toutefois reconnaître que la tradition qui, au temps de Justinien,
était le mode général de transférer la propriété, ne

joue plus, chez nous, qu'un rôle très-effacé. —
Notre Droit moderne diffère de toutes les législations
antérieures par l'admission d'un principe nouveau,
savoir, que la propriété s'acquiert et se transmet *par
l'effet des obligations* (art. 711), en sorte que le *droit
réel* s'acquiert souvent en même temps et de la même
manière que le *droit personnel*. Il en résulte que les
obligations ont pu être considérées, dans notre Code,
sous le double rapport du droit personnel qu'elles
supposent toujours, et du droit réel qui en dérive
souvent d'après la législation actuelle. En vertu du
nouveau principe qui fait acquérir la propriété par
l'effet des obligations, celui qui veut acquérir un
objet *certain et déterminé*, l'acheteur, par exemple,
n'a plus besoin d'être mis en possession. La propriété lui est transférée par la force même de la convention, par le seul consentement des parties contractantes (art. 1138).

C'est ce nouveau principe que nous nous proposons d'examiner. Et pour cela, nous passerons
successivement en revue les articles 1138, 1140,
1141, 1583, 2108, 2279, 2280, 1690 du Code
Napoléon. En d'autres termes, nous voulons étudier l'obligation de donner, *obligatio dandi*. Le mot
donner a ici, comme en Droit romain, une signification technique; il exprime la translation de la propriété : *dare, id est rem accipientis facere* (1). —
Mais, avant d'entrer au cœur de notre sujet, il con-

(1) L. 1, D., *De reb. cred.*

vient de jeter un coup d'œil rétrospectif sur les législations antérieures.

Coup d'œil sur la transmission de la propriété avant le Code Napoléon.

En Droit romain, le consentement n'était pas suffisant pour transférer la propriété ; il fallait de plus la tradition. Le domaine des choses ne pouvait s'acquérir que par la mise en possession de l'acquéreur, et les obligations n'engendraient jamais qu'un droit de créance. — La vente était bien parfaite sans tradition, en ce sens qu'elle produisait un lien de droit, une obligation de livrer la chose. Mais cette obligation ne permettait pas à l'acquéreur d'agir par la *rei vindicatio*, comme propriétaire de la chose vendue. Le véritable propriétaire, avant la tradition, c'était le vendeur. D'où cette conséquence, que lorsque le même objet était vendu par le même maître à deux individus successivement, on donnait la préférence à celui qui le premier avait été mis en possession. — Le Code Napoléon a suivi un système opposé, et dont les conséquences donnent au Droit français une physionomie toute particulière. Il attribue à l'*obligation de donner* la force de transférer la propriété.

Déjà, chez les Romains, la métaphysique du Droit avait fait comprendre que le contact n'est pas la seule manière dont l'homme puisse se saisir de la matière ; les jurisconsultes concevaient que, pour posséder une chose, pour la détenir, il n'est pas nécessaire de la toucher, et ils étaient bien près de reconnaître qu'il suffit de la dominer par sa volonté, et de pouvoir étendre jusqu'à elle la puissance morale de disposer. Néanmoins, ils n'étaient pas encore arrivés jusque-là, et ils voulaient qu'à la volonté se joignît un fait matériel qui saisît, pour ainsi dire, la chose, et lui imprimât en quelque sorte le cachet physique de l'homme. D'après les idées de ces jurisconsultes, l'abstraction demeure impuissante, si elle ne revêt une forme corporelle. Il faut encore qu'à la pensée se réunisse l'action. A la vérité, il ne sera pas nécessaire d'aller sur les lieux et de les fouler aux pieds ; un coup d'œil qui embrassera la chose équivaudra à une main-mise. Mais enfin, l'intention n'avait d'efficacité, dans la théorie du Droit romain, qu'autant qu'elle était accompagnée d'un acte extérieur, manuel ou autre, qui servait d'exécution à la pensée.

Chez nous, cet acte physique est rejeté comme inutile ; l'intention est considérée comme ayant la même énergie que l'acte lui-même. La volonté, positivement exprimée, de déplacer la propriété et de l'acquérir, n'a pas besoin de la prise de possession, pour opérer la substitution d'une personne à une autre. Là où cette volonté a, par elle-même, assez de puissance pour abdiquer la propriété, la logique veut qu'elle suffise pour l'acquérir. L'*animus* ici supplée donc au *corpus*, ou, pour mieux dire, cette in-

tention est ell.. ..me un fait moral, investi d'une
vertu d'exécut on.—Tout ce qu'on peut dire, c'est
que, par l'imperfection de quelques détails, les rédacteurs de notre Code y ont laissé des contradictions
fâcheuses, qui jettent du trouble dans l'ensemble.
Mais, au fond, le système existe ; il est écrit en caractères sensibles dans plusieurs articles. C'est là une
importante et profonde modification.

Comme le Droit romain primitif, l'ancien Droit
germanique offrait le cortége des solennités sacramentelles et du matérialisme propre aux civilisations
naissantes. La prise de possession devait s'ajouter
nécessairement au contrat pour transmettre la propriété. Lorsqu'un peuple est encore dans l'enfance,
le législateur est obligé de frapper les sens grossiers
de l'homme par des rites symboliques et des formes
palpables, qui gravent dans sa pensée les actes de la
vie civile. Le Droit n'est alors qu'une sorte de drame,
où chaque contrat s'exprime par des solennités mi-
miques et des emblèmes. Les formules du temps
nous ont conservé la pantomime du gazon livré à
l'acheteur de la terre, celle de la branche d'arbre,
du bâton ou du glaive remis entre ses mains, en présence des Rachimbourgs ou *boni homines*, qui sont
là pour constater cette substitution effective d'un
maître à un autre maître réellement ensaisiné. Tel
est l'esprit formaliste qui se révèle dans tous les actes
de cette époque, ainsi qu'on peut le voir dans les
Formules de Marculfe et surtout dans celles de

Lindenbrog, dans le *Glossaire* de Du Cange et dans
les *Capitulaires des rois de France* de Baluze.

Le Régime féodal vint donner à ces idées une force
plus grande encore et plus complétement organisée.
La propriété, comme on sait, était la base fondamentale du régime féodal, qui la constitua sur la
mesure de ses besoins. *Nulle terre sans seigneur*, tel
est l'adage autour duquel gravite tout le système.
Les seigneurs sont propriétaires originaires de toutes
les terres situées dans leur souveraineté, et les vas-
saux ne les tiennent d'eux que par concession. Il suit
de là que le fief ne pouvait être transmis par le vas-
sal à une autre personne que du consentement et
par l'autorité du seigneur dominant de qui il éma-
nait. Il fallait que le précédent propriétaire se des-
saisît de la chose et la remît au suzerain, lequel en
donnait ensuite l'investiture au nouveau propriétaire
et le mettait en possession. La chose était censée remonter vers le seigneur, source de la propriété, et
qui amenait les parties devant lui, afin qu'il dévêtit
l'un pour ensaisiner l'autre. C'est ce qu'on appelait
le *vest* et le *devest*, ou bien encore *dessaisine-saisine*,
deshéritance-adhéritance, *devoirs de loi*, autant d'expressions à peu près synonymes. — On peut voir sur
tout cela Beaumanoir, et surtout la magnifique
étude de Klimrath sur les saisines. — La possession
réelle d'an et jour, appuyée sur cette saisine légitime, constitue le domaine d'une manière inébran-

lable, à tel point que le vendeur lui-même ne peut plus, le délai passé, réc⋯mer légalement le prix de la chose vendue.

Cette théorie, empreinte d'une énergie remarquable, et qui prend son origine dans les institutions germaniques, se modifie ensuite, à mesure qu'on avance dans l'histoire. La propriété, en quelque sorte oppressée sous le poids de ces entraves, fit tous ses efforts pour les briser : c'est de Paris que partit l'initiative, et l'ensaisinement ne tarda pas à tomber en désuétude dans la plupart des provinces. On laissa ce Droit féodal et formaliste aux habitudes de quelques pays, connus sous le nom de *pays de nantissement*, et les auteurs coutumiers, secondant ce mouvement, proclamèrent à l'envi : *Nul ne prend saisine qui ne veut*. La propriété vendue, donnée, échangée, fut considérée comme acquise du jour de la prise de possession, avant l'accomplissement de l'investiture. Tout l'effort de la jurisprudence fut de secouer le joug du vieux Droit national, et de se modeler sur le Droit de Justinien. Dans cette réaction contre le formalisme du moyen âge, on dédaigna le côté utile du *vest* et du *dévest* pour n'y voir que les solennités gênantes, et, comme en Droit romain, on se contenta de la tradition.

Quant au souci de donner aux tiers des avertissements spéciaux pour consolider la propriété transférée, quant à la publicité, on n'y attribua qu'une médiocre importance. Bien plus, on affaiblit la publicité de la tradition au lieu de la développer ; on alla jusqu'à admettre des traditions feintes. On finit par se contenter de la clause de *constitut* ou *précaire*, au moyen de laquelle le vendeur consentait à posséder la chose, non plus pour lui-même, mais pour l'acheteur ; et, par cette simple clause, tout à fait inconnue des tiers, tout aussi inconnue que la convention même de transférer la propriété, l'acheteur devenait propriétaire à l'égard de tout le monde. Au lieu de diminuer la solennité de la tradition, il aurait fallu, au contraire, la rendre plus éclatante, si l'on avait voulu favoriser le crédit. Mais la tradition n'en eût pas moins été un moyen insuffisant.

Sans doute, la tradition apparaît tout d'abord comme le mode le plus naturel de transmettre la propriété. Mais ce moyen, suffisant peut-être pour la propriété mobilière, qui n'a pas d'assiette fixe et pour laquelle la possession actuelle est tout, ce moyen, le plus commode assurément et qu'il serait impossible de remplacer dans les besoins journaliers de la vie, est insuffisant par lui-même pour constituer aux yeux de tous la propriété du sol, de manière à éviter les surprises. — Quelle sera l'époque précise où cette tradition, cette remise de la chose, frappera le public, si elle ne s'annonce pas par quelque signe éclatant ? — La possession est quelque chose de matériel, dira-t-on ; oui, sans doute. La possession est bien de nature à se révéler un jour ; mais, au moment où elle prend naissance, elle n'est pas encore publique. Elle ne peut le devenir que par l'effet du temps ; et ce qu'il importe surtout de notifier à la société, pour l'admettre comme partie au contrat, c'est l'instant précis où la remise translative aura lieu. — Mais, ce qui doit ici nous intéresser, n'est pas tant de rechercher si les docteurs français ont ou non commis des erreurs, que de résumer le système tel qu'ils l'entendaient. Bien des erreurs, admises par notre ancienne jurisprudence, ont été relevées ; mais ces erreurs n'en ont pas moins servi de fondement à notre Code civil. En sorte que c'est moins le Droit romain en lui-même que le Droit des docteurs qu'il faut étudier avec soin, si l'on veut bien saisir la pensée intime de nos modernes législateurs.

Pothier, dont l'influence fut immense, il faut le reconnaître, sur les lois qui nous régissent, avait adopté complétement le système de Justinien. La tradition transportait au regard de tous le domaine absolu, et la société était tenue de respecter le droit réel désormais fixé sur la tête du nouveau titulaire. Mais aussi, tant que la tradition n'avait pas eu lieu, le stipulant n'avait, *par la convention*, acquis qu'un droit de créance contre telle personne déterminée ; il n'était pas encore investi du *jus in re*. Le vendeur restait toujours propriétaire de la chose jusqu'à la tradition, et par conséquent un second acheteur, mis en possession réelle, était préféré au premier acheteur, auquel la tradition n'avait pas été faite,

bien que le titre de ce dernier fût antérieur au titre
de son adversaire. — Cette théorie avait sa base dans
une foule de textes du Droit romain, mais spécialement dans la loi 20, au Code, *De pactis*, dont on
ne saurait trop rappeler les termes : *Traditionibus et
usucapionibus dominia rerum, non nudis pactis trans-
feruntur.*

La plupart des interprètes du Code Napoléon ont
pris cette théorie de Pothier pour l'expression la
plus exacte du système de transmission admis par
l'ancienne jurisprudence. Partant de là, ils sont arrivés à voir dans notre Droit actuel des modifications profondes et l'on peut dire radicales à l'état de
choses préexistant. — Nous pensons, au contraire,
qu'il ne faut pas regarder la théorie de Pothier comme
l'expression de ce qui se passait dans la pratique
des affaires au moment de la Révolution, ou tout au
moins qu'il ne faut l'accepter qu'avec des restrictions. — Sans doute, la tradition resta la base
fondamentale du système ; mais comment cette
tradition, à laquelle étaient attachés des effets si
importants, s'entendait-elle dans la pratique ? Fal-
lait-il une remise matérielle de la chose ? Pour
être considéré comme propriétaire au regard des
tiers, la prise de possession était-elle indispensable ?
Nullement. La théorie de la tradition s'est peu à
peu réduite à une subtilité par l'introduction des
possessions civiles qui peuvent s'accomplir par
voie feinte, « au moyen de quoi, dit Ricard, la tra-

dition ne servit plus, dans la plupart des coutumes, qu'à grossir les clauses d'un contrat, et ne dépendit plus que du style des notaires (1). »

Écoutons maintenant Argou, qui résume les idées de son temps avec la netteté qu'on lui connaît, soit qu'il s'agisse de la transmission des meubles, soit qu'il s'agisse de la transmission des immeubles. « L'acquéreur, *en matière de meubles*, n'a qu'une action personnelle contre le vendeur pour l'obliger à lui livrer la chose vendue, le simple consentement ne donnant pas la propriété à l'acquéreur, s'il n'est suivi d'une tradition réelle. — Il en était de même par le Droit romain *en matière d'immeubles*. Mais comme, parmi nous, on met toujours une clause dans les contrats de vente, par laquelle le vendeur se dépouille et se démet de la propriété et de la possession de la chose vendue pour en saisir l'acquéreur, *ce qu'on appelle tradition feinte*, dès le moment que le contrat est parfait et accompli, tous les droits qui appartiennent au vendeur passent en la personne de l'acquéreur, de sorte que si le vendeur était propriétaire, l'acquéreur devient aussi propriétaire (2). » — Ainsi il est évident que la tradition réelle ne jouait plus qu'un rôle bien secondaire dans la vente des immeubles. Dès qu'on admet que l'acte de vente peut renfermer une convention valant tradition de la propriété *ergà omnes*, que devient la loi *Quoties* en ce qui touche les immeubles?

(1) *Des Donations*, n° 001.
(2) Argou, *Institutes*, livre III, chap. 23

Passons à Bourjon (1). — « Entre deux acquéreurs, l'authenticité du titre l'emporte. C'est droit
acquis à l'un que le droit de l'autre n'a pu affaiblir. »
— Et remarquons bien que la tradition réelle est ici
sans objet. « S'il y avait, ajoute-t-il, deux acquéreurs, l'autorité du titre, lorsqu'il est authentique,
doit entre eux l'emporter *sur la prise de possession.*
Mais si ni l'un ni l'autre n'avait titre authentique,
la possession déciderait, suivant la loi 9, § 4, au
Digeste, *De publiciand in rem actione*, et la loi *Quoties*, au Code, *De rei vindicatione*. » — Et l'une des
règles des *Institutes Coutumières* de Loysel disait :
« Dessaisine et saisine faite en présence de notaires
et de témoins vaut et équipolle à tradition et délivrance de possession. »

Telle était la théorie suivie dans la pratique au
moment de la Révolution. Peu importe qu'elle s'éloigne des idées de Pothier. Le point capital est de savoir si les rédacteurs du Code Napoléon l'entendaient
ainsi. Or, cette question ne peut être un instant douteuse, comme nous le verrons bientôt. — Ainsi,
l'acte authentique renfermant toujours une clause de
délivrance, constituait à lui seul ce qu'on appelait
la *solennité de la tradition.* Restée intacte en ce qui
concerne les meubles, la loi *Quoties* avait subi une
modification profonde en ce qui touche la transmission des immeubles. Il est donc faux de dire et de
répéter, sur la foi de presque tous les jurisconsultes

(1) Liv. III, chap. 2.

modernes, que dans l'ancienne jurisprudence française la tradition *réelle*, au cas de doubles ventes, était nécessaire pour consommer l'aliénation au regard des tiers. Cela a subsisté longtemps, à la vérité, mais le système avait fini par se modifier.

Il faut avouer que ce système est bien loin de répondre à la notion du droit de propriété, qui doit toujours s'annoncer aux yeux des tiers.—Le spiritualisme y domine, quoiqu'il cherche à se dissimuler derrière ces traditions douteuses que ne révèle aucun acte solennel capable de frapper le public. C'est un ensemble de demi-mesures qui veulent atteindre deux buts, et qui les manquent tous deux. On sent bien que la pensée seule ne suffit pas à la constitution du domaine *adversùs omnes*, et, à cet égard, on est dans le vrai ; mais on craint en même temps de gêner le commerce par des formes publiques, et, cette idée l'emportant, la législation de cette époque est plus défectueuse que toutes celles qui l'ont précédée. —Sans doute, c'est un problème difficile à résoudre, que celui de rechercher les moyens qui porteront les droits absolus à la connaissance de tous. Car si, d'un côté, le *jus in re* ne doit pas rester dans l'ombre, s'il doit, au contraire, se produire au grand jour, il y a d'autre part un écueil qu'il faut savoir éviter. La publicité entraîne avec elle le formalisme, et le formalisme est gênant dans les transactions humaines. La meilleure théorie sera donc celle qui tout à la : is constituera le *jus in re* de manière à prévenir les surprises, et qui pourtant n'entravera

pas le commerce par un luxe de formalités gênantes.
— Telle est la base fondamentale de la théorie de la
transmission du domaine.

Nous savons comment les Romains avaient orga-
nisé cette transmission dans le premier état de leur
Droit, et comment leur système s'était modifié dans
la suite des temps. Nous avons vu le Droit germanique et le moyen âge reproduire à peu près les formes
symboliques du vieux Droit romain, puis les docteurs revenir à la théorie de Justinien qui est encore
celle de Pothier. La plupart même n'exigent plus la
tradition *réelle*, mais une tradition *feinte*, une simple clause insérée dans le contrat, pour déplacer la
propriété, et la faire passer d'une tête sur une autre
tête. Dans notre opinion, cette théorie de la transmission du domaine a longtemps marché à reculons,
bien différente en cela d'une foule d'institutions qui
se sont développées au contact des siècles. — Mais il
était réservé à la Révolution française de produire
une idée qui finira par changer la face d'une partie
notable du Droit dans les sociétés modernes. Je veux
parler de la transcription.

Cependant tout n'était pas à refaire dans un passé
plein d'erreurs. On pouvait mettre à profit l'expérience des siècles. Aussi les réformes ne furent-elles
que partielles. Et d'abord, en ce qui touche la propriété mobilière, la tradition avait suffi, dans tous
les temps, pour la constituer, sauf quelques rares

exceptions. Ainsi, en Droit romain, les meubles qui étaient considérés comme choses *mancipi* ne pouvaient s'acquérir par la tradition. De même, sous le système des saisines, au moyen âge, la tradition réelle suffisait bien pour transmettre un meuble en particulier; mais pour les universalités de meubles, il fallait l'investiture, l'ensaisinement. Sauf ces exceptions, la tradition avait toujours été considérée comme le mode général de transférer la propriété mobilière. La nature des meubles, leur circulation rapide dans le commerce, les besoins journaliers de la vie, tout se réunissait pour consacrer à leur égard ce qui existait déjà. La tradition fut donc conservée, comme elle devait l'être.

La Révolution laissa donc la propriété mobilière ce qu'elle était dans l'ancienne jurisprudence française, et ses vues se portèrent vers la propriété immobilière. Il y avait là beaucoup à faire. Des plaintes s'étaient élevées de tous côtés contre le système de clandestinité et de généralité qui régissait la matière hypothécaire. Il fallait porter un prompt remède à un mal évidemment réel ; car c'est surtout pour les hypothèques que la publicité est utile. — Ce fut l'œuvre de la loi du 11 brumaire an VII. — Reconstituer le crédit, tel est le but de cette loi. Pour cela, il faut ramener la confiance, et pour ramener la confiance, il faut prendre des mesures capables de rassurer le public. A la place de la clandestinité, surgit la publicité ; à la place de la généralité, paraît la spécialité. La publicité et la spécialité de l'hypothèque, se prêtant un mutuel appui, vont former la base du nouveau système.—Le moyen d'exécution consistera dans des registres que le public pourra consulter à sa volonté, et qui présenteront le bilan de la propriété immobilière.

Jusqu'à présent, la propriété n'apparaît pas encore soumise à la publicité, mais le système y conduit forcément. D'une part, en effet, comment comprendre un système hypothécaire public, si la propriété elle-même n'est pas publique? — D'autre part, l'aliénateur a pu retenir quelque chose de la propriété. Le prix n'est peut-être pas encore payé. Il faut bien dire au public, qui a le plus grand intérêt à le savoir, en quoi consistent les rétentions faites par l'aliénateur; car celui qui m'offrira une hypothèque sur cet immeuble, n'a peut-être qu'un domaine révocable. Peut-être même n'est-il pas propriétaire. Il faut bien que la loi me mette à même de m'éclairer, et elle ne peut le faire que par la publication des titres qui ont pour objet la constitution du domaine, c'est-à-dire par la *transcription*. — Autrement, je me trouve exposé aux fraudes de toute espèce, aux stellionats; je suis contraint de suivre la foi de celui avec lequel je contracte, c'est-à-dire de l'homme intéressé à me tromper. De là une réserve prudente, de là la défiance, et par conséquent la perte du crédit foncier.

Les rédacteurs de la loi de brumaire l'ont bien senti. Aussi décidèrent-ils, dans les articles **26** et suivants de cette loi, que le *jus in re* ne serait constitué *ergà omnes*, que par la notification du contrat à la société tout entière, c'est-à-dire par la transcription. — A la place d'une tradition, d'une possession toujours douteuse dans son principe, et qui n'établit qu'une ligne de démarcation occulte et insaisissable, on substitue un signe public, bien autrement puissant pour frapper les regards de tous. — C'est là, il faut le reconnaître, un progrès immense dans la science du Droit. La théorie ancienne a subi des modifications profondes dans la partie la plus importante, mais seulement en ce qui concerne les biens susceptibles d'hypothèques. La transcription des contrats qui ont pour but la mutation de ces sortes de biens, est le seul moyen de transférer le domaine absolu.

En résumé, sous l'empire de la loi du 11 brumaire an VII, la tradition est toujours nécessaire et suffit pour transporter *ergà omnes* la propriété des meubles corporels et individuels. — Quant aux immeubles susceptibles d'hypothèques, la tradition feinte suffit bien encore pour en transporter la propriété, mais *inter partes* seulement. Pour que la translation de propriété soit valable vis-à-vis des tiers, il faut désormais que l'acte d'aliénation soit transcrit au bureau des hypothèques, où tout le monde a le droit d'en prendre connaissance. Dès lors plus de surprises, plus d'inquiétudes. De même que les personnes ont leurs actes de l'état civil, la propriété aura ses registres; et rien ne sera plus facile que de s'assurer si tel immeuble qu'on veut acheter appartient réelle-

ment au vendeur qui se présente comme propriétaire. — Voici, du reste, le texte de cet article 26,
qui est venu jeter dans le Droit cette idée féconde de
la transcription, idée qui sera plus tard étendue par
la loi du 23 mars 1855, mais qui n'a pas encore
atteint, nous le pensons, son entier développement :
« Les actes translatifs de biens et droits susceptibles
d'hypothèques doivent être transcrits sur les registres du bureau de la conservation dés hypothèques,
dans l'arrondissement duquel les biens sont situés.
— Jusque-là ils ne peuvent être opposés aux tiers
qui auraient contracté avec le vendeur, et qui se seraient conformés aux dispositions de la présente. »
Entre deux acquéreurs successifs d'un même immeuble susceptible d'hypothèques, dont l'un a fait
transcrire, et dont l'autre a été mis en possession
réelle de la chose, le premier doit l'emporter sur
l'autre, et cela sans qu'on ait égard à la date des
contrats, qui par eux-mêmes ne donnent naissance
qu'à un droit relatif et non pas à un droit absolu. —
Le droit de propriété ne commençant à reposer sur la
tête de l'acquéreur qu'à partir de la transcription,
l'aliénateur reste propriétaire aux yeux du public jusqu'à l'accomplissement de la formalité. — D'où il
suit que les droits réels constitués par lui dans le
temps intermédiaire doivent être respectés, mais
qu'au contraire les *jura in re* consentis par l'acquéreur, depuis le contrat jusqu'à la transcription, ne peuvent obliger le public. En effet, l'acquéreur, n'ayant jusque-là qu'un droit relatif, ne peut

transmettre un droit ou fraction d'un droit absolu qu'il n'a pas encore. — La transcription saisit l'immeuble tel qu'il est, avec les charges antérieures qui peuvent le grever, et le droit exclusif de propriété avec toutes ses conséquences ne commence à se produire pour l'acquéreur et ses ayant-cause, qu'à partir de l'accomplissement de la formalité translative. — Telle est, à ce sujet, la teneur de l'article 28 de la loi de brumaire an VII : « La transcription prescrite par l'article 26 transmet à l'acquéreur les droits que le vendeur avait à la propriété de l'immeuble, mais avec les dettes et hypothèques dont cet immeuble est grevé. »

Notons, en finissant, que ces dispositions s'appliquent à toutes les aliénations, qu'elles soient à titre onéreux ou à titre gratuit, qu'il s'agisse d'une vente ou d'une donation.

Telles sont les bases générales de la loi du 11 brumaire an VII. Elle offre des lacunes, sans doute, mais tous les points touchés l'ont été de main de maître, et le système de transmission qu'elle consacre satisfait la raison. Il est bien supérieur à tous ceux qui l'ont précédé. — Nous avons maintenant à voir le Code Napoléon, et à rechercher, au milieu des nuages qui l'enveloppent, la pensée de notre législateur moderne.

DE LA TRANSMISSION DE LA PROPRIÉTÉ ENTRE LES PARTIES, D'APRÈS LE CODE NAPOLÉON.

Notre ancienne jurisprudence avait admis, *en principe*, la doctrine du Droit romain touchant la translation de la propriété ; mais , *en fait*, nous le savons, elle modifiait singulièrement cette doctrine, en admettant une tradition feinte, que les parties pouvaient toujours opérer à leur gré. Ainsi, en vous vendant ma maison pour ne vous la livrer que dans trois mois, je suppose, je déclarais m'en dessaisir de droit à l'instant et ne la posséder désormais qu'en votre nom. Cette déclaration, appelée clause de *constitut*, de *précaire*, ou de *dessaisine-saisine*, vous transférait immédiatement la propriété, quoique la tradition ne dût se faire qu'à l'expiration des trois mois. On voit donc que, tout en conservant l'idée que la propriété ne se transmet que par la tradition , l'ancienne jurisprudence permettait aux parties de la transférer, quand il leur plairait, par la seule force de leur volonté. Du moment qu'on admettait que le simple consentement transfère la propriété, quand les parties déclarent le vouloir, il était tout simple d'arriver à dire qu'il la transmettrait toujours. Le Code Napoléon n'a donc fait, en quelque sorte, que consacrer législativement un état de choses préexistant, mais en le perfectionnant. La loi a voulu évi-

ter aux parties la peine d'écrire dans les actes d'aliénation cette clause de *dessaisine-saisine*, qui était
devenue de style; elle la supplée dans tous les contrats qui ont pour but de transférer la propriété, à
titre gratuit ou à titre onéreux (art. 938, 1138,
1583), de sorte qu'aujourd'hui la propriété de toutes
choses, meubles ou immeubles, se transmet par le
seul effet du consentement, au moins entre les parties. Et les rédacteurs de notre Code ont pu, comme
on voit, adopter cette idée sans se croire des nova-
teurs : ils n'ont donc pas entendu créer un système
nouveau, mais étendre et compléter le système introduit avant eux.

Écoutons à cet égard les paroles de Portalis, la
plus belle intelligence philosophique du Conseil
d'État : « Dans les premiers âges, il fallait *tradition
et occupation corporelle* pour consommer un transport
de propriété. Nous trouvons dans la jurisprudence
romaine une multitude de règles et de subtilités qui
dérivent de ces premières idées. Dans les principes
de notre Droit français, le contrat suffit, et ces principes sont à la fois plus conformes à la raison et plus
favorables à la société. Notre système rend possible
ce qui ne le serait souvent pas, si la *tradition matérielle* d'une chose vendue était nécessaire pour rendre
la vente parfaite. Par la seule expression de notre
volonté, nous acquérons pour nous-mêmes, et nous
transportons à autrui toutes les choses qui peuvent
être l'objet de nos conventions. Il s'opère par le contrat une sorte de *tradition civile* qui consomme le

transport du droit, et qui nous donne action pour forcer la *tradition réelle* de la chose et le paiement du prix. Ainsi la volonté de l'homme, aidée de toute la puissance de la loi, franchit toutes les distances, surmonte tous les obstacles, et devient présente partout, comme la loi même. »

L'article 711 du Code Napoléon nous avait appris déjà que « la propriété des biens s'acquiert et se transmet par l'*effet des obligations.* »—L'article 1138 du même Code dit à son tour que « l'obligation de livrer la chose est parfaite par le *seul consentement* des parties contractantes. » — Que veut dire ici le législateur, quand il déclare que l'obligation de li-vrer est *parfaite* par le seul consentement? Faut-il entendre, avec presque tous les interprètes, Delvin-court, Toullier, Duranton, Zachariæ, Demante, que le consentement suffit pour que cette obligation soit régulièrement formée? Mais alors, on parle pour ne rien dire ; car il n'est pas une seule obligation qui ne soit dans le même cas. — Non, on n'a pas voulu dire que le consentement suffit pour *former* l'obligation de livrer la chose ; mais on a entendu que ce consen-tement suffirait désormais pour *consommer* l'obliga-tion, pour lui faire produire immédiatement son effet. Cette première partie de l'article 1138 ne sau-rait signifier autre chose sinon que, par le seul con-sentement et à l'instant même, l'obligation se trouve accomplie en droit, sauf à être plus tard exécutée en fait ; il exprime enfin cette idée, indiquée plus haut, que le seul consentement de livrer produit la

tradition feinte par laquelle se transfère la propriété.
— Ainsi, c'est parce que le consentement rend l'obligation de livrer parfaite, c'est-à-dire consommée et fictivement accomplie, que la propriété se transmet immédiatement; c'est parce que le consentement contient en soi la tradition feinte, qu'il n'est pas besoin de tradition réelle. — Le législateur n'eût-il pas mieux fait de dire tout simplement que la convention même de donner, c'est-à-dire le simple accord des volontés, transfère la propriété dès l'instant même et sans tradition?

Le sens que nous venons d'attribuer à la première partie de l'article 1138 devient plus évident encore, quand on en rapproche les articles 938 et 1583. — D'après le premier de ces articles, « La donation dûment acceptée sera *parfaite* par le seul consentement des parties; et la propriété des objets donnés sera transférée au donataire, sans qu'il soit besoin d'*autre tradition.* » — L'idée qui ressort de cet article ne saurait être douteuse; il signifie que, lorsque la donation a été revêtue des formalités prescrites, le consentement des parties suffit pour transférer au donataire la propriété des objets donnés, sans qu'il soit besoin d'autre tradition *que celle qui résulte du consentement.* Ces derniers mots se trouvaient même dans le projet; et ils n'ont été retranchés dans la rédaction définitive, que parce qu'ils formaient pléonasme avec le commencement de l'article. — Ainsi, l'on considère ici le consentement comme opérant au profit du donataire la *tradition feinte* dont nous parlions tout à l'heure ; il est donc bien naturel de supposer que l'article 1138, qui est rédigé dans des termes analogues, a voulu exprimer la même idée. —L'article 1583, au titre de la vente, conduit à la même solution.—Et maintenant, s'il pouvait rester encore un seul doute sur le sens que les rédacteurs ont attaché à ces termes de *vente parfaite*, *donation parfaite*, *obligation parfaite*, il serait levé par les explications que ces rédacteurs eux-mêmes ont données devant le Corps législatif.— Bigot-Préameneu, l'un d'eux, disait sur notre article 1138 : « C'est le consentement qui rend parfaite l'obligation de livrer la chose. Il n'est donc pas besoin de *tradition réelle* pour que le créancier, c'est-à-dire le donataire ou l'acheteur, soit considéré comme propriétaire. Ce n'est plus alors un simple droit à la chose, un *jus ad rem*, qu'a le créancier; c'est un droit de propriété, un *jus in re*. Si donc elle périt par force majeure ou par cas fortuit, la perte est pour ce créancier, suivant la règle *res perit domino*. »

Quand aucune stipulation particulière n'est intervenue relativement à l'époque où la livraison doit se faire, il est clair que la propriété se trouve transférée dès le jour même du contrat.—Mais, lorsqu'il a été convenu entre les parties que la chose ne serait livrée qu'après un certain délai, on pourrait bien croire qu'il en est autrement, d'après ces mots de l'article 1138 : « Elle rend le créancier propriétaire et met la chose à ses risques *dès l'instant où elle a dû être livrée*. »—Il semble bien résulter de là que c'est seulement à partir de l'époque fixée pour la livraison, que l'acquéreur deviendra propriétaire. Cependant il faut décider que, même dans ce cas, la translation de propriété a lieu du jour du contrat. Cette phrase de l'article 1138 signifie *dès l'instant où la tradition feinte a dû se faire*, c'est-à-dire dès que la convention a été formée.

La loi veut dire que la tradition civile ou feinte, d'où résulte la mutation de propriété, a lieu à partir du moment que les parties ont fixé. Ce moment, lorsqu'elles n'ont pas expressément dit le contraire, est le moment même du contrat; et il en est ainsi, alors même qu'il s'agit d'une *obligation à terme*. Le terme ne suspend point les effets que le contrat doit produire; il n'en suspend que l'exécution (art. 1185). Ainsi, lorsqu'en vous vendant ma maison, je me réserve le droit de l'habiter encore pendant un an, vous, acheteur, vous en êtes propriétaire dès le jour du contrat, quoique je ne doive pourtant vous la livrer que dans un an. Vous en êtes propriétaire *hic et nunc;* seulement, vous ne pouvez pas exercer dès à présent le droit que vous avez acquis. Ce n'est qu'à l'expiration du terme que vous pourrez revendiquer votre maison, et me forcer de vous la livrer. — Toutefois, les parties sont libres de reculer, par une *clause expresse*, la mutation de propriété jusqu'à l'échéance du terme; cette convention n'a rien de contraire à l'ordre public, et la loi ne la prohibe pas. Ainsi, je puis, dès à présent, vous vendre ma maison et stipuler que j'en resterai propriétaire encore pendant une année. Dans ce cas-là, la tradition fictive ne sera réputée accomplie qu'à l'échéance du terme, parce que les parties l'ont ainsi voulu.

Mais, en laissant de côté les subtilités des rédacteurs de notre Code, il n'est pas moins certain, il n'est pas moins évident, qu'aujourd'hui la propriété se transfère, entre les parties, par le seul effet du consentement, et sans aucune nécessité de tradition. — De même que, dans les successions, la loi, par la fiction de la saisine, attribue de plein droit à l'héritier la propriété des choses héréditaires; de même, dans les conventions, elle reconnaît à la volonté des parties la puissance de faire passer la propriété d'une tête sur une autre. Ainsi donc, la vente n'est plus un contrat produisant un simple *jus ad rem*, comme l'enseignaient chez les Romains le jurisconsulte Paul et chez nous le judicieux Pothier; elle engendre le *jus in re*, c'est-à-dire qu'elle rend l'acheteur *hic et nunc* propriétaire, et qu'elle place son droit sous la sauvegarde de l'action en revendication. La translation de propriété est, de même que l'obligation, un effet direct et immédiat de la convention, de sorte que l'acheteur devient tout à la fois, et dans le même temps, *créancier* et *propriétaire* de la chose vendue.

Il peut donc conclure à la délivrance de la chose vendue en sa double qualité de créancier et de propriétaire; ce qui fait que son action est *mixte*, et par conséquent susceptible d'être portée, à son choix, soit devant le tribunal du domicile du vendeur, soit devant le tribunal de la situation de l'objet

16

litigieux, *si cet objet est un immeuble.* Car les meubles, pouvant être déplacés d'un instant à l'autre, étant essentiellement ambulatoires, n'ont par eux-mêmes aucune situation, aucune assiette, aucun siége fixe d'où la loi puisse faire dépendre un règlement de compétence ; ils ont toujours pour situation fictive, pour situation légale, le domicile de celui qui les possède. Ce ne sont pas seulement les matières personnelles, ce sont aussi toutes les matières réelles n'ayant pas pour objet un immeuble, qui doivent être portées devant le tribunal du domicile du défendeur.

Mais ce n'est pas la délivrance qui opère la mutation de propriété ; elle n'a d'autre effet que de mettre l'acheteur à même de se servir de l'objet, de l'employer à l'usage auquel il le destinait, en un mot, d'en disposer. — Ce qui rend le créancier propriétaire, ce n'est donc pas l'obligation de livrer la chose, comme le dit fort inexactement l'article 1138, c'est la *convention de donner,* c'est-à-dire la convention par laquelle l'une des parties promet à l'autre la propriété d'un corps certain. — Quant à l'obligation de transférer la propriété d'un corps certain, *obligatio dandi corpus certum,* elle n'est plus possible sous le Code Napoléon, puisque la propriété a été transférée immédiatement par le contrat ; la seule obligation dont puisse être tenu le vendeur, c'est de faire la tradition de la chose vendue. — L'*obligation de donner,* dont parlent la rubrique de la section et l'article 1136, n'est dès lors rien autre chose que

la *convention de donner :* cette confusion de termes
est un résultat de la synonymie fâcheuse que les
rédacteurs ont à tort établie entre les mots *conven-*
tion et *obligation.*

La nature même de la convention s'oppose quelquefois à ce qu'elle opère immédiatement le transport de la propriété ; elle est alors simplement productive d'obligations. — Quand je vous vends ma
maison, mon cheval, le tas de blé qui est dans mon
grenier, l'objet de la vente étant ici un *corps certain,*
la propriété vous est immédiatement transférée.
Mais si je vous vends un cheval, sans dire lequel,
tant de mesures de blé, tant d'hectares de terre à
prendre dans tel département, la vente ayant ici
pour objet une chose déterminée seulement quant
à l'espèce, une chose *in genere,* vous en devenez
créancier; mais vous n'en êtes pas encore *propriétaire,*
car les genres n'appartiennent et ne peuvent appartenir à personne. Dans cette hypothèse, on rentre
dans l'ancienne théorie. La convention n'est alors
qu'un mode d'acquérir *une créance;* ce n'est pas elle
qui opère le transport de la propriété ; la mutation
n'aura lieu que lorsque l'obligation, née de la convention, sera exécutée, c'est-à-dire, *par l'effet de*
la tradition. Vous deviendrez propriétaire quand la
chose vendue se trouvera individualisée par la livraison qui vous en sera faite, ou bien par une convention ultérieure qui déterminera l'individu qui
doit vous être livré. Ainsi, je vous ai vendu un cheval *in genere;* et, quelques jours après, nous conve-

nons que je vous livrerai *tel cheval :* dès ce moment, la propriété vous en est acquise.

La convention de donner est encore simplement productive d'obligations dans les deux cas suivants : 1° Lorsqu'elle porte sur un corps certain appartenant à autrui, parce qu'on ne peut pas transférer la propriété d'une chose dont on n'est pas soi-même propriétaire, *nemo dat quod non habet ;* — 2° Lorsque les parties sont convenues que la translation de propriété n'aurait pas lieu sur-le-champ, mais après un certain délai qu'elles ont fixé. La règle de l'article 1138 n'est pas, nous le répétons, une règle d'ordre public ; on peut y déroger.

En principe donc, la propriété des biens s'acquiert et se transmet *par l'effet de la convention,* lorsque le contrat a pour objet une chose individuellement déterminée ; *par l'effet de la tradition,* lorsque l'objet de la convention est un corps *in genere.* Mais elle n'est jamais transférée *par l'effet des obligations,* comme le dit abusivement l'article 711 du Code Napoléon. L'effet des obligations consiste dans les actions que la loi donne au créancier contre son débiteur récalcitrant, dans les moyens de contrainte que la puissance publique met à son service : ainsi la condamnation à des dommages-intérêts, l'emprisonnement du débiteur dans certains cas, la saisie de ses biens, sont des effets des obligations. Il faut donc dire, en corrigeant la formule de l'article 711 : « La propriété des biens s'acquiert et se transmet *par l'effet des conventions.* »

DE LA TRANSMISSION DE LA PROPRIÉTÉ IMMOBILIÈRE
A L'ÉGARD DES TIERS.

L'article 1138 règle les effets de la convention de
donner, mais *inter partes* seulement; quant à la
question de savoir si la propriété des immeubles est
transférée, même *à l'égard des tiers*, par la seule force
de la convention, il ne la résout point. D'après la loi
du 11 brumaire an VII, tout acte entre-vifs translatif
de propriété, donation, vente, échange, devait être
transcrit sur un registre déposé dans chaque bureau
de la conservation des hypothèques. A défaut de cette
transcription, le donataire, l'acheteur, le coéchangiste, propriétaire dans ses rapports avec son dona-
teur, vendeur ou coéchangiste, ne l'était pas à l'égard
des tiers. Quant à ces derniers, la propriété continuait de résider sur la tête de l'aliénateur, avec lequel ils pouvaient, par conséquent, traiter valablement et en toute sécurité. Ainsi, de deux acquéreurs
successifs du même immeuble, celui-là était le propriétaire qui, le premier, avait fait transcrire son
titre. — Le Code Napoléon a reproduit cette théorie
quant aux donations d'immeubles (art. 939). Le donataire ne devient propriétaire à l'égard des tiers,
qu'à compter du jour où il a fait transcrire son titre
d'acquisition.

Au titre des Obligations, on souleva la question de savoir si l'on maintiendrait la loi du 11 brumaire an VII pour les aliénations *à titre onéreux*, comme on l'avait déjà maintenue pour les aliénations *à titre gratuit*. La transcription avait ses partisans et ses adversaires. — Les discussions les plus vives s'engagèrent au sein du Conseil d'État, et l'on ne put tomber d'accord ; on convint donc de renvoyer la solution de la question à une époque ultérieure. De là l'article 1140, que nous devons lire ainsi : « La question de savoir si la propriété est transférée, même *à l'égard des tiers*, par le seul effet de la convention et indépendamment de la transcription, sera réglée au titre de la *Vente* et au titre des *Priviléges et Hypothèques*. »

Au titre de la Vente, la question s'étant présentée de nouveau, la lutte recommença sans qu'on pût arriver à s'entendre. On fit alors, pour l'article 1583, ce qu'on avait déjà fait pour l'article 1140 : on réserva la question, au lieu de la résoudre. On consacra le principe que la vente rend l'acheteur propriétaire *à l'égard du vendeur*, mais on évita de dire quels effets elle produirait à l'égard des tiers.

Vint enfin le titre des Priviléges et Hypothèques, où la question devait se présenter pour la dernière fois ; force fut donc de s'expliquer, et la lutte se renouvela plus vive que jamais. Il se passa, dans cette séance du 10 ventôse an XII, un fait inouï dans les discussions législatives, et qu'il importe d'apprécier à sa juste valeur. — L'article 91 du projet portait : « Les actes translatifs de propriété qui n'ont pas été ainsi transcrits ne peuvent être opposés aux tiers qui auraient contracté avec le vendeur et qui se seraient conformés aux dispositions de la présente. » C'était la reproduction de l'article 26 de la loi de brumaire, et par conséquent la consécration formelle du système de la transcription. — Venait ensuite l'article 92, qui est aujourd'hui l'article 2182, et qui reproduit l'article 28 de la même loi. — Ces deux articles sont adoptés sauf quelques amendements, le principe fondamental est reconnu ; puis, tout à coup, l'article 91 disparaît, et l'article 92, aujourd'hui 2182, se retrouve seul dans la rédaction définitive. Quelle a pu être la cause de cette disparition ? on l'ignore. N'est-elle que le résultat d'un oubli ou d'un malentendu ? Quelques-uns l'ont pensé. Ne serait-ce pas plutôt, comme l'a dit M. Troplong, un *escamotage* effectué clandestinement par les adversaires de la loi de brumaire ? Il est permis de le croire.

Rappelons-nous l'intérieur du Conseil d'État. On sait qu'il est partagé en deux camps. D'un côté se trouve Tronchet, jurisconsulte savant et qui représente l'école coutumière. Il a traversé la Révolution, il a assisté à ses enfantements, mais seulement en qualité de spectateur. Il est resté étranger au mouvement des idées qui s'est opéré autour de lui. Constamment on le voit en défiance contre les institutions nouvelles. On sent qu'il n'est pas placé dans le centre nécessaire pour les apprécier en juge impartial. La transcription ne sera pour lui ni la base du crédit foncier, ni la base de la propriété immobilière. Ce sera une affaire bursale, une affaire de régie, ce sera uniquement un moyen de remplir les caisses de l'État. Il ne verra que les imperfections du système; il n'en saisira pas les avantages. — A la tête du camp opposé apparaît Treilhard qui, lui aussi, a traversé la Révolution, qui en a déploré les excès auxquels il a pris peut-être une part trop grande, mais qui a accepté franchement tous les progrès qu'elle a réalisés. Il défendra donc pied à pied les institutions nouvelles, car il a puissamment contribué à les conquérir. Il ne transigera pas; il sait qu'en législation la transaction est mauvaise. La publicité sera pour lui la base fondamentale de l'organisation du domaine.

Mais tous deux, absorbés par d'autres préoccupations, ont perdu de vue les premiers éléments du Droit. La théorie du *jus ad rem* et du *jus in re* n'est plus qu'un souvenir dans leur esprit. Dès lors, la discussion à laquelle ils vont se livrer et dont l'objet est précisément l'application de cette théorie, présentera une certaine confusion. Le hasard viendra par dessus se mêler à tout cela. Celui qui les départage ordinairement, celui qui se pose en juge souverain entre la révolution et la contre-révolution, le Premier Consul, en un mot, qui domine nos deux antagonistes, non par son savoir, mais par son génie, n'assistera pas à la séance où vont se jouer les destinées de la propriété immobilière dans notre pays. La présidence de l'assemblée sera remise entre les

mains du consul Cambacérès, qui laissera ce jour-
là la discussion s'égarer, et la conquête révolutionnaire de la publicité sera perdue pour longtemps.

M. Maleville, du camp Tronchet, demande « si
l'effet de l'article 91 du projet sera d'investir de la
propriété le nouvel acheteur qui aura fait transcrire
son contrat, au préjudice de l'acheteur plus ancien
qui n'aura pas rempli cette formalité. La rédaction
combinée des articles 91 et 92 du projet laisse, suivant lui, des doutes sur la question; et dans tous
les cas, si la question est résolue dans le sens de
l'affirmative par l'article 91, cette disposition présente, aux yeux de l'orateur, des inconvénients bien
graves. »

M. Treilhard répond : « Oui, telle est la conséquence de l'article. Il était nécessaire de régler la
préférence entre les acquéreurs, dans le cas d'une
double vente. L'article veut qu'elle soit accordée à
l'acquéreur qui a fait transcrire son contrat, sauf le
recours de l'autre contre le vendeur. » — M. Jollivet, du camp Treilhard, ajoute : « Cette disposition est encore nécessaire pour ôter au vendeur
la faculté de charger d'hypothèques l'immeuble
vendu. »

Ainsi, voilà la question tranchée. Puisqu'on adopte
la loi de brumaire, il faut en accepter la conséquence. La conséquence peut être rigoureuse au
point de vue d'une équité restreinte, mais elle ne
l'est pas plus qu'avec la tradition dans l'ancienne jurisprudence. Et d'ailleurs, comment, dans un sys-

tème de publicité, un étranger qui contracte de bonne foi, serait-il tenu de respecter un droit de propriété que l'acquéreur ne lui a pas notifié par le journal du conservateur?—La réponse de MM. Treilhard et Jollivet est donc dans les véritables principes.

La discussion devait s'arrêter là. Mais voici venir M. Tronchet.—Suivant lui, « C'est précisément cette conséquence qui rend la disposition désastreuse.... Il faut même observer que l'effet de cette étrange disposition n'est pas borné aux ventes faites depuis la loi du 11 brumaire an VII, mais qu'elle embrasse également les *ventes antérieures;* qu'ainsi, il n'y a plus en France une seule propriété dont on ne puisse être dépouillé faute de transcription, en vertu d'une vente faite par un individu *qui n'a jamais été propriétaire,* pourvu que l'acheteur fasse transcrire le contrat. »

N'est-il pas évident que M. Tronchet veut effrayer le Conseil d'État, ou bien qu'il ne comprend pas le système?—Que fait-il donc du principe de la non-rétroactivité des lois?—Que fait-il des articles 28 de la loi de brumaire et 92 du projet?—Mais non, ce n'est pas ignorance; il est impossible que M. Tronchet n'ait pas compris le projet. Il est évidemment animé par la passion. Celui que Mirabeau appelait le Nestor de l'aristocratie déteste trop la Révolution pour en accepter les idées. Les plus belles institutions ne trouvent pas grâce devant lui, par cela seul qu'elles proviennent de cette source, et sa haine le

pousse à dire des choses qui sont en Droit déraison-
nables.

« Que la loi, poursuit-il, établisse la spécialité
des hypothèques, on aperçoit le motif de cette disposition; elle consacre le seul moyen qui existe
d'empêcher le prêteur de placer faussement sa confiance dans un gage déjà absorbé par des hypothèques antérieures. Mais celui qui achète n'a pas besoin que la loi pourvoie d'une manière particulière à
sa sûreté : il a sous les yeux les titres, il peut vérifier la possession du vendeur. Et ce serait pour le dispenser de cet examen, qu'on ne craindrait pas de
compromettre la propriété d'un citoyen qui se repose
avec sécurité sur un contrat légal ! »

Ainsi donc, protection pour les créanciers hypothécaires, mais pas de protection pour l'acquéreur !
Ce dernier, dites-vous, n'en a pas besoin. Mais vous
ne voyez donc pas que l'hypothèque ne sera stable
et ne donnera une assurance positive au créancier,
qu'autant que la propriété elle-même reposera sur
une base inébranlable ? Que la publicité de l'hypothèque n'est que la conséquence de la publicité du
domaine, ou du moins que, sans la publicité du domaine, vous exposez les créanciers à toutes sortes de
mécomptes ?—Que deviendront-ils, ces créanciers,
lorsqu'un acte occulte qu'ils n'auront pu connaître,
puisque vous ne voulez pas la publication des titres
par la transcription, apparaîtra tout à coup et fera
disparaître leur gage? Ils perdront leurs créances. En
sorte que vous aurez étrangement abusé ceux-là

mêmes que vous vouliez protéger! Et pourquoi?
parce que vous serez restés en chemin, et qu'en
publiant la conséquence, vous n'aurez pas publié le
principe.

L'action résolutoire qui se donne, d'après le Code
Napoléon et la jurisprudence fondée des arrêts,
contre les tiers détenteurs, peut très-bien marcher
avec le système de la transcription, parce que la
transcription publie l'action résolutoire, en même
temps qu'elle publie le privilége. Le prêteur de de-
niers qui verra sur les registres du conservateur que
telle mutation n'a pas été liquidée par le contrat,
exigera de l'emprunteur la preuve de sa complète
libération, et ne prêtera ses fonds qu'à cette condition. — Sans la transcription, au contraire, il faut
que le prêteur compulse tous les titres sous-seing
privé et autres que peut avoir l'emprunteur; et voici
dès lors les réflexions que cette nécessité suggère.
D'abord, les titres non renfermés dans un dépôt
public peuvent se perdre, et la plupart du temps ils
sont irréguliers ou incomplets; ce qui ne peut avoir
lieu avec la transcription. Ensuite, si quelques-uns
de ces titres ne confèrent qu'un domaine révocable,
ou s'ils sont de nature à éveiller la défiance du prêteur, que fera l'emprunteur? Il ne les produira pas;
et alors ce prêteur se trouve dans l'alternative, ou
de refuser ses fonds, ce qui est une atteinte portée
au crédit foncier, ou de contracter sans sécurité
pour l'avenir, et il s'expose alors à des pertes considérables. Dans les deux cas, la société est en souf-

france. — L'existence de l'action résolutoire con-
courant avec le système hypothécaire exige donc
impérieusement la transcription comme moyen de
transmission à l'égard des tiers.

Mais ce qui va surtout être utile aux tiers, c'est
l'*inscription d'office* que le conservateur est tenu de
prendre au profit du vendeur. — Le vendeur d'un
immeuble conserve son privilége par la *transcription
de l'acte de vente*. Mais la loi exige, en outre, que le
conservateur des hypothèques qui reçoit la transcription *inscrive d'office*, sur son registre ordinaire
des inscriptions, les créances résultant pour le vendeur de l'acte transcrit. Et cette exigence de la loi
a sa raison d'être. La transcription consiste dans la
reproduction littérale de l'acte de vente *en son entier :*
or, les actes de cette nature étant ordinairement
très-volumineux, la clause d'où résulte le privilége
ne s'y trouve pas en lumière, elle est perdue parmi
les détails. Frappée de cette imperfection de la publicité que donne la transcription de l'acte de vente,
la loi a voulu y remédier en exigeant, dans l'intérêt
des tiers, que le privilége fût dégagé de toutes les
clauses de la vente qui lui sont étrangères, et qu'il
fût mentionné sur le registre particulier des inscriptions. — Cette inscription ne fait point double emploi avec la transcription; elle lui vient en aide et la
complète en détachant, pour le mettre plus en relief,
le privilége du vendeur qui se trouvait en quelque
sorte caché dans un ensemble de clauses accessoires
et compliquées.

Quant à l'acquéreur, la loi n'entend pas le moins du monde le dispenser, ainsi que vous le prétendez, du soin d'examiner et de vérifier les titres de son vendeur, puisque la transcription n'empêche pas le véritable maître de revendiquer son bien, lorsque cette transcription a été faite par un acheteur *à non domino* (art. 2182). La loi ne veut qu'une chose, c'est faciliter les recherches de l'acquéreur; et pour cela, elle lui présente des registres publics où il est certain de trouver toutes les mutations successives et de s'éclairer sur l'opération qu'il va consommer.

« Cette disposition, continue M. Tronchet, n'est pas nouvelle; on l'a empruntée de la loi du 11 brumaire an VII; mais elle n'y avait été placée, *comme beaucoup d'autres*, que pour l'intérêt du fisc, et sans avoir de point d'appui dans les principes de la matière. Car comment colorer même une préférence évidemment arbitraire, ou plutôt évidemment injuste? »

Il n'y a d'injuste, ici, que M. Tronchet; et dire que la transcription n'a eu pour but que de remplir les caisses de l'État, qu'elle n'a eu en vue qu'un intérêt d'argent, c'est voir les choses par le petit côté, c'est assurément méconnaître et calomnier l'une des belles institutions des temps modernes. C'est M. Tronchet qui a perdu pour cinquante ans le système hypothécaire de la France.

Maintenant M. Treilhard va lui répondre; il ne laissera rien en arrière, et il démontrera que le projet satisfait à toutes les exigences. « L'usage, dit-il,

où sont les acquéreurs d'examiner les titres de propriété est déjà une première garantie contre l'abus
de l'article 91 (supprimé); car certainement ceux qui
découvriraient, par cet examen, que le vendeur
n'est pas propriétaire, s'abstiendraient d'acheter.
— Mais quand on supposerait qu'il se trouve des
hommes assez inconsidérés pour acheter sans avoir
vérifié les titres, eux seuls porteraient la peine de
leur imprudence. Elle *ne nuirait pas au propriétaire
véritable*, puisque, d'après l'article 92 du projet
(aujourd'hui 2182), ils n'acquièrent sur la chose
que les droits que pouvait avoir le vendeur. — Les
inconvénients dont on a parlé n'ont donc rien de
réel, et ne doivent pas faire rejeter la disposition.

» Voici maintenant les raisons qui doivent la faire
admettre : On a voulu que les prêteurs ne fussent
pas obligés de se livrer à une confiance aveugle ;
qu'ils eussent des moyens de vérifier la situation de
ceux auxquels ils prêtent leurs capitaux : de là la
publicité des hypothèques. — Cependant l'effet de ce
système serait manqué, si l'on n'était pas autorisé à
regarder comme propriétaire celui qu'on trouve inscrit sous cette qualité. — Si cet individu a vendu
son héritage, et que néanmoins il l'engage comme
s'il lui appartenait encore, point de doute qu'il ne
se rende coupable de stellionat. — Mais sur qui les
suites de cette faute doivent-elles retomber? Sera-ce
sur le prêteur, qui n'a pu s'éclairer que par l'in-
spection des registres hypothécaires? non, sans doute:
ce sera sur l'acquéreur, qui était obligé de faire

connaître son contrat (art. 2181), et qui, pour ne
l'avoir pas fait transcrire, a jeté dans l'erreur celui
que la loi renvoyait aux registres. — On voudrait
qu'un vendeur fût libre de ne pas faire transcrire.
Il peut s'en dispenser, mais alors il ne lui restera
d'autre garantie contre les hypothèques à venir que
la moralité de son vendeur. »

Quant aux terreurs de M. Tronchet sur les acquisitions antérieures à la loi de brumaire, elles
sont imaginaires. En effet, « La disposition n'ébranle
pas les anciennes acquisitions. Elle n'a trait qu'aux
hypothèques créées par le vendeur sur une chose
dont il s'est dessaisi, et elle donne, en ce cas, la
préférence au prêteur qui n'a rien à se reprocher,
sur l'acheteur qui ne peut imputer qu'à lui-même
les suites fâcheuses de sa négligence ou de sa cré-
dulité. Elle ne concerne que le vendeur p. *priétaire
véritable*, et non le *faux propriétaire* qui a vendu
l'héritage d'autrui. Si le vendeur n'a point la propriété de l'immeuble, la transcription du contrat ne
la transmet pas à l'acheteur (art. 92 du projet, aujourd'hui 2182). — L'article 91 (supprimé) est
d'ailleurs un moyen de prévenir la *collusion fraudu-
leuse* de l'acquéreur et du vendeur, qui, si le contrat suffisait sans la transcription, pourraient se
concerter pour faire des dupes en offrant un faux
gage. »

M. Tronchet n'insiste plus. La cause de la transcription est bien gagnée, puisque personne ne propose de supprimer l'article 91. Seulement, le prési-

dent dit « que la rédaction de l'article ne rend pas
assez clairement le sens que vient de lui donner
M. Treilhard. Elle laisse des doutes sur les contrats
antérieurs à la loi du 11 brumaire an VII, et peut-
être serait-on porté à penser qu'elle en ordonne la
transcription. — D'un autre côté, l'article 92, tel
qu'il est rédigé, ne décide pas nettement que la
transcription ne transfère pas la propriété à celui qui
achète d'une personne non propriétaire. Le mot
droits qu'il emploie s'applique naturellement aux
services fonciers, à l'usufruit et aux autres charges
réelles dont l'immeuble peut être grevé ; mais, dans
son sens le plus direct, il ne comprend pas la propriété. Il demande en conséquence que la rédaction
soit réformée, afin que l'article ne laisse aucun doute
sur l'intention de la loi. » — Le Conseil, sur la proposition du consul, adopte en principe : 1° Que la
disposition de l'article 91 n'est pas applicable aux
contrats de vente antérieurs à la loi du 11 brumaire
an VII; — 2° Que la transcription du contrat ne transfère pas à l'acheteur la propriété, lorsque le vendeur n'était pas propriétaire. — Les deux articles
sont renvoyés à la section pour être rédigés dans le
sens des amendements adoptés.

La section de rédaction, d'après cette décision,
n'avait qu'une chose à faire ; c'était de présenter à la
première séance deux articles ainsi conçus :

« ARTICLE 91 (supprimé dans le Code). — Les actes
translatifs de propriété qui n'ont pas été transcrits,
ne peuvent être opposés aux tiers qui auraient con-

17

tracté avec le vendeur, et qui se seraient conformés aux dispositions de la présente. — Toutefois, cette disposition n'est *pas applicable aux contrats de vente antérieurs* à la loi du 11 brumaire an VII. »

« ARTICLE 92 (aujourd'hui 2182). — La simple transcription du titre translatif de propriété sur les registres du conservateur, ne purge pas les priviléges et hypothèques établis sur l'immeuble. — Elle ne transmet à l'acquéreur que *la propriété* et les droits que le vendeur avait lui-même sur la chose vendue. L'immeuble ne passe au nouveau propriétaire que sous l'affectation des priviléges et hypothèques dont il était grevé au moment de la transcription. »

Que voulait-on, en effet? On demandait tout simplement une addition à l'article 91, en ce qui touche les aliénations antérieures à la loi de brumaire, et un peu plus de clarté dans l'article 92. — Au lieu de cela, le premier de ces articles a complètement disparu; cet article 91 du projet, c'est-à-dire le pivot du système, la base fondamentale de la propriété absolue, ne s'est plus retrouvé dans l'édition officielle du Code civil. — Au titre des *Priviléges et Hypothèques*, nous ne trouvons donc aucun article où cette question de la transcription, deux fois ajournée, soit expressément résolue. On y parle bien souvent de la transcription, mais jamais de la transcription considérée spécialement comme moyen de transférer la propriété à l'égard des tiers.

Faut-il en conclure, comme on l'a fait, que le

principe a péri par la suppression de l'article qui le
contenait? — Oui, sans doute, si la volonté du législateur s'était manifestée par ses organes de manière à ne laisser aucun doute à cet égard ; mais non,
si la discussion que nous venons d'analyser et les
décisions qui l'ont accompagnée prouvent le contraire ; — oui, sans doute, si les traces que le principe a laissées peuvent être suivies raisonnablement
en son absence ; mais non, si les conséquences de ce
principe écrites dans la loi n'ont sans lui aucune signification. Il continue dès lors à vivre et à rayonner
dans le cortége qui l'entoure. Car personne n'a jamais douté que ce que le législateur décide par *voie
de conséquence*, ne soit aussi obligatoire que ce qu'il
décide par un *texte formel*. — Or la question, ramenée
à ce point, ne saurait être douteuse, et la poser ainsi,
c'est la résoudre.

Si vous rejetez la transcription translative de propriété, que deviennent d'abord les art. 939 et 941, au
titre des *Donations?* — Ces articles, dites-vous, établissent un système particulier, une exception qui
ne fait que confirmer la règle, savoir que la convention seule transmet la propriété *ergà omnes*. Je dis
qu'il y a là erreur d'interprétation. Vous accorderez
bien que le projet du Code civil était conçu dans le
système de la loi de brumaire, puisque l'article 26
de cette loi s'y trouvait écrit en toutes lettres. Or, à
quelle époque a disparu le principe, s'il a disparu,
comme vous le prétendez? C'est le 10 ventôse an XII,
et par conséquent à une époque bien postérieure au

titre des Donations. Eh bien, si au moment où s'éla-
borait le titre en question, la transcription était,
dans l'esprit des rédacteurs du Code, translative de
propriété, comme l'attestent les paroles de M. Bigot-
Préameneu lui-même qui a présenté le projet des
Donations, les articles 939 et 941 n'étaient donc que
la conséquence forcée, le développement nécessaire
de la théorie, et non pas une exception.

D'ailleurs, pour établir une exception, c'est-à-dire
pour sortir de la règle générale dans un cas donné,
il faut un motif particulier. Or, quel motif peut-il y
avoir de transcrire les donations plutôt que les ventes?
Est-ce que ces deux contrats n'ont pas absolument
le même objet *à l'égard des tiers*, c'est-à-dire d'arriver à une mutation de propriété? Qu'importe au public que ce soit à la suite d'une vente ou d'une donation, que j'aie été investi du domaine? L'effet
n'est-il pas identique? Eh bien, alors, où est le
motif particulier de l'exception? Il n'y en a pas. Donc,
encore une fois, les articles 939 et 941 ne sont pas
une exception. Ils ne sont que l'application à un cas
particulier de la règle générale.

Plus tard, suivant vous, le système est abandonné
par la disparition de l'article 91 du projet de loi sur
les Priviléges et Hypothèques. Quelle conséquence
devons-nous tirer de là? Ce n'est pas que les articles
939 et 941 sont devenus des exceptions, mais que
ces articles, ne reposant plus sur le principe qui les
a dictés, sont par là même abrogés, parce que, lorsqu'un principe qui est la base d'une disposition lé-

gislative vient à être abrogé par un fait postérieur,
toutes les conséquences disparaissent avec lui. D'où
il suit que la donation, parfaite entre les parties sans
la transcription (art. 938), doit être également parfaite à l'égard des tiers sans cette transcription. Autrement, c'est les expliquer dans un tout autre esprit
que celui qui a présidé à leur rédaction. — Mais vous
n'osez pas aller jusque-là, parce que les articles 939
et 941 ne sont pas abrogés, et que leur texte est
trop formel pour recevoir une autre interprétation
que celle de la loi de brumaire. Et alors, vous croyez
vous tirer d'affaire en disant : c'est une exception.
— C'est dans le cas où les articles 939 et 941 n'auraient pas exigé la transcription pour la perfection de
la donation à l'égard des tiers, qu'ils auraient formé
une exception; et, la règle générale venant à disparaître, ils auraient continué d'être en vigueur, parce
qu'il est de principe, en Droit, que l'abrogation de la
règle générale n'empêche pas les exceptions de subsister. Car les exceptions ont nécessairement un autre
motif que la règle générale.

Avec la transcription considérée comme moyen
d'acquérir le domaine au regard des tiers, la théorie
des *Priviléges sur les immeubles* se déroule avec une
logique parfaite. La transcription est la condition
d'existence d'une publicité utile, et avec elle le privilége de l'aliénateur n'a pas d'effet rétroactif. Il ne
domine que l'avenir, comme cela doit être dans un
régime hypothécaire public. Pas de surprises possibles, parce que la transcription qui transfère la pro-

priété *ergà omnes*, publie en même temps les *rétentions de l'aliénateur.* — Retranchez maintenant la tran-scription, les articles 2106 et 2108 sont des énigmes indéchiffrables. Si le privilége du vendeur n'est pas révélé à la société par l'acte même de mutation, et si cependant le créancier doit le révéler plus tard, afin de le rendre utile, il faut nécessairement lui don-ner un effet rétroactif, et consacrer une véritable absurdité en organisant une publicité, c'est-à-dire un avertissement, qui n'avertit que le passé. Ainsi, voilà une institution publique qui suppose connu ce qu'elle a précisément pour objet de faire connaître. Et pourtant cette institution nous a régis pendant cinquante ans !

Tandis que l'article 2108 est l'application néces-saire et logique du principe fondamental qui a dirigé la loi dans toutes ces matières. Le privilége du ven-deur frappe le public au moment même où il prend naissance. Il se révèle par la transcription, qui est la mutation elle-même au regard des tiers. Il n'y a pas de délai à fixer pour la transcription, parce que, jusqu'à l'accomplissement de cette formalité, la pro-priété réside encore sur la tête du vendeur. Le légis-lateur, en publiant le privilége du vendeur par la transcription, c'est-à-dire au moment même où ce privilége prend naissance, a réalisé l'idéal du sys-tème. S'il avait, dans les articles 2106 et 2108, fixé des délais pour la production du privilégé du ven-deur, le système ne vaudrait pas ce qu'il vaut, parce que, si courts que fussent ces délais, il faudrait toujours donner au privilége un effet rétroactif, ce qu'il faut éviter autant que possible. — S'il a, par exception, accordé des délais aux copartageants dans l'article 2109, et aux créanciers du défunt dans l'article 2111, c'est qu'il n'a pu faire autrement, dès qu'il ne voulait pas la transcription des partages, et qu'il était impossible de connaître les créanciers de la succession autrement que par un appel à eux signifié par un délai de faveur.

Si des Priviléges nous passons aux *Hypothèques*, nous voyons le système de la transcription translative de propriété s'y développer dans plusieurs articles qui n'ont aucun sens raisonnable sans elle. — Ainsi, l'article 2181 prescrit la transcription des contrats translatifs de la propriété d'immeubles susceptibles d'hypothèques. — A quoi bon cette transcription, si elle n'a pas pour objet de jouer le rôle qu'elle remplissait déjà dans la loi de brumaire? — « C'est un préliminaire de la purge, » a-t-on dit, voilà tout. Qu'est-ce que cela signifie? — On veut dire que la transcription n'intéresse en rien l'acquisition de la propriété, et qu'elle n'a trait qu'à la purge des hypothèques. Il faut avouer alors que c'est une formalité bien obscure.

En effet, à quoi bon désormais transcrire le contrat, c'est-à-dire *publier un acte qui est réputé connu de tous?* Si je suis propriétaire à l'égard des tiers dès le jour de la convention, il est bien évident que le vendeur ne pourra plus, à partir de cette époque, conférer à des étrangers le droit de propriété dont il

s'est dessaisi à mon égard, et qui repose dès lors sur
ma tête. Il ne pourra pas davantage conférer des hypothèques dérivant de la faculté d'aliéner qu'il n'a
plus, puisqu'il a épuisé l'*abusus*, en faisant de sa
chose un usage qu'il ne peut plus renouveler. Enfin,
les étrangers, créanciers du vendeur, tenus de respecter mon droit, ne pourront acquérir sur ma chose
des droits quelconques qui me soient opposables,
puisque mon droit absolu est antérieur au leur. Eh
bien, s'il en est ainsi, la transcription n'est nullement nécessaire pour purger les hypothèques. Car,
en notifiant mon contrat à tous les créanciers inscrits
avant la naissance de mon droit absolu, c'est-à-dire,
dans le système que je combats, avant la convention, et en les payant, je purgerai ma propriété d'une
manière définitive, sans avoir à redouter l'apparition
de nouvelles inscriptions à une époque postérieure à
la convention.

Arrière donc votre transcription, c'est un non-sens
dans votre système. — Non, dites-vous, ce n'est pas
un non-sens, c'est un préliminaire indispensable de
la purge, et si elle n'intéresse pas la propriété, elle
intéresse le droit hypothécaire, car elle a pour objet
d'arrêter le cours des inscriptions (1). — Ainsi, les

---

(1) On a senti parfaitement qu'il fallait donner un sens à la transcription dont parle le Code civil, et alors on a inventé cette idée bizarre qui
a fini par prévaloir dans l'article 834 du Code de procédure, à savoir
« que les créanciers du vendeur ayant stipulé une hypothèque avant la
vente, pouvaient l'inscrire même après la vente considérée comme éta-
blissant le *jus in re*. »

créanciers hypothécaires du précédent propriétaire peuvent s'inscrire, c'est-à-dire acquérir un droit réel sur la propriété transmise, et cela jusqu'à la transcription. — Oui ; mais, d'après le Code de procédure civile, il faut faire une distinction. Il n'y a que ceux qui ont stipulé une hypothèque avant la convention, qui peuvent s'inscrire avec effet jusqu'à la transcription, et même dans la quinzaine suivante. Quant à ceux qui auront stipulé une hypothèque avec le précédent propriétaire à une époque postérieure au contrat, ceux-là ne pourront pas s'inscrire utilement. — Ainsi, d'après vous, la transcription perd totalement son caractère primitif. Elle n'est plus translative de la propriété à l'égard des tiers, elle devient une simple *mise en demeure*, un appel fait à une certaine classe de créanciers du vendeur ou des vendeurs précédents, et s'ils n'y répondent pas dans la quinzaine suivante, l'immeuble est affranchi du droit de suite et par conséquent du droit de surenchère de leur part.

Un étranger pourra donc, d'après ce système, acquérir un *jus in re* sans ma participation, à une époque où pourtant, suivant vous, je suis propriétaire absolu de la chose. Je suis propriétaire absolu au regard de tous, dès le jour de la convention ; mais cela n'empêchera pas que plus tard, jusqu'à la transcription et même au-delà, un tiers, tenu pourtant de respecter mon droit absolu, viendra prendre hypothèque sur ma propriété, et cela, sans que cette opération exige le moindre assentiment de ma part, Et si je ne donne pas satisfaction à cette hypothèque, eh bien! elle m'évincera; elle, fera disparaître mon droit absolu qui lui est antérieur.

De plus, vous accordez le *droit de suite* à une hypothèque *non inscrite*, en présence de l'article 2166, qui fait de l'inscription la condition essentielle du droit de suite, comme l'article 2134 l'avait déjà fait pour le droit de préférence. J'avais toujours pensé que la convention hypothécaire, comme tous les autres contrats, ne donnait qu'un droit relatif, et que, pour devenir absolu, c'est-à-dire pour obliger les tiers acquéreurs, et suivre l'immeuble dans des mains autres que celles du débiteur, le droit hypothécaire avait besoin d'être notifié au public par l'inscription; mais cette idée était fausse apparemment, puisque la convention hypothécaire non inscrite oblige le tiers détenteur! Oui certainement, l'hypothèque non inscrite, qui n'a encore aucune existence au regard des tiers, cette hypothèque suivra l'immeuble entre les mains des tiers acquéreurs, et elle pourra se compléter, c'est-à-dire devenir droit absolu, malgré l'antériorité du droit absolu du détenteur.

Enfin, comme conséquence de tout cela, vous autorisez le créancier du précédent propriétaire à acquérir un droit réel sur une chose désormais étrangère au débiteur, qui est complètement dessaisi par la convention, sur une chose devenue étrangère par conséquent au créancier non inscrit lui-même; en sorte que voilà un débiteur qui donne des garanties à ses créanciers avec le bien d'autrui.

Vous voyez donc bien que vous vous débattez dans une impasse de laquelle il vous est impossible de sortir, avec votre système de transmission *ergà omnes* par l'effet de la convention.

Oui, nous le proclamons avec vous, la transcription *arrête le cours des inscriptions* sous le Code civil. Si elle ne l'arrêtait pas, ce serait une formalité inutile; mais pourquoi l'arrête-t-elle? C'est justement parce qu'elle arrête le cours de la propriété elle-même, c'est parce qu'elle est la ligne de démarcation entre la propriété de l'aliénateur et la propriété de l'acquéreur. De ce principe, qui est la base fondamentale de la loi de brumaire, et que les rédacteurs du Code ont, selon nous, entendu reproduire dans l'article 2181, il résulte que, jusqu'à la transcription, l'aliénateur reste propriétaire au regard du public, et que, par conséquent, il peut transporter à ce public une propriété dont il reste investi à son égard. Pouvant aliéner le plus, il peut évidemment aliéner le moins, et constituer valablement des hypothèques, au mépris d'une convention dont l'effet est restreint entre les parties. Depuis le contrat jusqu'à la transcription, l'acquéreur n'est pas propriétaire à l'égard des tiers; il ne le devient que par l'accomplissement de cette formalité protectrice. N'ayant qu'un droit relatif contre telle personne déterminée, il est obligé de s'incliner devant l'apparition d'un droit absolu antérieur au sien; d'où il suit

qu'il est tenu de respecter soit les aliénations tran-
scrites avant la sienne, soit les hypothèques inscrites :
car l'inscription est à l'hypothèque ce que la transcription est au domaine lui-même, c'est-à-dire l'*acquisition du droit absolu* au regard de tous. Enfin, à
partir de la constitution de son droit absolu de propriété vis-à-vis de tout le monde par la transcription,
l'acquéreur ne sera plus tenu de respecter les droits
qui pourraient naître postérieurement du chef de
l'aliénateur, parce que la ligne de démarcation est
désormais immuable, et que la société n'a plus à
s'occuper de l'ancien propriétaire, qui disparaît complétement, sauf, bien entendu, la rétention du prix
garanti par le privilége, si ce prix n'a pas été
payé.

Voilà ce qui se trouve écrit, sinon en termes exprès et formels, au moins par voie de conséquence,
dans cet article 2181, qui n'est, à bien prendre,
que l'exécution de la promesse de l'article 1140 pour
les biens susceptibles d'hypothèques, comme le cha-
pitre de la Délivrance, au titre *de la Vente*, est l'exécution de la promesse du même article en ce qui
touche les choses immobilières non susceptibles d'hypothèques, telles que les servitudes (art. 1607).

De tout cela, il faut conclure que la transcription
a été conservée comme moyen de transmission de la
propriété immobilière. C'est une vérité qui devient
évidente quand on suit pas à pas les travaux prépa-
ratoires du Code civil, et qu'on approfondit les textes
que le législateur a laissés sur son passage. Il suffit

de se poser ce raisonnement : la loi a dicté une foule
de dispositions qui sont la conséquence du principe,
et qui n'ont aucun sens raisonnable sans lui; donc le
principe existe. Autrement, il faut déclarer abrogées
toutes ces dispositions, ou bien les détourner de leur
véritable sens, c'est-à-dire les expliquer en législateur et non pas en interprète. — Marchez dans le Code
civil au flambeau de la transcription considérée
comme moyen de transmission à l'égard des tiers,
tout s'explique à peu près de la manière la plus raisonnable, et l'on demeure convaincu que notre régime hypothécaire est vraiment bien conçu et réalise
la pensée du législateur qui veut, avant tout, la sécurité publique. — Retranchez au contraire cette transcription, vous pâlirez sur des textes dont vous
n'apercevrez pas le but, et vous arriverez à cette conclusion inévitable, que *le Code civil est une mauvaise
législation*. Aussi M. de Savigny a-t-il fait de notre
Code la critique la plus amère.

Eh bien, malgré la discussion qui a eu lieu au
Conseil d'État, malgré les conséquences visiblement
écrites dans la loi, malgré les considérations puis-
santes qui militent en faveur de la transcription translative de propriété, on a voulu que le législateur de
1804 ait abandonné le principe de la loi de brumaire.
On s'est imaginé que le Code civil avait entièrement
rompu   le passé; et, au lieu de n'admettre que
des modifications bien constatées, on s'est jeté dans
un système bizarre, menant de front la publicité du
privilége et la clandestinité de la vente. Dès lors,

l'harmonie de notre législation a été détruite, et beaucoup d'articles de notre Code sont devenus inex-
plicables. — La jurisprudence, argumentant de la
suppression de l'article 91 du projet de loi sur les
Priviléges et Hypothèques, en conclut que la loi de
brumaire avait été implicitement abrogée, et qu'ainsi,
sous l'empire du Code Napoléon, la propriété se
transférait, même à l'égard des tiers, par un effet
direct et immédiat de la vente, indépendamment de
la transcription. Quelques jurisconsultes, plus éclai-
rés que les autres, protestèrent contre cette solution;
mais tous leurs efforts furent inutiles. Les tribunaux,
persévérant dans leur fausse interprétation, conti-
nuèrent de décider que la vente était par elle-même,
par sa seule énergie, c'est-à-dire sans qu'il y eût
besoin de la faire transcrire, translative de propriété
non pas seulement *inter partes*, mais encore *ergà
omnes*. Cette idée passa à l'état d'axiome : elle acquit
toute la force d'un fait accompli.

Elle avait d'ailleurs reçu, deux ans après la pro-
mulgation du Code Napoléon, une sanction législative dans l'article 834 du Code de procédure, qui,
tout en étendant au-delà des limites fixées par le
Code Napoléon, le droit pour les créanciers hypothécaires de faire inscrire leurs hypothèques, ne
l'accorde néanmoins qu'aux créanciers qui ont stipulé ces hypothèques antérieurement à la convention. Quant à ceux qui auront stipulé une hypothèque avec le précédent propriétaire à une époque
postérieure au contrat, ceux-là ne pourront pas s'in-

scrire utilement, parce que, dans la pensée des rédacteurs du Code de procédure, ce contrat a fait
passer immédiatement la propriété de la tête du
vendeur sur celle de l'acheteur.

Ainsi donc, en résumé, la jurisprudence con-
stante des tribunaux admettait que, d'après le Code
Napoléon, il fallait, entre deux acquéreurs successifs du même objet immobilier, préférer celui dont
le titre était antérieur en date. — Pour montrer les
vices d'un pareil système, il suffit de citer les fraudes
les plus habituelles auxquelles il donnait lieu. —
Avant d'acheter un immeuble, j'avais pris soin de
vérifier les titres de mon vendeur; ils étaient en
règle. Je me croyais certain de conserver une propriété définitive. Erreur. Quelque temps après ma
mise en possession, survenait un acheteur dont le
titre était antérieur au mien; je me trouvais évincé.
Un pareil résultat n'aurait pas pu se produire sous
l'empire de la loi de brumaire, qui déclarait non
opposables aux tiers les actes qui n'avaient pas été
transcrits. — Autre exemple : Un propriétaire, après
avoir aliéné son immeuble par un acte de vente
clandestin, constituait des hypothèques sur le bien
vendu. Les créanciers hypothécaires, qui n'avaient
eu aucune connaissance de l'acte antérieurement
passé, jouissaient d'une sécurité parfaite. Mais tout
à coup l'acheteur venait, son titre à la main, prouver à ces créanciers que leurs hypothèques étaient
nulles comme ayant été consenties *à non domino*.

Ce système, comme on voit, présente trop d'in-

convénients ; il ouvre des portes trop larges à la
fraude. Oui, c'est une prétention déraisonnable que
de vouloir donner à la pensée seule le pouvoir de
constituer la propriété *adversùs omnes*. — Il faut qu'à
cette pensée, nous le répétons, vienne se joindre quelque chose de matériel, quelque chose qui frappe les
yeux, quelque chose de public, pour imposer à la
société l'obligation de respecter la transmission que
la pensée commence, mais qu'il ne lui est pas donné
de consommer. — Qu'à *l'égard du vendeur*, l'acheteur soit, par la puissance de la seule convention,
réputé propriétaire, nous le comprenons. La loi peut
bien faire, entre les parties, abstraction de l'un des
événements générateurs du droit de propriété, mais
ce droit est relatif et ne saurait imposer à tous le devoir négatif de le respecter.

Il faut bien que la société soit avertie de l'obligation qu'elle va contracter envers l'acquéreur ; il faut
qu'elle connaisse le moment précis où cet acquéreur
entend se poser, au regard de tous, comme propriétaire de la chose transmise. Jusque-là il est bien, si
l'on veut, propriétaire, comme le dit trop généralement l'article 1138, mais il n'est propriétaire que
vis-à-vis de telle personne déterminée, *comme le dit
avec raison l'article* 1583. Il ne l'est pas encore vis-
à-vis du public ; il peut le devenir sans doute, mais
pour cela il faut qu'il associe ce public à la transmission, il faut qu'il lui notifie son contrat. Alors seulement son droit relatif se transforme en droit absolu,
et la propriété exclusive apparaît garantie par l'ac-

tion réelle contre les entreprises de quiconque voudrait la troubler.

Le principe de la transcription translative de propriété était écrit dans le projet de Code, et toutes les
dispositions avaient été faites en vue de ce principe.
Aussi de bons esprits, tels que MM. Blondeau, Jour-
dan, Bonjean, n'ont-ils pu voir dans une simple
omission l'abolition d'une règle aussi indispensable
à la sûreté des transactions, et ont-ils soutenu avec
raison qu'aucune disposition spéciale ne supprimant
la transcription, elle devait continuer à subsister
implicitement dans le Code, quoiqu'elle n'y fût pas
écrite littéralement. — La jurisprudence, il est vrai,
n'a pas admis cette interprétation; mais une sorte
de cri public s'est élevé pour que cette lacune prétendue fût comblée. La loi du 23 mars 1855 *Sur la
Transcription en matière hypothécaire* est enfin venue
mettre un terme à ce fâcheux état de choses, en consacrant d'une manière expresse et formelle le principe de la transcription translative de propriété. Cette
loi n'introduit pas un ordre nouveau, elle n'est pas
un changement, mais plutôt un complément à la
législation établie. Loin d'en rompre l'unité, elle en
fait mieux ressortir, au contraire, la concordance et
l'harmonie. — Ainsi, nous avons vu l'idée fondamentale de la loi de brumaire heurter de front l'ancienne jurisprudence, s'imposer à la France, encore
trop peu avancée pour la bien comprendre, s'obscur-
cir ensuite sous le Code civil. Des jurisconsultes
accrédités, et la pratique à leur suite, ont pensé

18

même qu'elle avait disparu. Ils étaient dans l'erreur;
puis, le progrès marchant avec le temps, cette idée
qu'on croyait éteinte, tandis qu'elle n'était qu'obscur-
cie, reparaît de nos jours plus resplendissante que
jamais.

La propriété et ses démembrements, disons mieux,
toutes les charges qui peuvent en amoindrir la valeur, ont été soumis au régime de la publicité. Désormais, tout acte qui aura pour objet de faire passer
un immeuble du domaine d'une personne dans le
domaine d'une autre, ou qui sera susceptible de
l'affecter plus ou moins gravement dans les mains
du propriétaire, devra être transcrit sur les registres
publics de la conservation des hypothèques. En
l'absence de cette formalité, et tant qu'elle ne sera
pas remplie, les aliénations ou constitutions de
droits réels, bien que valables entre les parties,
seront destituées de tout effet à l'égard des tiers dont
elles pourraient blesser l'intérêt. Dès lors il sera facile, lorsqu'on traitera avec un propriétaire apparent,
de savoir si l'immeuble qu'il présente comme lui
appartenant est bien réellement à lui, et dans quelles
limites il lui appartient.

Remarquons que la loi nouvelle n'a pas aboli le
principe consacré par l'article 1138, à savoir que la
propriété se transfère entre les parties par le seul
consentement. C'est seulement vis-à-vis des tiers
que la transcription est exigée. — Mais, que faut-il
entendre par *tiers?* Ce ne sont pas tous ceux qui sont
demeurés étrangers au contrat, mais tous ceux qui

ont acquis, *du chef du vendeur*, des droits sur l'immeuble vendu. Dès que la vente est conclue, et bien
qu'elle ne soit pas transcrite, l'acheteur devient propriétaire à l'égard de toutes personnes autres que
celles qui ont traité avec le vendeur, ou qui traite-
ront avec lui. L'acheteur devient donc propriétaire,
indépendamment de la transcription, .vis-à-vis des
créanciers chirographaires de son vendeur ; de sorte
qu'il pourra faire annuler la saisie qu'ils auraient
pratiquée, depuis la vente, sur l'immeuble vendu.
Il pourra encore, en cas de faillite de ce vendeur,
revendiquer l'immeuble et le reprendre en nature.
Dans l'un et l'autre cas, il aurait été obligé, s'il n'a-
vait eu que le titre de *créancier*, de venir en concours avec les créanciers chirographaires, et au marc
le franc, sur le prix de l'immeuble vendu à leur re-
quête. — L'acheteur devient également propriétaire
à l'encontre des tiers qui, sans traiter avec le vendeur, sont devenus, par une autre voie, possesseurs
de l'immeuble, en ce sens qu'il peut le revendiquer
contre eux.

Mais jusqu'à la transcription, le vendeur demeure
propriétaire à l'égard de tous ceux auxquels il aura
consenti des droits réels sur l'immeuble vendu. Au
cas d'une double vente, le second acheteur sera donc
préféré, s'il a fait transcrire le premier son titre
d'acquisition. Il faut en revenir à la formule de la loi
de brumaire : *Entre deux acquéreurs successifs du
même immeuble, celui-là est propriétaire qui le premier
a fait transcrire son contrat.* L'autre alors n'a qu'une

action en dommages-intérêts contre son vendeur. —
Si le vendeur a grevé l'immeuble d'hypothèques soit
avant, soit après la vente, elles subsisteront contre
l'acheteur pourvu qu'elles aient été inscrites avant la
transcription de l'acte de vente. Dans le cas contraire, l'acheteur ne les subira pas. — Enfin, si le
vendeur a consenti, avant ou après la vente, des servitudes réelles ou personnelles sur l'immeuble, le
point de savoir si l'acheteur devra ou non les respecter dépendra du point de savoir si les actes constitutifs de ces servitudes ont été transcrits avant ou
après la transcription de l'acte de vente. Elle pourront être opposées à l'acheteur dans le premier cas,
mais non dans le second. — On voit donc que la vente
qui n'est pas transcrite ne procure à l'acheteur qu'un
droit *relatif.* Jusqu'à la transcription, le vendeur
reste propriétaire à l'égard des *tiers qui ont traité ou
qui pourront traiter* avec lui. Ce n'est que par la formalité de la transcription que la propriété *absolue*
de la chose vendue passe de la tête du vendeur sur
celle de l'acheteur.

Notre intention n'est pas d'expliquer la loi du 23
mars 1855; il nous faudrait, pour cela, entrer dans
des développements qui excéderaient les bornes de ce
travail. Nous dirons seulement que cette loi a considérablement étendu le principe de la publicité, en
ce qu'elle soumet à la transcription beaucoup d'actes
entre-vifs que la loi de brumaire n'y soumettait pas,
notamment les actes constitutifs d'*antichrèse,* de *ser-*

vitude, d'*usage* et d'*habitation*, et les *baux* d'une durée de *plus de dix-huit années*. — Elle a aboli les articles 34 et 35 du Code de procédure, dont la teneur bouleversait la partie la plus importante de notre législation ; et l'on se demande aujourd'hui comment on a pu conserver si longtemps une théorie qui immolait sur ses autels tant d'articles du Code civil, pour donner la préférence à une simple disposition de procédure. — Enfin, l'action résolutoire établie par l'article 1654 du Code Napoléon ne peut plus être exercée après l'extinction du privilége du vendeur, au préjudice des tiers qui ont acquis des droits sur l'immeuble du chef de l'acquéreur, et qui se sont conformés aux lois pour les conserver. — Il est à remarquer, d'une part, que la loi ne régit que les *actes entre-vifs*, et qu'elle n'est point applicable aux mutations *par décès ;* d'autre part, qu'elle ne déroge point aux dispositions du Code relatives à la transcription des donations et substitutions (art. 939 et 1069).

DE LA TRANSMISSION DE LA PROPRIÉTÉ MOBILIÈRE
A L'ÉGARD DES TIERS.

Jusque-là nous n'avons parlé que des aliénations d'immeubles ; voyons maintenant la nature des aliénations mobilières. Nous savons que c'est la transcription qui transfère *vis-à-vis des tiers* la propriété immobilière. Mais pour les meubles, il était impossible d'exiger cette formalité; car, les meubles n'ayant pas d'assiette fixe, on ne pouvait indiquer, comme pour les immeubles, le lieu où la transcription devait se faire. D'autre part, une pareille formalité aurait entravé la circulation des objets mobiliers, et aurait soumis les parties à des frais considérables relativement à la valeur ordinairement minime de ces objets. On devait donc rejeter la transcription en cette matière. Mais la convention de donner un meuble, donation, vente ou échange, transfère-t-elle la propriété *adversùs omnes*, ou seulement *inter partes?* Voilà la question qu'il s'agit d'examiner. Et, à cet égard, il faut distinguer entre les meubles corporels et les meubles incorporels.

L'article 1141 du Code Napoléon est le seul qui traite spécialement des aliénations de meubles corporels; il est ainsi conçu : « Si la chose qu'on s'est obligé de donner à deux personnes successivement, est purement mobilière, celle des deux qui en a été mise *en possession réelle* est préférée et en demeure propriétaire, encore que son titre soit postérieur en date, *pourvu toutefois que la possession soit de bonne foi.* » — On a conclu de cette disposition que la propriété des meubles corporels qui, *inter partes,* se transfère par la seule force de la convention, car l'article 1138 ne distingue pas entre les meubles et les immeubles, n'est acquise, *à l'égard des tiers,* que par la tradition. Ainsi, dans ce système, le principe nouveau du Droit français, suivant lequel la convention transfère la propriété sans qu'il y ait besoin de tradition, reçoit son application *inter partes;* mais, *à l'égard des tiers,* le principe du Droit romain a été maintenu, car, aux termes de l'article 1141, un premier acquéreur ne peut pas revendiquer contre un second acquéreur qui a été mis en possession.

Suivant d'autres auteurs, dont nous adoptons l'opinion, la convention de donner un meuble corporel transfère par elle-même à l'acquéreur la propriété *ergà omnes.* Il est vrai que si le vendeur vend une seconde fois la même chose, et la livre au second acheteur, qui la reçoit de bonne foi, *inscius prioris venditionis,* le premier acheteur ne peut pas la revendiquer contre le second. Mais, dit-on, ce n'est pas parce qu'il n'est pas devenu propriétaire *ergà omnes* par la convention, c'est parce que le second acheteur invoque à son profit l'effet d'une prescription instantanée. La prescription des meubles, en effet, quand elle est fondée sur une possession de bonne foi, est dispensée du laps de temps *en fait de meubles, la possession vaut titre* (art. 2279). — Ce qui prouve bien qu'il en est ainsi, c'est que le second acheteur n'est autorisé à conserver la chose revendiquée, *qu'autant qu'il l'a reçue de bonne foi*. Si, à l'égard des tiers, le vendeur restait, comme en Droit romain, propriétaire jusqu'au moment de la tradition, il conserverait le droit de disposer de la chose vendue, et dès lors il n'y aurait pas à distinguer, comme le fait le Code Napoléon, si le second acheteur a eu ou non connaissance de la première vente. Ce second acheteur, à qui la tradition a été faite, aurait traité avec une personne encore propriétaire quant à lui, et son acquisition dès lors serait toujours valable, *qu'il fût de bonne foi ou de mauvaise foi*. La circonstance que le second acheteur n'est déclaré propriétaire qu'autant que sa possession est de bonne foi, ruine entièrement le système contraire.

Je dis donc que la vente ou toute autre convention de donner un meuble corporel, par exemple la donation, transfère par elle-même une propriété opposable à tout le monde, mais *prescriptible* par le seul fait de la possession de bonne foi, indépendamment du laps de temps. Si, dans le cas d'une double vente du même objet, la préférence appartient à celui des deux acquéreurs qui le premier a été mis en possession, c'est là une exception au principe général de la transmission par le simple pacte, exception qui doit être restreinte au cas prévu, et qui, loin de détruire la règle, lui prête au contraire son appui; exception qui se justifie par ce principe particulier à notre Droit français, *qu'en fait de meubles, possession vaut titre.* — Si le second acquéreur, mis en possession réelle, l'emporte sur le premier, qui n'a pas reçu livraison de la chose, ce n'est pas que ce premier acquéreur ne soit pas propriétaire au regard de tous par le fait seul de la convention, c'est que la vente d'un meuble, faite *à non domino* mais suivie de la tradition, met l'acquéreur de bonne foi à l'abri de la revendication. Ainsi, ce n'est pas *dans la personne de l'aliénateur* que le second acquéreur trouve l'origine de son droit opposable à tous, puisque l'aliénateur était déjà dessaisi par la première aliénation, mais bien *dans le fait seul de sa possession* basée sur la bonne foi. La véritable pensée de l'article 1141 se trouve clairement indiquée par la règle de l'article 2279, dont cet article 1141 n'est qu'une application.

Notre ancien Droit français était loin d'offrir un principe uniforme pour la prescription des objets mobiliers : ici c'était trois ans de possession, là cinq ans, ailleurs trente ans, selon les diverses coutumes et aussi selon l'opinion des écrivains, qui étaient loin de s'entendre à cet égard. Il paraît toutefois, si l'on en croit Bourjon, que la jurisprudence du Châtelet avait fini par admettre que les meubles n'étaient pas susceptibles du *droit de suite*, et que le tiers acquéreur en devenait propriétaire par l'effet instantané de sa possession. Bourjon développe cette idée en disant que « quant aux meubles, la simple possession

produit tout l'effet d'un *titre parfait ; que la possession d'un meuble, ne fût-elle que d'un jour, vaut
titre de propriété*, » et il résume sa doctrine par cette
phrase remarquable : « *En fait de meubles possession
vaut titre.* » Or, c'est précisément cette formule que
l'article 2279 reproduit mot pour mot. Il est bien
naturel dès lors d'attribuer à cette maxime le sens
que lui donnait Bourjon. Elle signifie que la possession d'un meuble équivaut à un titre régulier, c'est-
à-dire qu'un meuble ne peut pas se revendiquer,
qu'il n'a pas de suite, et qu'il devient instantané-
ment la propriété du tiers acquéreur. —D'un autre
côté, le législateur, après avoir posé sa règle dans la
première partie de l'article 2279, y apporte une exception dans la deuxième partie, en décidant que,
dans les cas de perte ou de vol, les meubles peuvent
être revendiqués pendant trois ans. Il est donc vrai
de dire qu'en principe la revendication des meubles
n'est pas possible, puisqu'on indique, sous forme
d'exception, les cas dans lesquels la revendication
peut avoir lieu.

En d'autres termes, lorsqu'il s'agit de meubles,
la possession produit une prescription instantanée et
rend propriétaire immédiatement ; mais sous quelles
conditions la possession produira-t-elle cet effet ?

La première condition requise, c'est que la possession soit *de bonne foi*. La loi veut bien excuser
l'erreur, mais elle .. ntend nullement favoriser la
fraude. C'est pourquoi l'article 1141 déclare que si
une chose mobilière, vendue mais non livrée à une

une première personne, est ensuite vendue et livrée
à une autre, celle-ci en devient propriétaire par l'effet
de sa possession, *pourvu que cette possession soit de
bonne foi*. Au reste, la jurisprudence du Châtelet,
ainsi que l'atteste Bourjon, exigeait chez le possesseur cette condition de la bonne foi, et le Code Napoléon, comme nous l'avons dit, a reproduit cette
jurisprudence.

La seconde condition requise, c'est que le possesseur ait *un juste titre* d'acquisition, c'est-à-dire qu'il
possède en vertu d'un titre qui lui aurait transféré
la propriété sans le secours d'une prescription instantanée, si celui avec lequel il a traité eût été réellement propriétaire, par exemple en vertu d'une
vente, d'un échange, d'une donation, d'un legs,
d'une dation en paiement. Mais si le titre en vertu
duquel il possède n'est pas de sa nature translatif
de propriété; si, par exemple, il possède en vertu
d'un louage, d'un dépôt, d'un commodat, il ne
pourra pas prescrire, parce qu'alors il a une possession précaire, et que la précarité est un vice qui
empêche la prescription (2236). — Au reste, on
présume toujours la bonne foi et le juste titre chez
le possesseur. C'est donc à celui qui allègue l'absence de l'une ou l'autre de ces conditions, à fournir
la preuve du fait qu'il avance.

Ainsi, *bonne foi* et *juste titre*, telles sont les deux
conditions exigées ici pour la prescription instantanée
d'un meuble, comme elles le sont, dans l'article
2265, pour la prescription d'un immeuble par une

possession de dix à vingt ans. — *Acquisition d'un meuble faite* A NON DOMINO, *mais avec bonne foi et juste titre*, tel est le seul cas d'application de notre article 2279, comme le cas analogue est, quant aux immeubles, le seul cas d'application de l'article 2265.

La règle *en fait de meubles possession vaut titre* se justifie parfaitement aux yeux de l'équité. — Quand j'achète un meuble, quel moyen ai-je de vérifier si mon vendeur est ou non propriétaire? Irai-je lui demander ses titres? Il me dira qu'il n'en a pas, et sa réponse sera d'autant plus vraisemblable qu'on a l'habitude de traiter verbalement de ces sortes d'objets. Ce n'est pas comme lorsqu'il s'agit d'un immeuble. Alors tout est constaté par écrit, et moi qui achète je suis inexcusable, si je ne me suis pas fait représenter tous les contrats écrits qui font connaître la filiation de la chose. Ici, au contraire, il m'est impossible de remonter plus haut que la possession du vendeur avec lequel je traite, et je suis exempt de reproches en achetant de lui comme du véritable propriétaire. — Notre règle se justifie encore par un motif d'ordre public. Les meubles circulent avec une grande rapidité, et, dans un court espace de temps, ils passent quelquefois en vingt mains différentes. Si celui qui les acquiert de bonne foi *à non domino* pouvait subir une revendication, il aurait un recours contre son vendeur, qui lui-même agirait contre le sien et ainsi de suite, ce qui amènerait le double résultat, de faire naître une foule de procès

et d'inspirer à tout le monde des craintes qui ren-
draient le commerce impossible.

Ces deux motifs d'équité et d'ordre public sur
lesquels est fondée la règle de l'article **2279**, ne
s'appliquent évidemment qu'aux meubles qui se
transmettent de la main à la main sans rédaction
d'acte de transfert. La maxime *en fait de meubles possession vaut titre* n'est donc pas applicable aux universalités de meubles, aux créances en général et aux
rentes, dont la transmission se constate par écrit.— Il
existe toutefois certaines créances qui circulent avec la
même rapidité que les meubles corporels, et qui,
comme eux, se transmettent de la main à la main,
sans qu'il reste aucune trace de la cession : ce sont les
titres au porteur. A ces créances-là s'appliquera certainement l'article **2279.**

Après avoir posé, dans la première partie de notre
article, le principe de l'acquisition par une prescription instantanée, le législateur y fait exception, dans
la deuxième, pour les meubles *perdus* ou *volés.*— Lorsqu'un meuble est vendu par une personne à qui il avait
été confié, par exemple, par un dépositaire, un locataire, un emprunteur, le propriétaire ne peut pas évin-
cer l'acheteur de bonne foi; car, en donnant sa confiance à un homme qui ne la méritait pas, il a commis
une faute, et il serait injuste d'en rejeter sur autrui
les conséquences. — Il n'en est plus de même, lorsqu'un meuble a été vendu par un voleur ou par une
personne qui l'a trouvé; aucune faute ici ne peut

être imputée au propriétaire, car le vol ou la perte sont des cas fortuits que subissent les hommes les plus prévoyants. Le propriétaire peut reprendre partout où il la trouve la chose qu'il a perdue ou qui lui a été volée : « Néanmoins, dit l'article 2279, celui qui a perdu ou auquel il a été volé une chose, peut la revendiquer *pendant trois ans*, à compter du jour de la perte ou du vol, contre celui dans les mains duquel il la trouve, sauf à celui-ci son recours contre celui duquel il la tient. »

Il est bien clair que cette disposition concerne les tiers acquéreurs de bonne foi de la chose volée ou perdue, et qu'elle ne saurait s'appliquer au voleur et à l'inventeur. Ceux-ci, en effet, n'ont ni juste titre ni bonne foi, et dès lors ils ne peuvent prescrire que par trente ans. — En vain dirait-on, quant au voleur, que l'action civile en réparation du crime ou du délit se prescrivant avec l'action publique par dix ou trois années, ce voleur ne peut plus, après ce délai, être poursuivi par aucune action. Sans doute il ne peut plus être poursuivi, ni civilement, ni criminellement, *comme voleur;* mais rien ne m'empêche assurément de le poursuivre, par l'action réelle, *comme détenteur* d'une chose qui m'appartient. Il ne faut pas confondre l'*action civile* et la *revendication*. L'action civile a sa source, son principe, dans le délit même qui a été commis, car elle a pour objet la réparation du dommage que ce délit a causé; tandis que la revendication a sa source, son principe, dans la propriété. Ce n'est pas le vol qui l'a engendrée, elle en est indépendante ; et, pour l'exercer, il n'est pas nécessaire d'argumenter du vol, et d'en faire la preuve. On ne peut donc pas lui appliquer les articles 637 et 638 du Code d'instruction criminelle, qui déclarent l'action civile éteinte en même temps que l'action publique. — Le voleur qui est couvert par la prescription ne peut plus être recherché à cet égard ; mais le demandeur pourra poser la question de manière à établir la mauvaise foi du défendeur, sans pourtant le faire considérer comme voleur.

Ainsi, le propriétaire d'une chose volée ou perdue peut la revendiquer contre les tiers acquéreurs de bonne foi ; mais il ne le peut que pendant trois ans. Et remarquons que ces trois ans courent, non pas du jour de l'entrée en possession, mais du jour de la perte ou du vol. La loi ne demande pas ici trois années de possession ; elle demande seulement que trois années se soient écoulées depuis la perte ou le vol, qu'en un mot le propriétaire ait eu trois ans pour agir. Alors même qu'un voleur aurait gardé la chose pendant deux ans et onze mois, et me l'aurait vendue après ce délai, le propriétaire venant agir deux mois après mon achat sera repoussé, puisqu'il y aura plus de trois ans que la chose a été volée.

Mais, que faut-il entendre ici par chose volée ? En Droit romain, la définition du vol avait une ampleur qu'elle n'a pas en Droit français ; on appelait vol tout déplacement ou maniement frauduleux de la chose d'autrui, *contrectatio rei fraudulosa*, de sorte qu'on considérait comme voleurs le dépositaire, le loca-

taire, le commodataire, qui vendaient la chose détenue à ces différents titres. Mais, chez nous, ces
délits ne constituent plus des vols : ce sont des *abus
de confiance*, faits complétement distincts du vol et
qui ne doivent pas lui être assimilés (art. 406, 408,
379 et suiv. du Code pénal). — Le propriétaire de la
chose détournée par suite d'un abus de confiance, ne
pourra donc pas la revendiquer entre les mains d'un
détenteur de bonne foi. — Nous pensons qu'il faudrait
en dire autant du propriétaire qui aurait été victime
d'une *escroquerie*. L'escroquerie est aussi un délit
que la loi distingue parfaitement d'avec le vol, et qui
doit d'autant moins lui être assimilé en cette matière,
que la disposition finale de l'article 2279 est tout
exceptionnelle, et par suite doit être restreinte autant que possible.

Plusieurs arrêts et plusieurs auteurs, parmi lesquels MM. Toullier et Troplong, professent une doctrine contraire; mais nous la croyons inadmissible.
— On a soutenu que la première partie de l'article
2279 contenait une exception au principe que *la vente
de la chose d'autrui est nulle*, principe posé par l'article 1599, et que par conséquent la seconde disposition de notre article était une exception faite à une
exception et dès lors *un retour au Droit commun*. Et l'on
sait qu'il faut entendre largement les dispositions qui
constituent des règles générales. — Mais il en est tout
autrement. La première disposition de notre article
est, au contraire, l'un des principes fondamentaux
de notre Droit civil. Les deux articles 1599 et 2279

sont complétement indépendants l'un de l'autre :
dans le premier, acquisition par achat ; dans le second, acquisition par prescription. C'est un principe
que la vente de la chose d'autrui est nulle ; c'est un
autre principe que, dans le cas de vente de la chose
d'autrui, l'acquéreur, si cette chose est un meuble,
en devient propriétaire par une prescription instantanée. Or, la seconde idée n'apporte aucune exception à la première. La vente est nulle dans l'un et
l'autre cas ; car, si elle était valable dans le cas de
l'article 2279, le tiers acquerrait alors par son contrat et n'aurait pas besoin de prescrire. La première
disposition de notre article est donc bien un principe;
sa seconde disposition est dès lors une exception. A
ce titre, elle doit être interprétée restrictivement ; et,
puisqu'elle ne parle que du vol, c'est donc au seul
cas de vol qu'il faut l'appliquer.

L'exception qui permet ainsi de revendiquer *pendant trois ans* les meubles perdus ou volés, reçoit
elle-même un tempérament dans l'article 2280,
lorsque le possesseur actuel de la chose l'a achetée
de bonne foi dans une foire ou dans un marché, ou
dans une vente publique, ou d'un marchand vendant
des choses pareilles. Dans ce cas, le propriétaire originaire ne peut se la faire rendre qu'en remboursant
au possesseur le prix qu'elle lui a coûté. — La bonne
foi du possesseur est ici tellement éclatante et son
erreur est si légitime, qu'il y aurait injustice à le
traiter plus rigoureusement. — Il va sans dire que le

19

propriétaire aurait un recours contre le voleur ou l'inventeur, pour se faire rembourser le prix qu'il a été obligé de payer au possesseur.

Telles sont les règles qui président à la transmission de la propriété mobilière à l'égard des tiers, quand il s'agit de meubles corporels et individuels.

Quant aux créances en général, elles ne se transmettent pas *ergà omnes* par le seul consentement, comme les meubles corporels. — Entre le cédant et le cessionnaire, la propriété d'une créance se transfère bien *solo consensu*, et la délivrance se réalise par la remise du titre ; mais au regard des tiers, le cessionnaire n'est saisi que par la signification du transport faite au débiteur, ou par l'acceptation de ce transport faite par le débiteur dans un acte authentique (art. 1690). — Peu importe, pour la signification, qu'elle soit faite par le cessionnaire ou par le cédant. Quant à l'acceptation, on conçoit qu'elle serait parfaitement valable contre le débiteur, quoiqu'elle n'eût lieu que par acte sous seing privé ou même verbalement ; mais vis-à-vis de toute autre personne, elle n'est efficace qu'autant qu'elle est faite par acte authentique. — En un mot, la cession est opposable aux tiers autres que le cédé quand elle a été acceptée par celui-ci dans un acte authentique, ou, à défaut de cette acceptation, quand elle lui a été signifiée.

Les tiers qui sont sur le point de traiter avec le cédant iront préalablement, s'ils sont prudents, demander au cédé s'il est encore son débiteur; la loi présume que le cédé ne les trompera pas. C'est lui qui est chargé par la loi d'apprendre aux tiers s'il est resté le débiteur de son créancier originaire. S'il leur donne un faux avis, il est coupable envers eux et responsable du dommage qu'il leur cause. Ainsi, de même que les tiers qui se proposent d'acheter un immeuble ou d'acquérir une hypothèque, vont chez le conservateur prendre les renseignements qui leur sont utiles, de même ceux qui sont sur le point d'acheter une créance ou de la recevoir en gage, iront se renseigner chez le cédé. — *Entre deux cessionnaires successifs de la même créance, il faudra donc préférer celui qui le premier a signifié la cession au débiteur cédé, ou qui le premier a obtenu de lui une acceptation authentique.*

On s'est demandé si la formalité de la signification ou de l'acceptation serait suppléée par la connaissance indirecte que le débiteur ou autre tiers aurait eue de la cession. La négative ne saurait être douteuse : le Code ayant cru devoir exiger tel mode déterminé de faire connaître la cession, ce serait refaire la loi que de déclarer suffisante toute connaissance acquise indirectement et par quelque moyen que ce soit; tant que la formalité n'est pas remplie, les tiers sont réputés ignorer la cession qui a eu lieu.

Remarquons enfin que la loi fait exception pour certaines créances à la formalité de la signification ou de l'acceptation. Ainsi, les créances constatées par des lettres de change ou des billets à ordre se

transmettent, à l'égard des tiers, par simple endossement, sans acceptation de l'endossement par le
débiteur cédé et sans signification. — Les créances
constatées par des titres au porteur se transmettent
par la seule remise du titre ; — les rentes sur l'État,
par une inscription sur les registres du trésor public ;
— les actions de la banque de France, par une inscription sur les registres de la banque.

Voilà tout ce que nous voulons dire sur la cession
des créances. — Cette matière est trop vaste et trop
compliquée, pour que nous songions à lui donner ici
les développements qu'elle comporte ; elle pourrait
faire, à elle seule, l'objet d'un traité spécial. — Mais
nous devions la signaler en passant.

POSITIONS.

—

DROIT ROMAIN.

1. — Le constructeur de bonne foi peut recourir contre le propriétaire du sol, alors même qu'il n'est plus en possession.

2. — Sous la législation de Justinien, le père est obligé de doter sa fille même émancipée.

3. — L'action *rerum amotarum*, qui remplace entre époux l'action *furti*, est inconciliable avec les effets de la *manus*.

4. — Le *justus titulus* et la *bona fides* sont deux éléments distincts de la possession à l'effet d'usucaper.

5. — Avant les empereurs Dioclétien et Maximien (loi 22, au Code, *De rei vindicatione*), le possesseur de bonne foi gagnait les fruits perçus antérieurement à la *litis contestatio*, sans distinguer entre les fruits consommés et ceux qui ne l'étaient pas encore (loi 48, au Digeste, *De rei vindic.*, et loi 65, au Code, *eod. tit.*). — *Nec obstat* la loi 48, princip., au Digeste, *De adquir. rer. domin.*, laquelle porte des traces évidentes d'interpolation, comme on peut

s'en convaincre par le texte même et par sa comparaison avec la loi 25, § I, au Digeste, *De usuris.*

6. — Suivant l'opinion générale des jurisconsultes, législativement consacrée par Justinien dans le § 23, aux Institutes, *De divisione rerum et qualitate,* lorsqu'un fleuve abandonnant son lit s'en creusait un nouveau, et qu'ensuite il reprenait son lit primitif, le lit nouvellement abandonné appartenait aux riverains. Mais, suivant Pomponius, il appartenait à l'ancien propriétaire du fonds, et c'est en vain que les interprètes se sont efforcés de concilier la décision de ce jurisconsulte contenue dans la loi 30, § 3, au Digeste, *De adquir. rer domin.,* avec la doctrine commune.

7. — Suivant l'opinion générale des jurisconsultes, législativement consacrée par Justinien dans le § 3, aux Institutes, *De emptione et venditione,* lorsque la chose vendue purement et simplement venait à périr par cas fortuit avant la tradition, la perte était supportée par l'acheteur, qui n'en était pas moins obligé de payer le prix. — Africain n'avait point d'abord adopté cette doctrine (loi 33, au Digeste, *Locati conducti*), mais il semble s'y être rallié plus tard (loi 39, au Digeste, *De solutionibus*). — Cujas avait, à tort, adopté le premier sentiment d'Africain.

8. — Lorsque le possesseur de bonne foi a fait des dépenses sur le fonds d'autrui, et qu'il a restitué ce fonds sans se faire tenir compte de ses dépenses par le propriétaire, il ne peut exercer contre lui ni

l'action *negotiorum gestorum*, comme l'a prétendu Pothier, ni la *condictio*, comme l'a prétendu Cujas.

DROIT FRANÇAIS.

1. — L'article 2279, dans son second alinéa, ne parle que du vol et ne peut être étendu au cas d'escroquerie ou d'abus de confiance.

2. — Le droit du preneur est personnel et non réel, art. 1743, C. N.

3. — Antinomie entre l'article 1172 et l'article 900 du Code Napoléon. — Article 900 à réviser.

4. — L'article 315 du Code Napoléon n'a pas conféré aux juges un pouvoir discrétionnaire.

5. — Si des arbres, plantés à une distance moindre que celle requise par la loi, existaient depuis plus de trente ans, le propriétaire du fonds voisin ne pourrait plus demander qu'ils fussent arrachés; il y aurait prescription (art. 690, 2262).

6. — L'indignité ne résulte pas de plein droit de l'arrêt qui condamne l'héritier comme meurtrier du *de cujus*.

7. — La constitution de dot faite par un failli à l'un de ses enfants, depuis la cessation de ses paiements ou dans les dix jours qui précèdent, n'est pas un acte translatif de propriété à titre gratuit, dans le sens de l'article 446 du Code de commerce.

8. — Le jugement déclaratif de faillite emporte

hypothèque au profit de la masse des créanciers, d'après l'article 490 du Code de commerce. — L'inscription de cette hypothèque donnerait aux créanciers du failli le droit d'opposer le défaut de transcription à un acquéreur.

9. — Les livres auxiliaires peuvent-ils à eux seuls servir de preuves en matière commerciale?

10. — L'article 1657 C. N. est inapplicable aux matières commerciales.

11. — L'acheteur en position d'établir le dol du vendeur qui savait que l'animal vendu était atteint d'une maladie contagieuse, peut porter son action en dommages-intérêts devant les tribunaux correctionnels (art. 459 à 462 du Code pénal). — Cette action n'est éteinte que par la prescription de trois ans (art. 638 du Code d'instruction criminelle).

12. — Le jugement d'expropriation pour cause d'utilité publique confère par lui-même la propriété de l'immeuble à l'administration, sans qu'on ait besoin de le faire transcrire, même depuis la loi du 23 mars 1855.

TABLE DES MATIÈRES.

Poitiers, Imprimerie de N. Bernard.

www.ingramcontent.com/pod-product-compliance
Lightning Source LLC
Chambersburg PA
CBHW060425200326
41518CB00009B/1489